Robin Alexander Kiener

Das Kindeswohl bei Ehescheidung

Der Einfluss von Obsorgeregelung und psychosozialer Beratung

Diplomica® Verlag GmbH

Kiener, Robin Alexander: Das Kindeswohl bei Ehescheidung: Der Einfluss von Obsorgeregelung und psychosozialer Beratung.
Hamburg, Diplomica Verlag GmbH 2012

ISBN: 978-3-8428-8972-9
Druck: Diplomica® Verlag GmbH, Hamburg, 2012

Bibliografische Information der Deutschen Nationalbibliothek:
Die Deutsche Nationalbibliothek verzeichnet diese Publikation in der Deutschen Nationalbibliografie; detaillierte bibliografische Daten sind im Internet über http://dnb.d-nb.de abrufbar.

Die digitale Ausgabe (eBook-Ausgabe) dieses Titels trägt die ISBN 978-3-8428-3972-4 und kann über den Handel oder den Verlag bezogen werden.

Inhaltsverzeichnis

Zusammenfassung **5**

Abstract **6**

Vorwort **7**

1. Einleitung **9**

1.1 Scheidungsstatistik *9*

1.2 Herleitung der zentralen Forschungsfragen *10*

1.3 Hypothesenbildung *16*

1.4 Methodisches Vorgehen *18*

1.5 Pädagogische Relevanz *20*

1.6 Überblick über die Gliederung *21*

2. Ehescheidung und Kindeswohl aus juristischer Sicht **24**

2.1 Das Kindschaftsrechts-Änderungsgesetz 2001 - KindRÄG 2001 .... *24*

2.2 Grundbegriffe und gesetzliche Regelungen zum Ehescheidungs- und Kindschaftsrecht *26*

2.2.1 Der juristische Begriff des „Kindeswohls" 26

2.2.2 Ehe, Ehescheidung und Trennung 27

2.2.3 Obsorge – Obsorgeformen – Heim erster Ordnung 29

2.2.4 Besuchsrecht – Recht auf persönlichen Verkehr 31

2.2.5 Informations- und Äußerungsrecht 32

3. Ehescheidung und „Kindeswohl" aus psychoanalytisch-pädagogischer Sicht **34**

3.1 Der psychologische Scheidungszeitpunkt *35*

3.2 Das innerpsychische Erleben der elterlichen Scheidung beim Kind *36*

3.2.1 Trauer 37

3.2.2 Wut - Aggressionen 38

3.2.3 Schuldgefühle 39

3.2.4 Angst 41

3.2.5 Identitätsverlust 43

3.2.6 Verlust eines Triangulierungspartners 43

3.2.7 Individuelle Ausprägung des innerpsychischen Erlebens 46

3.3 Kindliche Scheidungsreaktionen und Scheidungssymptome *47*
3.3.1 Anpassungsreaktionen 48
3.3.2 Symptomarten und ihr pathogener Stellenwert 49
3.3.2.1 Erlebnisreaktionen 50
3.3.2.2 Regression bzw. Destrukturierungssymptome 51
3.3.2.3 Neurotische Symptome bzw. Charaktereigenschaften 53
3.4 Aspekte der elterlichen Psychodynamik als Gefahr für das „Kindeswohl" *54*
3.4.1 Einschränkung der elterlichen Kompetenz 55
3.4.2 Elterliche Schuldgefühle und elterliche Konfliktabwehr 56
3.4.3 Elterliche Spaltung und Loyalitätskonflikte 59
3.5 Das „Kindeswohl" aus psychoanalytisch-pädagogischer Sicht *62*
3.5.1 Die Problematik des Begriffs „Kindeswohl" 62
3.5.2 Der Begriff „Kindeswohl" aus psychoanalytisch-pädagogischer Sicht 64
3.5.2.1 Abriss der historischen Entwicklung 64
3.5.2.2 Das Problem der Bestimmung des „Kindeswohls" aus psychoanalytisch-pädagogischer Sicht 68
3.6 Zwischenresümee: Was dem „Kindeswohl" dienen könnte *70*
3.7 Psychosoziale Beratung und Mediation im Scheidungsprozess – eine mögliche bewusstseinsbildende Maßnahme? *74*
3.7.1 Psychosozialer Beratung und Mediation im Scheidungsprozess 74
3.7.2 Begründung der Annahme 75

4. Die Evaluationsstudie zum KindRÄG 2001 78
4.1 Grundlagen und Organisation der Evaluationsstudie *78*
4.2 Forschungsfragen der Evaluationsstudie *79*
4.3 Gesamtdesign der Evaluationsstudie *85*
4.3.1 Quantitativer Teil der Eltern-Kind-Untersuchung: Die Fragebogenerhebung.. 86
4.3.2 Qualitativer Teil der Eltern-Kind-Untersuchung: Die Tiefeninterviews und die Untersuchung der Kinder 88
4.4 Zusammenfassung der Forschungsergebnisse der Evaluationsstudie *91*
4.5. Empfohlene pädagogische Maßnahmen (infolge der Evaluationsstudie) *93*

5. Auswertung der offenen Frage des Fragebogens 96
5.1 Das forschungsmethodische Vorgehen: Die qualitative Inhaltsanalyse *98*
5.1.1 Grundlagen und Definition der Inhaltsanalyse 98

5.1.2 Der inhaltsanalytische Forschungsprozess ... 101

5.2 Der Auswertungsprozess der vorliegenden Untersuchung ... 102

5.2.1 Die qualitativen inhaltsanalytischen Auswertungskategorien ... 102

5.2.2 Die inhaltsanalytischen Kodier- bzw. Auswertungsregeln ... 104

5.2.3 Die quantitative Kodierung der Daten in SPSS 15.0 ... 110

5.3 Die Darstellung der Auswertungsergebnisse ... 111

5.3.1 Die Häufigkeitsverteilungen ... 112

5.3.2 Die Prüfung der Forschungshypothesen ... 148

5.3.2.1 Die Prüfung der I. Hypothese ... 148

5.3.2.2 Die Prüfung der II. Hypothese ... 151

5.3.2.3 Die Prüfung der III. Hypothese ... 153

5.3.2.4 Die Prüfung der IV. Hypothese ... 156

5.3.2.5 Die Prüfung der V. Hypothese ... 158

5.3.2.6 Die Prüfung der VI. Hypothese ... 160

5.4 Beantwortung der Forschungsfragen und Zusammenfassung der Forschungsergebnisse ... 165

6. Resümee und empfohlene pädagogische Maßnahmen ... 170

7. Abkürzungsverzeichnis ... 178

8. Literaturverzeichnis ... 179

8.1 Verwendete Literatur ... 179

8.2 Weiterführende Literatur ... 183

Zusammenfassung

Die vorliegende Studie untersucht den Einfluss der Obsorgeregelung bzw. der Inanspruchnahme von Beratung auf den Stellenwert des „Kindeswohls" im Bewusstsein geschiedener Eltern. In Österreich trat 2001 das Kindschaftsrechts-Änderungsgesetz in Kraft, wodurch die Obsorge beider Eltern auch nach einer Scheidung zum Regelfall wurde. Zwecks Evaluierung dieses Gesetzes, wurde vom BM für Justiz eine Studie in Auftrag gegeben, in deren Rahmen eine Elternbefragung durchgeführt wurde. Der dabei verwendete Fragebogen enthielt neben mehreren geschlossenen Fragen zu Scheidung, Obsorge und Belastung der Kinder als letzte, einzig offen gestellte Frage, jene nach den allgemeinen Wünschen der befragten Eltern. Diese letzte, offene Frage blieb bisher unausgewertet, die vorliegende Studie hatte deren Auswertung zum Ziel. Der *1. Forschungsfrage* entsprechend wurden die Antworten der Eltern zunächst mittels qualitativer Inhaltsanalyse dahingehend untersucht, ob in ihnen Wünsche thematisiert wurden, die aus psychoanalytisch-pädagogischer Sicht als für das „Kindeswohl" förderlich einzustufen sind. Dabei wurde von der Annahme ausgegangen, dass das „Kindeswohl", wenn es zum Zeitpunkt der Beantwortung im Bewusstsein der Eltern war, generell einen hohen Stellenwert im Bewusstsein der Eltern hat. Gemäß der *2. und 3. Forschungsfrage* wurde anschließend mittels statistischer Signifikantstests der Zusammenhang zwischen dem derart festgestellten Stellenwert des „Kindeswohls" im Bewusstsein der Eltern und der Obsorgeregelung bzw. der Inanspruchnahme von Beratung im Scheidungsverlauf untersucht. Entsprechend der *4. Forschungsfrage* wurden schließlich jene (obsorge-/beratungsspezifischen) Gruppen von geschiedenen Eltern ermittelt, für die bewusstseinsbildende Maßnahmen ergriffen werden sollten, um das „Kindeswohl" verstärkt in deren Bewusstsein zu verankern. Im Rahmen der vorliegenden Studie konnte ein Zusammenhang zwischen der Inanspruchnahme von psychosozialer Beratung und dem Stellenwert des „Kindeswohls" festgestellt werden, wobei die Richtung dieses Zusammenhangs nur diskutiert, jedoch nicht eindeutig bestimmt werden konnte. Zwischen der Obsorgeregelung und dem Stellenwert des „Kindeswohls" konnte kein Zusammenhang festgestellt werden. Diese Ergebnisse wurden interpretiert, diskutiert und die Notwendigkeit einer näheren Untersuchung der Existenz von diesbezüglichen Zusammenhängen erörtert. Die Studie gliedert sich, neben Einleitung und Resümee, in zwei größere Teile: Zunächst erfolgt die Darstellung des theoretischen Kontexts der Untersuchung (Kap. 2 bis 4), ehe das Forschungsdesign und das methodische Vorgehen erläutert, sowie die Ergebnisse der Untersuchung präsentiert werden (Kap. 5).

Abstract

The present study whether the custody regulations, respectively the resort to legal or psychosocial advice, have any influence on how important the "benefit of the child" is to divorced parents. In 2001 the "Kindschaftsrechts-Änderungsgesetz" (an amendment of the custody-law) came into effect in Austria making joint custody of both parents the rule, even after a divorce. To evaluate this law the Federal Ministry of Justice ordered a study which included the questioning of parents. The questionnaire used in this study contained – beside several concrete and multiple choice-questions concerning divorce, custody and negative effects on the children – the one "open" question about the general wishes of the parents. This "open" question had not been evaluated so far, its evaluation was the aim of the present thesis. To clear up the first research question a qualitative contents-analysis of the parents` answers was made to find out if they expressed wishes which, from a psychoanalytic-pedagogic view, could be judged as being conducive to the "benefit of the child". This "benefit of the child" was assumed to be of great importance to the parents generally, if it was at the time of the questioning. To clarify the second and third questions statistical significance-tests examined the connection between the importance of the "benefit of the child" to the parents and the custody regulations, respectively the resort to legal or psychosocial advice in the course of the divorce. To clear up the fourth research question those groups of divorced parents were traced for whom consciousness-raising measures ought to be taken in order to increase their sensitivity to the "benefit of the child". The present thesis could make out a connection between the resort to psychosocial advice and the importance of the "benefit of the child" to the parents, though a connection in one or the other direction was only discussed but could not be proved. No connection could be found between the custody regulations and the importance of the "benefit of the child". All the results were interpreted and discussed and the necessity of further studies into possible connections was pointed out. Apart from introduction and summary, the thesis consists of two major parts: there is the representation of the theoretic contexts of the study (chap. 2 to 4) followed by the illustration of the design of the study and the methodical procedure and finally the results of the study (chap. 5).

Vorwort

Einigen Personen möchte ich im Zusammenhang mit der vorliegenden Studie in besonderer Weise danken, sie seien an dieser Stelle erwähnt:

Zunächst gilt mein Dank Herrn Univ.-Prof. Dr. Wilfried Datler vom Institut für Bildungswissenschaft der Universität Wien für die wissenschaftliche Begleitung der vorliegenden Studie.

Weiters danke ich Frau Mag. Judit Barth-Richarz von der Arbeitsgemeinschaft Psychoanalytische Pädagogik (APP) für die zahlreichen fachlichen Anregungen und Hinweise sowie das problemlose Zugänglichmachen der im Rahmen der vorliegenden Studie ausgewerteten Fragebögen.

Besonderer Dank gilt auch Frau Ulrike Pickl-Herk, die in zahlreichen fachlichen Gesprächen und Diskussionen mit ihrem kritischen und sehr scharfen Verstand und ihren logisch-analytischen Überlegungen mitgeholfen hat, den Entstehungsprozess der vorliegenden Studie auf einem wissenschaftlich sauberen Kurs zu halten.

Schließlich möchte ich mich bei Frau Christa Brand, Frau Mag. Heidrun Girtler und Frau Maria-Theresia Strouhal bedanken, die mich beim Verfassen der vorliegenden Studie durch ihr orthographisches, grammatisches bzw. anglistisches Fachwissen unterstützt haben.

1. Einleitung

In der nun folgenden Einleitung wird in das zu bearbeitende Themenfeld der vorliegenden Studie eingeführt, die zentralen Forschungsfragen hergeleitet und begründet und daran anschließend die Forschungshypothesen formuliert. Darüber hinaus wird kurz das methodische Vorgehen sowie die pädagogische Relevanz der Untersuchung erläutert. Abschließend wird ein Überblick über die Gliederung und den Inhalt der einzelnen Kapitel der Studie geboten.

1.1 Scheidungsstatistik

Die Anzahl von Ehescheidungen und in der Folge die Anzahl der von einer Scheidung der Eltern betroffenen Kinder hat in Österreich während der letzten beiden Jahrzehnte kontinuierlich zugenommen (vgl. Tab. 1; Tab. 2). Im Jahr 2005 ist die Gesamtscheidungsrate[1] von 46,1% im Jahr 2004 auf den neuen Rekordwert von 46,4% angestiegen. Bei 58,7% der insgesamt 19.453 erfolgten Scheidungen im Jahr 2005 (vgl. Tab. 1) waren Kinder als Leidtragende mit betroffen: Aus 4.780 Ehen war je ein Kind hervorgegangen, aus 4.998 Ehen je zwei und aus 1.644 Ehen drei oder mehr Kinder. In 8.031 Fällen (41,3%) blieben die geschiedenen Ehen kinderlos (vgl. Statistik Austria 2006).

Anzahl der Ehescheidungen

Jahr	*1987*	*1996*	*2005*
Ehescheidungen	14.639	18.079	19.453

Tabelle 1 (BMUJF 1997, 13; Statistik Austria 2006)

Anzahl der von Scheidung betroffenen minderjährigen Kinder

Jahr	*1987*	*1996*	*2005*
minderjährige Kinder	12.760	16.255	14.740[2]

Tabelle 2 (BMUJF 1997, 13; Statistik Austria 2006)

[1] Die Gesamtscheidungsrate gibt den Prozentsatz jener Ehen an, die durch Scheidung (d.h. nicht durch das Ableben eines der Ehepartner) enden, bezogen auf jene Eheschließungsjahrgänge, aus denen sie stammen („ehedauerspezifische Scheidungsrate") (vgl. Statistik Austria 2006).

[2] Hinsichtlich des scheinbaren Rückgangs an betroffenen minderjährigen Kindern im Jahr 2005 ist anzumerken, dass das Alter der Volljährigkeit im Jahr 2001 (infolge des Kindschaftsrechts-Änderungsgesetzes 2001 - KindRÄG 2001) von 19 auf 18 Jahre abgesenkt wurde.

Von den 14.740 minderjährigen von Scheidung betroffenen Kindern im Jahr 2005 (vgl. Tab. 2) waren zum Zeitpunkt der Scheidung 1.313 noch nicht drei Jahre alt, 2.496 im Kindergartenalter (3 bis unter 6 Jahre alt), 3.776 im Volksschulalter (6 bis unter 10 Jahre alt) und 3.705 zwischen 10 bis unter 14 Jahre alt. Zudem waren 3.450 Jugendliche von 14 bis unter 18 Jahren von der Scheidung ihrer Eltern betroffenen (vgl. Statistik Austria 2006).

1.2 Herleitung der zentralen Forschungsfragen

Die Verbesserung der Situation dieser von Scheidung betroffenen Kinder war eines der zentralen Anliegen des *Kindschaftsrechts-Änderungsgesetz 2001 - KindRÄG 2001*, das in Österreich mit 1. Juli 2001 in Kraft getreten ist; damit kam es im Fall der Scheidung einer Ehe der Eltern eines minderjährigen Kindes zu einer Neugestaltung der Obsorgeregelungen (vgl. Kap. 2).

Nach der alten Fassung des § 177 ABGB[3] musste im Scheidungsfall die Obsorge zur Gänze *einem* Elternteil übertragen werden (alleinige Obsorge – aO), meist handelte es sich dabei um die Mutter. Diese Form der Obsorgeverteilung ist jedoch in den 1980er-Jahren fachlich und politisch zunehmend in kritische Diskussion geraten, da diese Obsorgeverteilung für die weitere Entwicklung der Kinder in vielen Fällen nicht von Vorteil zu sein schien.

Als Argument gegen die alleinige Obsorge wurden dabei vor allem der häufige Verlust des Kontaktes bzw. der nur sehr unregelmäßige Kontakt zum nichtobsorgeberechtigten Elternteil und der damit verbundene Abbruch einer konstanten, liebevollen und entlastenden Beziehung des Kindes zum weggeschiedenen Elternteil sowie der Verlust der Bindung des Kindes zu diesem Elternteil als psychologischen Elternteil angeführt (vgl. BMJF 1996; Luepnitz 1986), wodurch sich die Gefahr von potentiellen negativen Scheidungsfolgen für die betroffenen Kinder (insbesondere für deren Entwicklung, deren Selbstkonzept und Selbstwertgefühl) deutlich vergrößert (vgl. Haller 1996, 80; BMUJF 1990, 28). Weiters wurden der häufige Rückgang des finanziellen Engagements des nichtobsorgeberechtigten Elternteils und die damit verbundene drastische Verringerung der ökonomischen Ressourcen als Argument gegen die alleinige Obsorge angeführt (vgl. IMAS 1988; Napp - Peters 1985;

[3] Allgemeines Bürgerliches Gesetzbuch.

1988). Auf Seiten der Kritiker der alleinigen Obsorge wurde folglich die Verantwortung beider Eltern für das Kind sowie das Recht des Kindes auf beide Eltern stark betont; wobei dem *Begriff des „Kindeswohls“*[4] in dieser Diskussion die zentrale Bedeutung zukam (vgl. BMUJF 1990; BMJF 1996; Pelikan 2002).

Seit Inkrafttreten des KindRÄG 2001 bleibt daher im Fall der Scheidung die Obsorge beider Eltern (ObE) aufrecht.[5] Ziel dieser zentralen sowie aller weiteren Neuerungen des KindRÄG 2001 war es, dem „Kindeswohl“ in höherem Ausmaß zu entsprechen, die Verantwortung der Eltern gegenüber dem Kind in den Vordergrund zu stellen und damit die negativen Scheidungsfolgen für die betroffenen Kinder zu reduzieren. Weiters sollte die Mediation als Möglichkeit der außergerichtlichen Konfliktregelung im Bereich des Kindschaftsrechts rechtlich verankert werden (vgl. BMJ 2006, 8).

Um das KindRÄG 2001 auf das Erreichen dieser Ziele und dessen weitere Auswirkungen hin zu untersuchen, wurde vom Bundesministerium für Justiz eine *„Evaluationsstudie über die Auswirkungen der Neuregelungen des KindRÄG 2001, insbesondere der Obsorge beider Eltern“*[6] in Auftrag gegeben (vgl. Kap. 4).

Für die vorliegende Studie hat die im Zuge dieser Evaluationsstudie von der Arbeitsgemeinschaft Psychoanalytische Pädagogik (APP) bundesweit durchgeführte Elternbefragung aller innerhalb eines Quartals (1.9.2004 bis 30.11.2004) geschiedener Eltern mit minderjährigen Kindern mittels Fragebogen eine entscheidende Bedeutung, da sie die Auswertung eines bisher noch unausgewerteten Teils dieser Untersuchung zum Ziel hat.

Die genannte Fragebogenuntersuchung umfasste neben zahlreichen geschlossenen Fragen zu verschiedenen Themenbereichen rund um Scheidung und Obsorge (vgl. Kap. 4.3.1) auch die Erhebung der *allgemeinen Wünsche* der befragten Elternteile durch die letzte Frage des Fragebogens mit dem Wortlaut: „Ich würde mir wünschen…“. Diese letzte Frage wurde als einzige Frage *offen gestellt*, so dass die Befragten in ihrem Antwortverhalten sehr frei waren: sowohl was die Art und das Ausmaß als auch den thematischen Schwerpunkt ihrer Antwort betraf. Dadurch sollte den befragten Eltern die Möglichkeit geboten

---

[4] Auf den Begriff des „Kindeswohls“ wird in Kapitel 2.2.1 sowie 3.5 näher eingegangen.
[5] Dies, sofern bei einvernehmlicher Scheidung nichts anderes vereinbart wird.
[6] Im weiteren Verlauf des Buches werde ich diese Studie zur besseren Lesbarkeit vielfach verkürzt als „Evaluationsstudie“ bezeichnen.

werden, Anliegen und Wünsche zu thematisieren, die in den vorangegangenen geschlossenen Fragen des Fragebogens nicht berücksichtigt bzw. abgefragt wurden; außerdem kam ihr eine psychohygienische Funktion am Ende dieses Fragebogens zu einem für die Befragten eventuell emotional recht aufwühlenden Thema zu. Die befragen Elternteile sollten dementsprechend durch die letzte offen gestellte Frage die Möglichkeit haben, sich eventuell Belastendes „von der Seele" zu schreiben.[7]

Allerdings blieb diese letzte Frage des Fragebogens bisher gänzlich unausgewertet. Die vorliegende Studie hat daher die Auswertung eben dieser offenen Frage zum Ziel.

Im Untersuchungszeitraum der Evaluationsstudie wurden insgesamt 2.413 Ehen mit minderjährigen Kindern geschieden. Es wurden beide Elternteile befragt, daher wurden doppelt so viele Fragebögen (4.826 Stück) versandt. 1.198 dieser Fragebögen wurden zeitgerecht zurückgesandt und konnten so in die Untersuchung einbezogen werden (vgl. BMJ 2006, 34). Demzufolge sind im Rahmen der vorliegenden Studie 1.198 offen formulierte schriftliche Antworten von geschiedenen Eltern minderjähriger Kinder auf die offen gestellte Frage „Ich würde mir wünschen..." auszuwerten.

In Hinblick auf welche Forschungsfragen diese 1.198 Antworten ausgewertet werden und wie dies zu begründen ist, möchte ich nun erläutern:

Folgende *drei Forschungslücken*, die darin gründen, dass die letzte Frage des Fragebogens nicht bearbeitet wurde und die zugleich einige zentrale Forschungsinteressen der gesamten Evaluationsstudie betreffen („Kindeswohl", Auswirkung der Obsorgeregelung, Auswirkung von Beratung), sind identifizierbar:

1. Alle Antworten der befragten Elternteile auf die offene Frage weisen einen Bezug zur Scheidung bzw. deren Folgen auf. In diesem Kontext stellt sich in Anlehnung an die vierte und „wichtigste" (BMJ 2006, 27) der zentralen Forschungsfragen der Evaluationsstudie (vgl. Kap. 4.2) die Frage, inwieweit von Scheidungseltern, wenn diese wie im Fall der offenen Frage, inhaltlich völlig frei antworten können und nicht an vorgegebene Antwortmöglichkeiten gebunden sind, Wünsche bzw. Anliegen thematisiert

[7] Die angeführten Gründe für die Entscheidung, die letzte Frage offen zu stellen, wurden mir von Mag. Judit Barth-Richtarz, Teilprojektleiterin innerhalb der Evaluationsstudie, genannt.

werden, in denen auf das „Kindeswohl"[8] direkt oder indirekt Bezug genommen wird und die zudem aus psychoanalytisch-pädagogischer Sicht als für das „Kindeswohl" förderlich eingestuft werden können.

Ich gehe dabei von der Annahme aus, dass das „Kindeswohl" (in Form eines Anliegens, welches für das „Kindeswohl" als förderlich einzustufen ist) dann in den – hinsichtlich Art, Ausmaß und Thema völlig offen und frei formulierbaren – Antworten zu finden ist, wenn es zum Zeitpunkt der Beantwortung des Fragebogens im Bewusstsein des jeweiligen Elternteils verstärkt präsent war. Wenn das „Kindeswohl" zu diesem Zeitpunkt verstärkt präsent war, so nehme ich an, dass diese Eltern auch in anderen Kontexten verstärkt an das „Kindeswohl" denken.

2. Weiters stellt sich die Frage, ob ein signifikanter Zusammenhang zwischen im Rahmen der Scheidung erfolgter (psychosozialer) Beratung bzw. Mediation (als bewusstseinsbildende Maßnahme) und dem Stellenwert, der dem „Kindeswohl" im Bewusstsein der befragten Eltern zukommt, besteht. Diese Frage greift im weitesten Sinne auch das Forschungsinteresse der ersten bzw. zweiten Forschungsfrage der Evaluationsstudie hinsichtlich Beratung und Mediation auf (vgl. Kap. 4.2).

3. Schließlich stellt sich bezüglich des Kerninteresses der Evaluationsstudie (Auswirkungen der Obsorgeregelung) die Frage, ob zwischen dem „Kindeswohl" im Bewusstsein der Eltern und der Obsorgeregelung (aO/ObE) ein Zusammenhang feststellbar ist, der überzufällig ist.

Aus den eben identifizierten Forschungslücken ergeben sich folgende leitende Forschungsfragen sowie ergänzende Subfragen:

---

[8] Um den Eindruck zu vermeiden, dass es sich beim „Kindeswohl" um einen Fachbegriff handelt, der interdisziplinär oder auch nur innerhalb der Pädagogik intradisziplinär eindeutig und allgemein gültig definierbar wäre, möchte ich den Begriff „Kindeswohl" im weiteren Verlauf der vorliegenden Studie in dessen wörtlichem Sinne, nämlich in Form des Postulates „zum Wohle des Kindes", als heuristisches Konstrukt verstanden wissen, dessen Problematik auch zwei Unterkapitel dieser Studie gewidmet sind (vgl. Kap. 2.2.1 und vor allem 3.5).

(1) Inwieweit werden in den Antworten der geschiedenen Eltern auf die offene Frage Anliegen und Wünsche thematisiert, die einen direkten oder indirekten Bezug zum „Kindeswohl" aufweisen und die außerdem aus psychoanalytisch-pädagogischer Sicht als für das „Kindeswohl" förderlich eingestuft werden können; sodass angenommen werden kann, dass das „Kindeswohl" als Anliegen (aus psychoanalytisch-pädagogischer Sicht) auch im Bewusstsein dieser Eltern direkt oder indirekt präsent ist?

(2) Lässt sich ein Zusammenhang zwischen der Inanspruchnahme von Beratung und dem Stellenwert, der dem „Kindeswohl" als Anliegen im Bewusstsein geschiedener Eltern zukommt, feststellen?

- Lassen sich diesbezüglich Unterschiede zwischen Eltern feststellen, die Beratung in Anspruch genommen haben, und solchen Eltern, die keine Beratung in Anspruch genommen haben?
- Lassen sich diesbezüglich zwischen psychosozialen Beratungsformen (Erziehungsberatung; Ehe-, Partner-Beratung) bzw. Mediation und Rechtsberatung Unterschiede hinsichtlich des zu erhebenden Einflusses feststellen?

(3) Lässt sich ein Zusammenhang zwischen der Obsorgeregelung und dem Stellenwert, der dem „Kindeswohl" als Anliegen im Bewusstsein geschiedener Eltern zukommt, feststellen?

- Lassen sich Unterschiede zwischen Eltern feststellen, für deren Kind(er) ein Elternteil die alleinige Obsorge (aO) zugesprochen bekommen hat, und solchen Eltern, die die Obsorge beider Eltern (ObE) für ihr(e) Kind(er) beibehalten haben?
- Lassen sich bei jenen Eltern, die die Obsorge beider Eltern für ihr(e) Kind(er) beibehalten haben, Unterschiede zwischen jenem Elternteil, bei dem sich das Kind hauptsächlich aufhält, und jenem Elternteil, bei dem sich das Kind nicht hauptsächlich aufhält, feststellen?
- Lassen sich bei jenen Eltern, für deren Kind(er) ein Elternteil die alleinige Obsorge zugesprochen bekommen hat, Unterschiede zwischen dem obsorgeberechtigten Elternteil und dem nichtobsorgeberechtigten Elternteil feststellen?

- Ist bei einer der genannten obsorgespezifischen Gruppen von geschiedenen Eltern[9] ein signifikantes Defizit hinsichtlich der Präsenz des „Kindeswohls" in deren Bewusstsein feststellbar?

(4) Für welche Gruppe von geschiedenen Eltern[10] sollten daher bewusstseinsbildende Maßnahmen ergriffen werden, um das „Kindeswohl" verstärkt im Bewusstsein dieser Eltern zu verankern?

- Sind die Ergebnisse der Untersuchung (zumindest auch) dahingehend interpretierbar, dass die Inanspruchnahme einer/mehrerer der durch die Studie berücksichtigten Formen von Beratung (Erziehungsberatung; Ehe-, Partner-Beratung; Mediation; Rechtsberatung) eine geeignete bewusstseinsbildende Maßnahme für die verstärkte Verankerung des „Kindeswohls" im elterlichen Bewusstsein sein kann, und wenn ja, welche Formen von Beratung?

Durch die alleinige Beantwortung dieser Forschungsfragen wird allerdings noch nicht geklärt werden können, ob Eltern, die das „Kindeswohl" von Vorneherein verstärkt als Anliegen im Bewusstsein haben, aus diesem Grund auch Beratung in Anspruch nehmen bzw. die ObE beibehalten, oder aber umgekehrt, die Inanspruchnahme von Beratung bzw. die ObE einen positiven Einfluss auf den Stellenwert des „Kindeswohls" im Bewusstsein der Eltern hat. Die Richtung des Zusammenhangs müsste folglich - so überhaupt einer feststellbar ist - noch genauer untersucht werden. Die Frage, ob diesbezüglich Kausalzusammenhänge anzunehmen sind, wird daher im Rahmen der vorliegenden Studie lediglich diskutiert werden, ohne Anspruch auf eine Entscheidung dieser Frage.

Da ich Hypothesen prüfend vorgehen werde, werden im nun folgenden Unterkapitel anhand der Forschungsfragen Hypothesen formuliert, sowie zuvor deren zugrunde liegenden Annahmen beschrieben und begründet.

---

[9] Eltern mit aO mit Obsorgerecht; Eltern mit aO ohne Obsorgerecht; Eltern mit ObE und hauptsächlichem Kindesaufenthalt im gemeinsamen Haushalt; Eltern mit ObE und hauptsächlichem Kindesaufenthalt beim anderen Elternteil;

[10] Folgende Gruppen von Eltern werden bei der Auswertung berücksichtigt: Eltern, die im Scheidungsverlauf eine psychosoziale Beratungsform bzw. Mediation in Anspruch nahmen; Eltern, die im Scheidungsverlauf *keine* psychosoziale Beratungsform bzw. Mediation in Anspruch nahmen; Eltern, die im Scheidungsverlauf *ausschließlich* Rechtsberatung in Anspruch nahmen; Eltern, die im Scheidungsverlauf *nicht ausschließlich* Rechtsberatung in Anspruch nahmen; Eltern mit aO mit Obsorgerecht; Eltern mit aO ohne Obsorgerecht; Eltern mit ObE und hauptsächlichem Kindesaufenthalt im gemeinsamen Haushalt; Eltern mit ObE und hauptsächlichem Kindesaufenthalt beim anderen Elternteil; Väter; Mütter;

1.3 Hypothesenbildung

Bezüglich der zweiten Forschungsfrage gehe ich davon aus, dass sich alle – im weiteren Sinn - psychosozialen Beratungsformen (Erziehungsberatung; Ehe-, Partner- Beratung) sowie Mediation als bewusstseinsbildende Maßnahmen positiv auf den Stellwert des „Kindeswohls" im Bewusstsein der befragten Eltern und damit deren Antworten auswirken. Wenn sich Eltern auf einen solchen psychosozialen Beratungsprozess einlassen, geraten dabei die eigenen Bedürfnisse und - so nehme ich an - auch die der Kinder, und damit deren Wohl, verstärkt ins Bewusstsein der Eltern. Von Rechtsberatung erwarte ich mir diesen Effekt nicht. Diese Annahme wird in Kapitel 3.7 im Rahmen der Ausführungen zur psychosozialen Beratung und Mediation noch genauer behandelt.

Bezüglich der dritten Forschungsfrage gehe ich davon aus, dass bei der Obsorge beider Eltern dem „Kindeswohl" im Bewusstsein der befragten Eltern (und damit auch in deren Antworten) ein signifikant höherer Stellwert zukommt als bei der alleinigen Obsorge – und zwar sowohl bei Vätern[11], als auch bei Müttern, unabhängig davon bei wem sich das Kind hauptsächlich aufhält:

- Bei den Vätern ist anzunehmen, dass die fortgesetzte, auch rechtliche Erziehungsverantwortung das „Ich" und „Über-Ich" – d.h. an das „Kindeswohl" zu denken - gegenüber der Neigung stärkt, einer „quasi-adoleszenten Regression" (BMJ 2006, 51) zu erliegen und sich plötzlich wieder ungebunden, frei und von aller familiärer Verantwortung erlöst fühlen zu können (vgl. BMJ 2006, 51). Diese Annahme kann auch durch die Erkenntnis der Evaluationsstudie gestützt werden, dass die Obsorge beider Eltern nicht nur bewirkt, dass sich Väter quantitativ mehr um ihre Kinder kümmern, sondern auch qualitativ mehr elterliche Aufgaben und Verantwortung übernehmen (vgl. BMJ 2006, 209 - 218).
- Bei den Müttern darf angenommen werden, dass durch die Obsorge beider Eltern ebenso das „Ich" und „Über-Ich" – d.h. an das „Kindeswohl" zu denken – gestärkt wird, und zwar gegenüber dem (aus Enttäuschungen, Verletzungen und Konflikten gewachsenen) „egoistischen" Bedürfnis der Mutter, den Vater endgültig aus dem Leben zu streichen (vgl. BMJ 2006, 51).

---

[11] Wobei im Folgenden „Vater" für den ausziehenden Elternteil steht, da es sich in der überwiegenden Anzahl an Fällen bei jenem Elternteil um den Vater handelt (vgl. Kap. 2.2.3).

Weiters gehe ich bezüglich der dritten Forschungsfrage davon aus, dass bei der alleinigen Obsorge dem „Kindeswohl" im Bewusstsein (und damit auch in den Antworten) der (obsorgeberechtigten) Mütter (trotz Ausbleiben des bei der ObE beschriebenen Effekts) ein signifikant höherer Stellenwert zukommt als bei den (nichtobsorgeberechtigten) Vätern; dies aus zwei Gründen:

- Zum einen erwarte ich für die (nichtobsorgeberechtigten) Väter die entsprechende Umkehrung des bei der ObE beschriebenen Effekts, d.h. dass der Verlust der Erziehungsverantwortung und die selteneren Kontakte zum Kind einen negativen Einfluss auf den Stellenwert des „Kindeswohls" im Bewusstsein dieser Väter hat;
- Zum anderen erwarte ich für die (obsorgeberechtigten) Mütter, dass sich die nun alleine ihnen übertragene Erziehungsverantwortung positiv auf den Stellenwert des „Kindeswohls" in deren Bewusstsein auswirkt.

Anhand der Forschungsfragen und der eben beschriebenen Annahmen können folgende Hypothesen formulierten werden, die es zu überprüfen gilt:

(I) Geschiedene Eltern, die Erziehungsberatung, Ehe- bzw. Partner-Beratung und/oder Mediation in Anspruch genommen haben, messen dem „Kindeswohl" in ihrem Bewusstsein einen signifikant höheren Stellenwert bei als jene Eltern, die dies nicht taten.

(II) Geschiedene Eltern, die nur Rechtsberatung in Anspruch genommen haben, messen dem „Kindeswohl" in ihrem Bewusstsein *keinen* signifikant höheren Stellenwert bei, als jene Eltern die dies nicht taten.

(III) Geschiedene Eltern, die für ihr(e) Kind(er) die ObE beibehalten haben, messen dem „Kindeswohl" in ihrem Bewusstsein einen signifikant höheren Stellenwert bei, als jene Eltern, für deren Kind(er) ein Elternteil die aO zugesprochen bekommen hat.

(IV) In jenen Fällen, in denen geschiedene Eltern die ObE für ihr(e) Kind(er) beibehalten haben, hat der hauptsächliche Kindesaufenthalt *keinen* signifikanten Einfluss auf den Stellenwert, der dem „Kindeswohl" im Bewusstsein dieser Eltern zukommt.

(V) In jenen Fällen, in denen ein geschiedener Elternteil die aO für dessen Kind(er) zugesprochen bekommen hat, kommt dem „Kindeswohl" im Bewusstsein des obsorgeberechtigten Elternteils ein signifikant höherer Stellenwert zu als im Bewusstsein des nichtobsorgeberechtigten Elternteils.

(VI) Es lässt sich bei bestimmten Gruppen von geschiedenen Eltern[12] ein signifikantes Defizit hinsichtlich der Präsenz des „Kindeswohl" in deren Bewusstsein feststellen, sodass bewusstseinsbildende Maßnahmen ergriffen werden sollten, um das „Kindeswohl" verstärkt im Bewusstsein dieser Eltern zu verankern.

Im nun folgenden Unterkapitel wird ein erster Einblick in das methodische Vorgehen in Hinblick auf die Beantwortung der Forschungsfragen und der Prüfung der Forschungshypothesen gegeben. Eine ausführliche Darstellung des methodischen Vorgehens findet sich in Kapitel 5 der vorliegenden Studie.

1.4 Methodisches Vorgehen

Die erhobenen Fragebogendaten werden mittels *qualitativer Inhaltsanalyse* ausgewertet. Dazu werden zunächst Kategorien gebildet, die für die Bearbeitung der leitenden Forschungsfragen und ihrer Subfragen relevant sind. Nach diesen Kategorien wird in der Folge der Inhalt der Antworten auf die auszuwertende offene Frage analysiert um damit zunächst die erste Forschungsfrage (und in der Folge alle weitern) beantworten zu können (vgl. Mayring 2005; Kuckartz 1999, 77; Lissmann 2001, 38). Es handelt sich dabei um folgende Kategorien (vgl. Kap. 5.2.1):

Nominalskala, dichotom: (Kode tritt auf / Kode tritt nicht auf)

➢ Wurde die offene Frage beantwortet?

[12] Folgende Gruppen von Eltern werden bei der Auswertung berücksichtigt: Eltern, die im Scheidungsverlauf eine psychosoziale Beratungsform bzw. Mediation in Anspruch nahmen; Eltern, die im Scheidungsverlauf *keine* psychosoziale Beratungsform bzw. Mediation in Anspruch nahmen; Eltern, die im Scheidungsverlauf *ausschließlich* Rechtsberatung in Anspruch nahmen; Eltern, die im Scheidungsverlauf *nicht ausschließlich* Rechtsberatung in Anspruch nahmen; Eltern mit aO mit Obsorgerecht; Eltern mit aO ohne Obsorgerecht; Eltern mit ObE und hauptsächlichem Kindesaufenthalt im gemeinsamen Haushalt; Eltern mit ObE und hauptsächlichem Kindesaufenthalt beim anderen Elternteil; Väter; Mütter;

Nominalskala, dichotom: (Kode tritt auf / Kode tritt nicht auf)

- Weist die Antwort auf die offen gestellte Frage einen direkten oder indirekten Bezug zum „Kindeswohl" auf?

Ordinalskala, dichotom: (positive / negative Bewertung)

- Ist das in der Antwort enthaltene Anliegen aus psychoanalytisch-pädagogischer Sicht als für das „Kindeswohl" förderlich („positiv") oder hinderlich („negativ") einzustufen?

Für die Bewertung, ob die in den Antworten auf die offene Frage erwähnten Anliegen bzw. Wünsche als für das „Kindeswohl" förderlich oder hinderlich einzustufen sind, werden psychoanalytisch-pädagogische Kriterien für das „Kindeswohl" (speziell in der Scheidungssituation) (vgl. Kap. 3) sowie *alle* zur Verfügung stehenden Daten des jeweiligen *gesamten* Fragebogens herangezogen (vgl. Kap. 4.3.1). Die Bewertung nach psychoanalytisch-pädagogischen Kriterien folgt aus der psychoanalytisch-pädagogischen Ausrichtung der vorliegenden Studie.

Außerdem werden aus den Fragebogendaten der vorangegangenen Fragen zwecks Beantwortung der zweiten bis vierten Forschungsfragen folgende Informationen übernommen:

- Geltende Obsorgeregelung (Nominalskala);
- Hauptsächlicher Aufenthalt des Kindes (Nominalskala);
- Inanspruchnahme von Beratung im Verlauf der Trennung / Scheidung (Nominalskala)

Falls Beratung in Anspruch genommen wurde:

- die Art von Beratung, die in Anspruch genommen wurde (Erziehungsberatung; Ehe-, Partner-Beratung; Mediation; Rechtsberatung) (Nominalskala).

Vor der Analyse mittels der genannten Kategorien werden genaue *Auswertungsregeln* definiert (vgl. Kap. 5.2.2). Aus den mittels der beschriebenen Inhaltsanalyse der gegebenen Antworten resultierenden Daten wird zunächst eine SPSS-Datenmatrix erstellt. Anschließend werden in einem ersten Auswertungsschritt alle Häufigkeiten ermittelt (deskriptive Statistik). Mit diesen Daten wird die erste Forschungsfrage bereits zu beantworten sein. Für die Bestätigung bzw. Widerlegung der sechs Forschungshypothesen sowie die Beantwortung der übrigen drei Forschungsfragen und deren Subfragen wird in einem zweiten

Auswertungsschritt mittels geeigneter interferenzstatistischer Signifikantstests (U-Test, H-Test) überprüft, ob die hypothesenrelevanten Häufigkeitsverteilungen überzufällig sind (vgl. Bortz & Döring 1995; Kähler 1995). Danach werden die Ergebnisse hinsichtlich der Richtung von annehmbaren Kausalzusammenhängen diskutiert.

1.5 Pädagogische Relevanz

Die pädagogische Kernrelevanz der vorliegenden Untersuchung resultiert aus der Beantwortung der vierten Forschungsfrage, in welche die Ergebnisse aller anderen Forschungsfragen einfließen und aus denen (vermutlich) konkrete pädagogische Maßnahmen für geschiedene Eltern ableitbar sind, die letztlich der Steigerung des „Kindeswohls" dienen.

Ferner resultiert eine eingeschränkte pädagogische Relevanz der vorliegenden Untersuchung aus den daraus resultierenden wissenschaftlichen Erkenntnissen

- ob ein Zusammenhang zwischen der Obsorge beider Eltern und der Präsenz des „Kindeswohl" im Bewusstsein der Eltern feststellbar ist, und ob dieser Zusammenhang (zumindest auch) dahingehend interpretierbar ist, dass die diesbezüglichen Regelungen des KindRÄG 2001 als für die Förderung des „Kindeswohls" zielführend gelten können und sich damit aus pädagogischer Sicht bewährt haben; und
- inwieweit sich die Ergebnisse der vorliegenden Untersuchung (die eine Teilstudie der Evaluationsstudie ist) und jene der gesamten Evaluationsstudie gegenseitig ergänzen bzw. stützen können bzw. ob dies nicht der Fall ist.

Die eingeschränkte Relevanz resultiert dabei daraus, dass die gesamte Evaluationsstudie ungleich größer angelegt war und vor allem andere Forschungsfragen zu klären versuchte als die vorliegende Teiluntersuchung. Daher ist ein direkter Vergleich der Ergebnisse weder möglich noch sinnvoll. Es können jedoch einige Ergebnisse miteinander in Beziehung gesetzt werden.

Nun möchte ich mit einem Überblick über die Gliederung und den Inhalt der einzelnen Kapitel des vorliegenden Buches die Einleitung abschließen.

1.6 Überblick über die Gliederung

Auf die Einleitung folgen nun vier größere Kapitel, die zusammen den Hauptteil der Studie ergeben. Das zweite, dritte und vierte Kapitel behandeln den *theoretischen Kontext* des Forschungsprojektes, das fünfte Kapitel ist der im Rahmen des Forschungsprojektes durchgeführten Studie selbst gewidmet.

Zunächst werden im *zweiten Kapitel* alle für die Bearbeitung der leitenden Forschungsfragen notwendigen *juristischen Begriffe und gesetzlichen Regelungen zu Ehescheidung und „Kindeswohl"* beleuchtet. Dieses Kapitel gliedert sich in zwei Unterkapitel: Im ersten Unterkapitel werden das KindRÄG 2001 und die damit einhergegangenen gesetzlichen Änderungen kurz vorgestellt, im zweiten Unterkapitel werden für die vorliegende Studie relevante juristische Grundbegriffe und wichtige gesetzliche Regelungen zum Ehescheidungs- und Kindschaftsrecht beschrieben.

Das *dritte Kapitel* nähert sich, unter Zuhilfenahme einschlägiger Fachliteratur, dem Thema *Ehescheidung und „Kindeswohl" aus psychoanalytisch-pädagogischer Sicht* und liefert so die Grundlagen für die (zwecks Beantwortung der ersten Forschungsfrage erforderliche) Bewertung, ob die in den Antworten auf die offene Frage erwähnten Anliegen aus psychoanalytisch-pädagogischer Sicht als für das „Kindeswohl" förderlich einzustufen sind. Um die Grundlagen für diese psychoanalytisch-pädagogische Bewertung der elterlichen Anliegen zu schaffen, wird im ersten der sieben Unterkapitel zunächst der (für den Beginn des kindlichen Scheidungserlebens relevante) psychologische Scheidungszeitpunkt definiert und im zweiten Unterkapitel das innerpsychische Erleben der Scheidung beim Kind beschrieben. Das dritte Unterkapitel behandelt darauf folgend aus psychodynamischer Sicht die kindlichen Scheidungssymptome, die sich als manifester Ausdruck dieses Scheidungserlebens ausbilden. Im vierten Unterkapitel wird danach aufgezeigt, inwiefern bestimmte (unbewusste) Aspekte der elterlichen Psychodynamik zu einer Gefahr für das „Kindeswohl" werden können. Im Anschluss beschäftigt sich das fünfte Unterkapitel, auf den vorangegangenen vier Unterkapiteln aufbauend, mit dem „Kindeswohl" (speziell in der Scheidungssituation) aus psychoanalytisch-pädagogischer Sicht. Das sechste Unterkapitel fasst danach die gewonnenen Erkenntnisse in Form von zehn Kriterien für die Auswertung der offenen Frage kurz und prägnant zusammen. Schließlich werden im siebenten Unterkapitel psychosoziale Beratung und Mediation im Scheidungsprozess kurz vorgestellt und die Annahme, dass sich diese auf den Stellenwert des „Kindeswohl“ im Bewusstsein der Eltern positiv auswirken können, begründet.

Im *vierten Kapitel* wird die *Evaluationsstudie über die Auswirkungen der Neuregelungen des KindRÄG 2001* vorgestellt. Dazu werden im ersten Unterkapitel die Grundlagen und die Organisation der Studie beschrieben, im zweiten Unterkapitel die bearbeiteten Forschungsfragen und die Forschungshypothesen, sowie im dritten Unterkapitel das Gesamtdesign der Evaluationsstudie vorgestellt und schließlich im vierten Unterkapitel eine Zusammenfassung der Forschungsergebnisse der Evaluationsstudie sowie im fünften Unterkapitel ein Überblick über die daraus resultierenden und von den Studienautoren empfohlenen pädagogischen Maßnahmen geboten.

Das *fünfte Kapitel* ist der eigentlichen Untersuchung gewidmet, nämlich der *Auswertung der offenen Frage des Fragebogens*. Es gliedert sich in vier Unterkapitel: Zunächst wird im ersten Unterkapitel das forschungsmethodische Vorgehen (d.h. die qualitative Inhaltsanalyse) ausführlich beschrieben. Im zweiten Unterkapitel wird der Auswertungsprozess der vorliegenden Untersuchung dargestellt. Es werden die inhaltsanalytischen Auswertungskategorien vorgestellt sowie genaue Auswertungsregeln definiert und an Beispielen verdeutlicht. Im dritten Unterkapitel erfolgt die Darstellung der - unter Zuhilfenahme des Programmsystems SPSS[13] 15.0 - gewonnenen Auswertungsergebnisse. Es werden zunächst die errechneten Häufigkeitsverteilungen für alle ermittelten Daten tabellarisch sowie graphisch dargestellt, im Anschluss werden die genannten sechs Forschungshypothesen (vgl. Kap. 1.3) mittels geeigneter interferenzstatistischer Signifikanztests einer Prüfung unterzogen. Schließlich werden die Auswertungsergebnisse im vierten Unterkapitel nochmals zusammenfassend dargestellt und die vier Forschungsfragen sowie deren Subfragen (vgl. Kap. 1.2) beantwortet.

In einem abschließenden *Resümee* werden die Ergebnisse der vorliegenden Untersuchung mit jenen der Evaluationsstudie in Beziehung gesetzt und diskutiert. Weiters wird der durch die vorliegende Studie erlangte Erkenntnisfortschritt dargelegt und dessen pädagogische Relevanz herausgearbeitet. Zudem werden geeignete pädagogische Maßnahmen vorgeschlagen. Schließlich werden aus der vorliegenden Untersuchung resultierende und rele-

[13] SPSS ist die Abkürzung für ***S**tatistical **P**ackage for the **S**ocial **S**ciences (vgl. Bühl & Zöfel 2005, 15).

vant erscheinende weiterführende Forschungsfelder genannt, die Gegenstand von eventuellen Folgeuntersuchungen sein könnten.

2. Ehescheidung und Kindeswohl aus juristischer Sicht

Im nun folgenden zweiten Kapitel werden alle für die Bearbeitung der leitenden Forschungsfragen notwendigen juristischen Begriffe und gesetzlichen Regelungen erläutert. Zunächst wird das KindRÄG 2001 kurz allgemein vorgestellt, danach werden für die vorliegende Studie relevante juristische Grundbegriffe sowie gesetzliche Regelungen zum Ehescheidungs- und Kindschaftsrecht (speziell dem „Kindeswohl") und deren etwaigen Änderungen in Folge des KindRÄG 2001 näher beschrieben.

2.1 Das Kindschaftsrechts-Änderungsgesetz 2001 - KindRÄG 2001

Am 22. November 2000 wurde vom Nationalrat das Kindschaftsrechts-Änderungsgesetzes 2001 - KindRÄG 2001 (BGBl. I Nr. 135/2000) verabschiedet und am 1. Juli 2001 in Kraft gesetzt, wodurch eine Reihe von Gesetzen (vgl. Graf & Ofner 2001, 335) umfassend und weitreichend geändert wurden.

Die zahlreichen Änderungen, die durch das KindRÄG 2001 vorgenommen wurden, hatten gemäß den Erläuterungen zur Regierungsvorlage die folgenden grundlegenden Ziele und Schwerpunkte:

- „die Stärkung der Rechtsstellung heranwachsender Menschen,
- die Verantwortung der Eltern gegenüber ihren Kindern in den Vordergrund zu stellen,
- das Recht der Vermögensverwaltung für Pflegebefohlene zu modernisieren sowie
- terminologische und systematische Mängel sowie unnötige Formalismen des geltenden Kindschafts- und Pflegschaftsrechts zu beseitigen" (BMJ 2006, 8).

Das KindRÄG 2001 sollte deutlich zum Ausdruck bringen, dass Kinder heute nicht mehr bloß als Objekte elterlicher Rechte und staatlicher Erziehungsaufsicht, sondern als „Rechtssubjekte mit eigenen Ansprüchen" (Deixler-Hübner 2001, 127) gesehen werden. Deshalb wurde mit dieser umfassenden Novelle die Rechtsstellung von Kindern und Jugendlichen durch eine Reihe von Maßnahmen wesentlich gestärkt; diese waren beispielsweise: Herabsetzung des Volljährigkeitsalters auf 18 Jahre, verstärkte Berücksichtigung ihres Willens bei ihrer Erziehung und Pflege, eigenes Besuchsrecht des Kindes, Verbesserung der Verfahrensrechte für Unmündige, Recht auf Einwilligung in die ärztliche Heilbehandlung, etc. (vgl. Deixler-Hübner 2001, 127f.).

Ein weiterer zentraler Schwerpunkt des KindRÄG 2001 bestand (wie bereits in der Einleitung erwähnt) in der Neuregelung der elterlichen Obsorge nach Ehescheidung, wodurch erstmals in Österreich, die Obsorge *beider* Eltern (ObE), auch *nach* der Scheidung, zum Regelfall wurde. Bei der Scheidung der Eltern eines minderjährigen Kindes bleibt nun, sofern die geschiedenen Ehepartner bei einvernehmlicher Scheidung nichts anderes vereinbaren, gemäß § 177 Abs. 1 des Allgemeinen Bürgerlichen Gesetzbuches (ABGB) die Obsorge beider Eltern bestehen.

Nach der alten Fassung des § 177 ABGB musste im Scheidungsfall die Obsorge zur Gänze einem Elternteil übertragen werden (alleinige Obsorge – aO), meist handelte es sich dabei um die Mutter. Der andere Elternteil behielt ein Besuchs- bzw. Kontaktrecht. Diese Regelung wurde 1977 im Zuge der Familienrechtsreformen geschaffen. In der Folge wurden die in den 1980er-Jahren einsetzenden Bestrebungen, eine gemeinsame elterliche Sorge nach der Scheidung als Option zu eröffnen, zunächst von der Rechtsprechung und schließlich vom Verfassungsgerichtshof abgewehrt. Erst mit dem KindRÄG 2001 wurde in Österreich – nach einem gescheiterten Reformentwurf von 1999 und knapp nach der Schweiz, wo mit Beginn des Jahr 2000 ein Antragsmodell in Kraft trat – die rechtlich abgesicherte gemeinsame elterliche Sorge nach einer Scheidung oder Trennung zum Regelfall (vgl. Pelikan 2002).

Weiters sollte mit dem KindRÄG 2001 die Mediation im Bereich des Kindschaftsrechts nach dem Vorbild des Eherechts-Änderungsgesetzes 1999 als Möglichkeit der außergerichtlichen Konfliktregelung im Bereich des Kindschaftsrechts rechtlich verankert werden, um vermehrt einvernehmliche Lösungen zwischen den Eltern zu erzielen, die dem Kind zugute kommen (vgl. BMJ 2006, 8).[14]

[14] Auf die Bedeutung der Mediation in Scheidungskonflikten und Obsorgestreitigkeiten wird im dritten Kapitel (3.7) noch näher eingegangen.

2.2 *Grundbegriffe und gesetzliche Regelungen zum Ehescheidungs- und Kindschaftsrecht*

2.2.1 Der juristische Begriff des „Kindeswohls"

Mit dem Aufkommen der staatlichen Kinderschutzeinrichtungen hielt gegen Ende des 19. Jahrhunderts der Begriff des „Kindeswohls" Einzug in die europäischen Gesetzestexte und ist seit damals zu einem leitenden Rechtsbegriff mit internationaler Geltung geworden (vgl. Kaufmann/Ziegler 2003, 39; 75ff.). Gemäß Artikel 3 der am 2. September 1990 in Kraft getretenen UN-Kinderrechtskonvention (UN-KRK), kommt dem Wohl des Kindes in allen Entscheidungen, die das Kind betreffen, eine vorrangige Stellung zu:

> „Bei allen Maßnahmen, die Kinder betreffen, gleichviel ob sie von öffentlichen oder privaten Einrichtungen der sozialen Fürsorge, Gerichten, Verwaltungsbehörden oder Gesetzgebungsorganen getroffen werden, ist das Wohl des Kindes ein Gesichtspunkt, der vorrangig zu berücksichtigen ist " (Art. 3 UN-KRK).

Die UN-Kinderrechtskonvention legt damit einen weltweiten Standard fest, den die Vertragsstaaten nicht unterschreiten sollen, durchaus aber überschreiten können (Art. 41 UN-KRK). Auch Art. 24 Abs. 1 des UNO-Paktes über bürgerliche und politische Rechte erteilt dem Staat einen expliziten Schutzauftrag zu Gunsten von Minderjährigen (vgl. Kaufmann/Ziegler 2003, 45).

Das „Kindeswohl" ist demzufolge - nicht nur in Österreich - das wichtigste Grundprinzip und der zentrale Leitgedanke des gesamten Kindschafts- und Familienrechtes. Die Interessen des Kindes, nicht jene der Eltern, stehen grundsätzlich im Vordergrund. In diesem Sinne sind die gegenseitigen Rechte und Pflichten zwischen Eltern und Kindern auszulegen. Das Gericht muss sich bei seinen Entscheidungen am „Kindeswohl" orientieren.

Was das „Kindeswohl" im Einzelfall ist, erläutert allerdings weder die UN-Kinderrechtskonvention, noch das österreichisch Gesetz. Es handelt sich dabei folglich um einen *unbestimmten Rechtsbegriff*, der erst der Auslegung bedarf (vgl. Maurer 2005, 64; Deixler-Hübner 2001, 139f.). Der Gesetzgeber zählt lediglich auf, was bei der Beurteilung des „Kindeswohls" zu berücksichtigen ist:

> „Bei der Beurteilung des Kindeswohls sind die Persönlichkeit des Kindes und seine Bedürfnisse, besonders seine Anlagen, Fähigkeiten, Neigungen und Ent-

> wicklungsmöglichkeiten, sowie die Lebensverhältnisse der Eltern entsprechend zu berücksichtigen" (§ 178a ABGB).

Das Gericht hat bei der Beurteilung des „Kindeswohls" die ökonomischen, sozialen, gesundheitlichen, kreativen und geschlechtlichen Umstände, sowie die materiellen Bedürfnisse (Unterhalt, Wohnung, Kleidung, etc.) und ideellen Bedürfnisse (emotionale Zuwendung, moralische und sittliche Erziehung, Unterhaltung, Ausbildung, Sport, etc.) des Kindes in ihrer Gesamtheit zu berücksichtigen. Dabei ist auch auf künftige Lebensverhältnisse Rücksicht zu nehmen. Um das „Kindeswohl" bei Obsorge- oder Besuchsrechtsverfahren im Einzelfall festzustellen, beauftragt das Pflegschaftsgericht gewöhnlich das Jugendamt, Erhebungen über die familiären Verhältnisse durchzuführen. Wenn dies nicht ausreicht, holt es ein Gutachten ein (vgl. Maurer 2005, 65).

Nicht nur in Pflegschaftsverfahren, auch für die Erziehung der Kinder durch die Eltern gilt das „Kindeswohl" als zentrales handlungsleitendes Prinzip:

> „Die Eltern haben für die Erziehung ihrer minderjährigen Kinder zu sorgen und überhaupt ihr Wohl zu fördern" (§ 137 Abs 1 ABGB).

Der Begriff des „Kindeswohls" findet sich nicht nur im Art. 3 UN-KRK und im § 178a sowie § 137 ABGB, sondern auch in zahlreichen anderen gesetzlichen Bestimmungen; dies wird im weiteren Verlauf dieses Kapitels und den darin beschriebenen Grundbegriffen und Regelungen zum Kindschaftsrecht noch mehrfach deutlich werden.

2.2.2 Ehe, Ehescheidung und Trennung

Die eherechtlichen Bestimmungen finden sich einerseits im ersten Teil des Allgemeinen Bürgerlichen Gesetzbuchs (ABGB), und zum anderen im Ehegesetz 1938 (EheG 1938). Während das EheG 1938 vor allem das Eheschließungs- und Ehescheidungsrecht regelt, finden sich die übrigen Bestimmungen des Ehe- und Familienrechts im ABGB (vgl. Deixler-Hübner 2001, 2). In § 44 ABGB wird der Ehebegriff definiert:

> „Die Familienverhältnisse werden durch Ehevertrag begründet. In dem Ehevertrage erklären zwei Personen verschiedenen Geschlechts gesetzmäßig ihren Willen, in unzertrennlicher Gemeinschaft zu leben, Kinder zu zeugen, sie zu erziehen, und sich gegenseitig Beistand zu leisten" (§ 44 ABGB).

Eine einmal geschlossene Ehe kann nur durch eine gerichtliche Entscheidung wieder aufgelöst werden. Während Nichtigkeit und Aufhebung Mängel bei der Eheschließung selbst betreffen, ermöglicht das Scheidungsrecht eine Ehe wegen des Verhaltens der Ehegatten während aufrechter Ehe wieder aufzulösen (vgl. Hinteregger 2001, 81). Ein allgemeines konfessionell unabhängiges Scheidungsrecht und damit die Möglichkeit der Ehescheidung wurde im österreichischen Recht erst durch das EheG 1938 eingeführt. Zuvor bestand nur die Option, sich von Tisch und Bett zu trennen (vgl. Deixler-Hübner 2001, 59).

> „Ehescheidung stellt den letzten formalen Akt eines sukzessiv erfolgten Kündigungsprozesses an den Partner dar, während sich Trennung auf die Entscheidung zu einer getrennten Lebensführung, schließlich zur getrennten Haushaltsführung, aber auch Eheauflösung durch Tod eines Partners beziehen kann. Historisch gesehen gab es früher nur die Eheauflösung durch Trennung“ (Nave-Herz 1994, 12).

Die Scheidung bedeutet demgemäß die formale Auflösung des Ehevertrages. Die Ehescheidung ändert an der Rechtsstellung der aus der Ehe stammenden oder durch die Ehe legitimierten Kinder nichts. Sie bleiben ehelich und führen den bisherigen Namen weiter (vgl. Hinteregger 2001, 122).

Seit dem Eherechts-Änderungsgesetz 1978 bestehen vier Gruppen von Scheidungsmöglichkeiten (vgl. Deixler-Hübner 2001, 60):

- die Scheidung wegen Verschuldens (§§ 47 - 49 EheG),
- die Scheidung aus anderen Gründen (§§ 50 - 52 EheG),
- die Scheidung wegen Auflösung der häuslichen Gemeinschaft (§ 55 EheG),
- die Scheidung aus beiderseitigem Einvernehmen (§ 55aEheG).

Diese Scheidungsmöglichkeiten haben zwar keinen Einfluss auf das Recht des Kindes auf beide Eltern, allerdings besteht der Nachteil aller streitigen Scheidungen (wenn also kein Einvernehmen zu erzielen ist) darin, dass alle die minderjährigen Kinder betreffenden (Folge-)Verfahren in einem eigenen Pflegschaftsverfahren (Außerstreitverfahren) zu regeln sind. Im Scheidungsverfahren werden die Kinder nicht befragt, außer sie werden als Zeugen geladen, was aber wegen der zusätzlichen Belastung für die Kinder nicht empfehlenswert ist (vgl. Maurer 2005, 106).

2.2.3 Obsorge – Obsorgeformen – Heim erster Ordnung

Der Begriff der Obsorge wurde durch das Kindschaftsrecht-Änderungsgesetz 1989 in das ABGB eingeführt. Er ersetzt den alten Begriff der elterlichen Gewalt und ist im § 144 ABGB definiert, der durch das KindRÄG 2001 geändert wurde:

> „Die Eltern haben das minderjährige Kind zu pflegen und zu erziehen, sein Vermögen zu verwalten und es in diesen sowie allen anderen Angelegenheiten zu vertreten;...Bei Erfüllung dieser Pflichten sollen die Eltern einvernehmlich vorgehen“ (§ 144 ABGB).

Bei ehelichen Kindern steht die Obsorge demgemäß beiden Eltern zu, die sie einvernehmlich ausüben sollen. Für das uneheliche Kind kommt die Obsorge allein der Mutter zu (§ 166 ABGB). Die Obsorge erfasst nur minderjährige Kinder und endet mit der Vollendung des 18. Lebensjahres (§ 172 Abs 1 iVm § 21 Abs 2 ABGB).

Die Obsorge ist Ausdruck der besonderen Verantwortung der Eltern für das Kind, die damit verbundenen Befugnisse stellen kein von dieser Verantwortung gelöstes Recht dar. Im KindRÄG 2001 kommt diese besondere Pflichtbildung auch sprachlich deutlich zum Ausdruck: das Gesetz spricht selbst bei den Eltern nur mehr von der „Betrauung“ mit der Obsorge (vgl. Hinteregger 2001, 166).

Die Obsorge stellt seit Inkrafttreten des KindRÄG 2001 das alleinige Instrument der Personensorge in Bezug auf Minderjährige dar. Die Vormundschaft, die lange Zeit die gesetzliche Vertretung eines Kindes geregelt hat, wenn diese nicht von den Eltern ausgeübt werden konnte, wurde durch das KindRÄG 2001 endgültig abgeschafft, an ihre Stelle tritt nun „die Obsorge einer anderen Person“ (vgl. ebd.).

Nach dem KindRÄG 2001 bleibt es - wie erwähnt - auch nach einer Scheidung bei der gemeinsamen *Obsorge beider Elternteile (ObE)*. Voraussetzung für das Weiterbestehen der ObE wie auch für die Möglichkeit einer einvernehmlichen Scheidung ist allerdings, dass sich die Eltern einig sind, bei welchem Elternteil sich das Kind in Hinkunft hauptsächlich aufhalten soll (§ 177/2 Satz 1). Dieser Elternteil muss mit der gesamten Obsorge betraut sein. Im Fall der Obsorge beider Eltern kann diese für jenen Elternteil, bei dem sich das

Kind nicht hauptsächlich aufhält, auch auf bestimmte Angelegenheiten beschränkt werden (§ 177/1 Satz 2) (vgl. Deixler-Hübner 2001, 136f.).

Als hauptsächlicher Aufenthalt des Kindes gilt der Ort, an dem das Kind seinen Lebensmittelpunkt hat, das so genannte *„Heim erster Ordnung"*. Eine Vereinbarung, dass das Kind etwa gleich viel Zeit bei jedem Elternteil verbringen soll, ist daher nicht möglich (vgl. Maurer 2005, 109). Jedes Kind braucht ein solches „Heim erster Ordnung", wo es sich einrichten kann, sich heimisch fühlt, wo es sein Stammbett und eine Heimidentität hat, wie Friedrich (1997) in seiner Funktion als kinder- und jugendpsychiatrischer Sachverständiger in Pflegschaftsverfahren klarstellt:

> „Ich kann ein Kind, gleichgültig in welchem Lebensalter, nicht aufteilen, nicht eine halbe Woche dort und eine halbe Woche da. Es muss ein Haus oder Heim erster Ordnung geben, das definiert ist, nicht nur durch die Schlafstatt, sondern letztlich durch die Erziehungsmaßnahmen die eine verantwortliche Person trägt…" (Friedrich 1997).

Die Eltern können sich aber auch – wie vor dem KindRÄG 2001 üblich – auf die *alleinige Obsorge eines Elternteils (aO)* einigen. Entspricht die Vereinbarung dem „Kindeswohl", hat sie das Pflegschaftsgericht zu genehmigen (vgl. § 177 ABGB).

Prinzipiell gibt das Familienrecht im Scheidungsfall keinem der beiden Elterteile ein Vorrecht auf die elterliche Obsorge.[15] In der Rechtssprechung wird allerdings wegen der dem Familienrecht immanenten Bedeutung des „Kindeswohls" speziell im Vor- und Volksschulalter der Mutter-Kind-Bindung besondere Bedeutung beigemessen (vgl. Held / Berdnik 2001, 147); was dazu führt, dass statistisch in der überwiegenden Anzahl an Fällen von alleiniger Obsorge eines Elternteils die Mutter jener Elternteil ist, dem die Obsorge zugesprochen wird, während der Vater aus Sicht des Kindes zum „weggeschiedenen" Elternteil wird (vgl. Figdor 1998, 21).

Wenn das „Kindeswohl" gefährdet ist bzw. sich die Verhältnisse erheblich geändert haben und ein Wechsel der Erziehungsberechtigung im Interesse des Kindes gelegen ist, kann das Gericht jederzeit die Obsorge dem bisher obsorgeberechtigten Elternteil entziehen und dem anderen übertragen. Die anlässlich der Scheidung einvernehmlich oder gerichtlich getrof-

[15] Ausschlussgrunde, die das Obsorgerecht sofort verwirken, wären lediglich Nerven-, Geistes- und Gemütskrankheiten, sowie Alkohol- oder Drogensucht, ein grob liederlicher Lebenswandel oder Kriminalität.

fene Entscheidung, bei welchem Elternteil ein Kind verbleibt, ist daher nicht endgültig (vgl. Maurer 2005, 117).

Im Gegensatz zum Scheidungsverfahren sind seit Inkrafttreten des KindRÄG 2001 minderjährige Kinder in Verfahren über deren Obsorge oder das Besuchsrecht (Recht auf persönlichen Verkehr) persönlich zu hören, sofern dadurch das „Kindeswohl" nicht gefährdet ist. Wenn erforderlich kann diese Befragung auch durch den Jugendwohlfahrtsträger (Jugendamt), eine Einrichtung der Jugendgerichtshilfe oder einen Sachverständigen erfolgen. Seit Inkrafttreten des KindRÄG 2001 sind Kinder über vierzehn Jahren (d.h. mündige Minderjährige) grundsätzlich nicht zu einer Obsorgeregelung zu zwingen (vgl. Maurer 2005, 105f.).

Das KindRÄG 2001 sieht im Sinne des „Kindeswohls" zudem eine Bestimmung vor, die eine besondere Vertraulichkeit von Pflegschaftsverfahren gewährleistet (§ 182d/1 AußStrG, § 301/1 StGB). Im „Kindeswohl" hat das Gericht den Beteiligten überdies die Geheimhaltung bestimmter Tatsachen, von denen sie ausschließlich im Verfahren Kenntnis erlangt haben, aufzuerlegen (§ 182d/2 AusStrG) (vgl. Deixler-Hübner 2001, 139).

2.2.4 Besuchsrecht – Recht auf persönlichen Verkehr

Lebt ein Elterteil nicht mit dem minderjährigen Kind im gemeinsamen Haushalt, so hat dieser Elternteil (sowohl bei ObE, als auch aO) das Recht auf persönlichen Verkehr mit dem Kind, das so genannte Besuchsrecht[16] (vgl. § 148/1 ABGB). Dieser Besuchsrechtsanspruch besteht unanhängig von der Erfüllung der Unterhaltspflicht. Seit Inkrafttreten des KindRÄG 2001 ist das Besuchsrecht nicht mehr bloß das Recht des nichtobsorgeberechtigten Elternteils, sondern erstmals auch und primär das Recht des Kindes selbst. Das kommt in § 148/1 ABGB darin zum Ausdruck, dass das Besuchsrecht nun in *Einvernehmen beider Eltern und des Kindes* zu regeln ist. Kommt ein solches Einvernehmen nicht zustande, so hat das Gericht auf Antrag des Kindes oder eines Elternteils die Ausübung des Besuchsrechts unter Berücksichtigung der Bedürfnisse und Wünsche des Kindes zu regeln (vgl. Deixler-Hübner 2001, 145; Maurer 2005, 128; Hinteregger 2001, 185).

---

[16] § 148 spricht seit dessen Novellierung durch das KindRÄG 2001 ausschließlich vom „Recht auf persönlichen Verkehr", in der juristischen Fachliteratur werden die Begriffe „Besuchsrecht" und „Recht auf persönlichen Verkehr" jedoch durchgehend synonym verwendet. Daher verwende ich zur besseren Lesbarkeit auch den Begriff „Besuchsrecht".

§ 145b ABGB setzt eine so genannte Wohlverhaltensklausel fest, die alle mit der Obsorge betrauten Personen dazu verpflichtet, zur Wahrung des Kindeswohls alles zu unterlassen, was das Verhältnis des Kindes zu anderen Personen, denen Rechte und Pflichten gegenüber dem Kind zukommen, beeinträchtigen bzw. die Wahrnehmung von deren Aufgaben erschweren kann. Das heißt, dass jede Versagung, Einschränkung oder Entziehung des Besuchsrechtes durch den obsorgeberechtigten Elternteil gesetzeswidrig ist. Auch beim Besuchsrecht geht das „Kindeswohl" den Eigeninteressen der Eltern vor (vgl. Deixler-Hübner 2001, 146):

> „Die Eltern sind verpflichtet die Gefühle gegenüber dem früheren Partner zurückzustellen. Der obsorgeberechtigte Elternteil hat das Kind vielmehr einfühlend auf die Besuche des anderen vorzubereiten und auch einer ablehnenden oder ängstlichen Haltung des Kindes entgegenzuwirken" (Deixler-Hübner 2001, 146).

Das KindRÄG 2001 hat auch Regelungen für Besuchsbegleitung geschaffen. Im „Kindeswohl" kann das Kind auf Antrag eine geeignete und dazu bereite Person zur Unterstützung bei der Ausübung des Besuchsrechts heranziehen (vgl. Deixler-Hübner 2001, 145).

Das Besuchsrecht umfasst neben tatsächlichen Besuchen auch das Recht auf alle anderen Formen der Kommunikation wie Telefonanrufe, SMS-, Brief-, Fax- oder Computerkommunikation bzw. Foto- und Geschenkaustausch (vgl. Deixler-Hübner 2001, 147).

2.2.5 Informations- und Äußerungsrecht

Durch das KindRÄG 2001 wurden auch die Informations- und Äußerungsrechte klarer geregelt und ausgeweitet. Der nichtobsorgeberechtigte Elternteil muss von allen wichtigen, das Kind betreffenden Maßnahmen und außergewöhnlichen Umständen (§ 154 ABGB) rechtzeitig verständigt werden (§ 178 ABGB). Zu solchen außergewöhnlichen Umständen zählen z.B. schwere Erkrankung oder Schwangerschaft des Kindes, Wohnsitzwechsel, Schulwechsel, Überblick über Schul- und Ausbildungserfolge, vermögensrechtliche Angelegenheiten, Sprachferien im Ausland, Religionswechsel, Wechsel der Staatsbürgerschaft, Übergabe in fremde Pflege, Klageführung im Namen des Kindes, Drogensucht, Straffälligkeit, etc. (vgl. Deixler-Hübner 2001, 144; Maurer 2005, 134f.; Hinteregger 2001, 186).

Weiters ist der nichtobsorgeberechtigte Elternteil von beabsichtigten Maßnahmen der gesetzlichen Vertretung in Kenntnis zu setzen, zu denen er, wäre er ebenfalls mit der Obsorge betraut, seine Zustimmung zu erteilen hätte. Er hat das Recht, sich zu derartigen sowie zu anderen wichtigen Maßnahmen (telefonisch, mündlich oder schriftlich) zu äußern. Wenn der Obsorgeberechtigte mit dem geäußerten Wunsch nicht einverstanden ist, kann jeder Elternteil das Pflegschaftsgericht anrufen, welches dann dem „Kindeswohl" entsprechend entscheidet (vgl. Maurer 2005, 135).

Nach diesen juristischen Begriffserklärungen und rechtlichen Erläuterungen zu Ehescheidung und „Kindeswohl" beschäftigt sich das nun folgende dritte Kapitel mit dem Thema Ehescheidung und „Kindeswohl" aus psychoanalytisch-pädagogischer Sicht und liefert so die Grundlage für die spätere psychoanalytisch-pädagogische Bewertung der in den Antworten auf die offen gestellte Frage erwähnten Anliegen und Wünsche der Eltern.

3. Ehescheidung und „Kindeswohl“ aus psychoanalytisch-pädagogischer Sicht[17]

Im Verlauf dieses Kapitels werden jene psychoanalytisch-pädagogischen Kriterien erarbeitet und begründet, welche für die Beantwortung der *ersten Forschungsfrage*[18] erforderlich sind. Es geht demzufolge um die Grundlagen für Aussagen darüber, inwieweit die in den Antworten auf die offene Frage erwähnten Anliegen bzw. Wünsche der geschiedenen Elternteile aus psychoanalytisch-pädagogischer Sicht als für das „Kindeswohl“ förderlich oder hinderlich einzustufen sind.

Um diese Bewertung psychoanalytisch-pädagogisch fundiert durchführen zu können, muss zunächst die psychische Situation des Kindes sowie sein *Scheidungserleben verstanden* werden. Vorab geht es folglich darum zu verstehen, wie das Kind die Scheidung und die Zeit danach erlebt (seine Gedanken, Affekte, Konflikte, Phantasien), welche (unbewusste) Bedeutung seiner besonderen Art auf die elterliche Scheidung zu reagieren (d.h. den „Scheidungssymptomen“), zukommt, welche psychischen Prozesse dabei ins Spiel kommen und wie diese Prozesse die zukünftige seelische Entwicklung des Kindes beeinflussen können. Dieses (psychoanalytische) Verstehen ermöglicht in der Folge zu überlegen, was dem „Kindeswohl“ (speziell in der Scheidungssituation) aus psychoanalytisch-pädagogischer Sicht entspricht und damit verbunden, wie dem Kind (auch von Seiten der Eltern) bei der Bewältigung seiner aktuellen Scheidungskrise geholfen werden kann, welche Maßnahmen, Rahmenbedingungen und Umstände, auch welche Wünsche und Anliegen der Eltern dabei förderlich bzw. hinderlich sind (vgl. Figdor 2004, 18).

---

[17] Wenn ich mich im nun folgenden Kapitel mitunter verstärkt auf Publikationen von Univ.-Doz. Dr. Helmuth Figdor beziehe (selbstverständlich neben zahlreichen anderen Autoren), so gründet dies zum einen darin, dass dieser die Gesamtprojektleitung jenes Teils der Evaluationsstudie inne hatte, der von der Arbeitsgemeinschaft Psychoanalytische Pädagogik (APP) durchgeführt wurde, daher auch die Leitung der Eltern-Kind-Untersuchung, dessen letzte Frage Gegenstand der vorliegenden Studie ist; zum anderen gründet dies darin, dass Figdor nicht nur als Psychoanalytischer Pädagoge, Psychoanalytiker, Kinder- und Jugendpsychotherapeut, Erziehungsberater und Vorsitzender der APP tätig ist, sondern auch international zu den führenden Fachleuten auf dem Gebiet der Auswirkungen von Trennung und Scheidung auf die betroffenen Kinder zählt und in dieser Funktion im Rahmen der Reform des Kindschaftsrechts, die in das KindRÄG 2001 mündete, auch vom BM für Justiz sowie vom Nationalrat als Experte herangezogen wurde.

[18] Die erste Forschungsfrage lautet: „*Inwieweit werden in den Antworten der geschiedenen Eltern auf die offene Frage Anliegen und Wünsche thematisiert, die* einen direkten oder indirekten Bezug zum „Kindeswohl“ aufweisen und die außerdem *aus psychoanalytisch-pädagogischer Sicht als für das „Kindeswohl“ förderlich eingestuft werden können*; sodass angenommen werden kann, dass das „Kindeswohl“ als Anliegen (aus psychoanalytisch-pädagogischer Sicht) auch im Bewusstsein dieser Eltern direkt oder indirekt präsent ist?“ (Kap. 1.2)

Eben darum geht es im nun folgenden dritten Kapitel, welches auf diese Weise die Grundlagen für die Beantwortung der ersten Forschungsfrage liefert. Darüber hinaus wird die in der Einleitung getätigte Annahme (vgl. Kap. 1.3) bezüglich des vermuteten Zusammenhangs zwischen psychosozialer Beratung bzw. Mediation und dem Stellenwert des „Kindeswohls" im Bewusstsein geschiedener Eltern näher erläutert.

Im ersten der nun folgenden sieben Unterkapitel wird zunächst der für das kindliche Scheidungserleben relevante psychologische Scheidungszeitpunkt definiert und im zweiten Unterkapitel das innerpsychische Erleben der Scheidung beim Kind beschrieben. Das dritte Unterkapitel behandelt darauf folgend aus psychodynamischer Sicht die kindlichen Scheidungssymptome, die sich als manifester Ausdruck dieses Scheidungserlebens ausbilden. Im vierten Unterkapitel wird danach aufgezeigt, inwiefern bestimmte Aspekte der elterlichen Psychodynamik zu einer Gefahr für das „Kindeswohl" werden können. Im Anschluss beschäftigt sich das fünfte Unterkapitel, auf den vorangegangenen vier Unterkapiteln aufbauend, mit dem „Kindeswohl" (speziell in der Scheidungssituation) aus psychoanalytisch-pädagogischer Sicht. Das sechste Unterkapitel fasst danach die gewonnenen Erkenntnisse in Form von zehn Kriterien für die Auswertung der offenen Frage kurz und prägnant zusammen. Schließlich werden im siebenten Unterkapitel psychosoziale Beratung und Mediation im Scheidungsprozess kurz vorgestellt und die Annahme, dass sich diese auf den Stellenwert des „Kindeswohls" im Bewusstsein der Eltern positiv auswirken können, begründet.

3.1 Der psychologische Scheidungszeitpunkt

Ehe man nach dem kindlichen Scheidungserleben fragen kann ist zu klären, wodurch sich das Scheidungserlebnis gegenüber ähnlichen Erfahrungen des Kindes (z.B. beruflich erzwungene Trennungen eines Elternteils vom Kind) unterscheidet. Figdor (2004) schlägt diesbezüglich die Definition eines für das kindliche Scheidungserleben relevanten *„psychologischen Scheidungszeitpunktes"* vor. Da sich die Scheidung im Erleben des Kindes von allen anderen Formen der Trennung durch die *Endgültigkeit und Unwiderruflichkeit* der Trennung sowie der Veränderung der gewohnten Beziehungsverhältnisse unterscheidet, definiert Figdor (2004) den psychologischen Scheidungszeitpunktes als…

„...Die Information der Kinder von der stattgefundenen oder bevorstehenden Scheidung, also die Mitteilung über die unwiderrufliche Trennung der Eltern“ (Figdor 2004, 28).

Wenn diese Information aufgrund des Alters des Kindes noch nicht verstanden wird bzw. zu vage und ungenau oder gar nicht erfolgt, so ist der psychologische Scheidungszeitpunkt jener Moment, in dem das Kind erstmals realisiert und versteht, dass der Vater[19] für immer weg ist und nicht mehr zurückkommt (vgl. Figdor 2004, 29).

3.2 Das innerpsychische Erleben der elterlichen Scheidung beim Kind

Die unwiderrufliche, endgültige räumliche Trennung von einem der beiden meist geliebten und meistbenötigten Menschen im Leben eines Kindes, stellt für die betroffenen Kinder erwartungsgemäß ein schmerzliches, krisenhaftes und kritisches Lebensereignis dar (vgl. Faris 1995, 14ff.). Figdor (1998) stellt diesbezüglich fest:

„Dass die Trennung der Eltern überaus schmerzhaft ist, müssen wir für *alle Kinder*, die zu beiden Eltern Liebesbeziehungen aufbauen konnten, als gegeben annehmen“ (Figdor 1998, 21).

Systematische empirische (soziologische, psychologische und pädagogische) Untersuchungen haben gezeigt, dass es sich bei der Scheidung der Eltern um ein in höherem Ausmaß traumatisches Erlebnis handelt, als man lange Zeit dachte (vgl. Haller 1996a, 79), und dass es oft Jahre braucht, bis Kinder die Scheidung ihrer Eltern einigermaßen bewältigt haben (vgl. Wallenstein / Blakeslee 1989; Fthenakis et al. 1982; Reisel 1986; Derfler 1994; Fthenakis 1995; Edinger 2003; Levnaic 2005).

Im Rahmen der vorliegenden Studie wird der Fokus weniger auf die Langzeitfolgen von Scheidung als vielmehr auf die unmittelbaren, spontanen Folgen für das kindliche Erleben und den daraus resultierenden Symptomen gelegt, um dadurch näher bestimmen zu können, was in Zusammenhang mit Scheidung unter Kindeswohl zu verstehen ist.

Die Konfrontation mit der Trennung der Eltern und dem Weggang eines Elternteils ruft bei den betroffenen Kindern spontan eine Reihe von Gedanken, Konflikten und Affekten wie Trauer, Wut, Angst, Schuldgefühle, Loyalitätskonflikte, Schock, Verlassenheits- und Ver-

[19] Auch hier steht im Folgenden „Vater“ wieder für den ausziehenden Elternteil.

lustgefühle sowie Niedergeschlagenheit und Verunsicherung hervor (vgl. Figdor 1998, 21; Gössweiner / Nowak 1999, 221-250). Hinzu kommt der für das Erleben des Kindes einschneidende Wegfall des Vaters als Triangulierungspartner.

Im Folgenden werden daher die wesentlichsten durch die elterliche Scheidung im Erleben des Kindes ausgelösten Gedanken, Konflikte und Affekte, d.h. die emotionellen Reaktionen der Kinder auf die Scheidung, näher beschrieben. Dabei ist allerdings stets zu bedenken, dass man von „den" Auswirkungen „der" Scheidung im Allgemeinen nicht sprechen kann. Was in einem Menschen bewusst oder unbewusst vorgeht, wie er bestimmte äußere Ereignisse erlebt, ist von Individuum zu Individuum verschieden und kann daher nur im Einzelfall wirklich ergründet werden (vgl. Figdor 2006, 73). Die folgenden Ausführungen stellen daher lediglich eine *Auswahl an Möglichkeiten* dar, wie die elterliche Scheidung von den betroffenen Kindern erlebt werde *kann*. Die Auswahl ist dabei so getroffen, dass jene Möglichkeiten darunter sind, die vor allem nach Figdor (1998; 2004; 2006) relativ häufig und mit großer Wahrscheinlichkeit vorkommen.

3.2.1 Trauer

Von einem Menschen, den man über alles liebt, plötzlich und ohne Vorwarnung verlassen zu werden, ruft tiefe Trauer über diesen Verlust hervor, zumal mit Figdor (2004, 34) davon auszugehen ist, dass Kinder die Scheidung der Eltern vor allem als *ihre* Scheidung vom Vater erleben. Sie können zwar vielleicht verstehen, dass sich ihre Eltern streiten und sich nicht mehr lieb haben, nicht jedoch, warum der Vater deshalb von *ihnen* weggeht und *sie* verlässt. Kinder sind nicht darauf vorbereitet, dass ihre Beziehung zu den beiden Elternteilen von etwas anderem abhängig sein könnte, als von der gegenseitigen Liebe zwischen ihnen und ihren Eltern. Ein Kind, dessen Vater aus dem gemeinsamen Leben weggeht, bringt dies daher mit der eigenen Person in Zusammenhang und denkt, dass es dem Vater nicht sonderlich wichtig sein kann, da er es sonst nicht verlassen würde (vgl. Lederle 1993, 245; Figdor 2004, 34).

Zur Trauer um den Verlust des Vaters kommt daher nach Figdor (2004) häufig die schmerzliche Erkenntnis, nicht liebenswert und wichtig genug zu sein, um den Vater zu Hause halten zu können (trotz z.B. Streitigkeiten mit der Mutter). Die Kinder müssen erkennen, dass sie im Liebesleben des sich trennenden Elternteils nur eine untergeordnete Rolle spielen (vgl. Figdor 2004, 34).

Figdor (2004, 34) folgend ist anzunehmen, dass diese Erkenntnis, gepaart mit dem Gefühl, verlassen und verraten worden zu sein und der Ohnmacht, gegen die Scheidung etwas tun zu können, die Trauer häufig in die Nähe der Wut bringt.

3.2.2 Wut - Aggressionen

Die Wut des Kindes kann sich auf beide Elternteile richten, wenn das Kind beispielsweise das Gefühl hat, dass den Eltern die eigenen Bedürfnisse wichtiger sind als seine, dass sie plötzlich vergessen, welche Pflichten sie als Eltern haben und ihm diesen Schmerz zumuten, obwohl sie ihm stets erklärt haben, für sie das wichtigste auf der Welt zu sein (vgl. Figdor 2004, 34).

Die Wut des Kindes kann sich auch nur auf jenen Elternteil richten, dem es die Schuld an der Scheidung gibt, während es sich mit dem anderen Elternteil identifiziert. Figdor (2004) stellt dahingehend fest, dass diese Schuldzuweisungen im Erleben des Kindes weniger mit den „realen" Verhältnissen zu tun haben, als mit der teils unbewussten Bedeutung, welche die Scheidung für das Kind hat, weiters mit dem Stand der jeweiligen Objektbeziehungen[20] und mit den bevorzugten Mechanismen der Konfliktabwehr (vgl. Figdor 2004, 35).

Die Wut auf nur einen Elternteil, der für die Scheidung verantwortlich gemacht wird und die Wut auf beide Elternteile schließen sich nach Figdor (2004, 35) keineswegs aus. Aggressionen können ihr Objekt wechseln. Das Kind kann einmal den Vater, ein anderes Mal die Mutter und dann beide wegen der ihm angetanen Enttäuschung hassen. Zudem gibt es neben den bewussten Affekten auch unbewusste Gefühlseinstellungen. Das Kind kann sich

[20] Innerhalb der Psychoanalyse wird der Gegenstand der sinnlichen („libidinösen") und aggressiven Strebungen des Subjekts (d.h. des Kindes) als *Objekt* bezeichnet. Objekte sind daher die Bezugspersonen des Subjekts (Kindes). Mit *Objektbeziehung* bezeichnet die Psychoanalyse das innere Bild („Imago"), das sich das Subjekt von seiner Beziehung zu einem Objekt macht. Man kann die Objektbeziehung auch als die Beziehungen zwischen *Selbstrepräsentanzen* und *Objektrepräsentanzen* definieren; wobei es sich dabei um die inneren, subjektiven Bilder handelt, die sich ein Subjekt von seinem Objekt (Objektrepräsentanzen) bzw. von sich selbst (Selbstrepräsentanzen) macht. Diese Bilder sind selten einheitlich und umfassen bewusste sowie unbewusste Vorstellungen, weshalb meist in der Mehrzahl von Selbst- und Objektrepräsentanz*en* die Rede ist. Objektbeziehungen sind von Objekt zu Objekt verschieden und verändern sich im Laufe der geistigen und psychischen Entwicklung des Kindes (Figdor 2004, 65).

also auch, wenn es beispielsweise den akuten Hass gegen die Mutter offen auslebt, vom Vater insgeheim schwer gekränkt fühlen und ihm unbewusst den Verrat an ihrer Liebe vorwerfen. Die beschriebenen Aggressionen können außerdem als Gegenreaktion gegen viele auftretende Ängste (vgl. Kap. 3.2.4) verstanden werden (vgl. Figdor 2004, 35).

3.2.3 Schuldgefühle

Häufig geben Kinder nicht nur ihren Eltern, sondern auch sich selbst die Schuld an der Scheidung. Auf die Entwicklung solcher Schuldgefühle weisen zahlreiche Autoren hin (Burgner 1985; Kalter / Plunkett 1984; Leahy 1984; Paul 1980; Wallenstein / Kelly 1980; Wille 1985; Figdor 1998; 2004). Wallenstein und Kelly (1980) schätzen den Anteil dieser Kinder auf etwa 30 – 50 Prozent. Figdor (1998; 2004) schätzt den Prozentsatz weit höher ein und meint, dass sich fast alle Kinder zumindest teilweise die Schuld geben.

Obwohl Kinder zweifelsohne Opfer und nicht Täter der Scheidung sind, lassen sich bei näherer Betrachtung dennoch zahlreiche Umstände ausmachen, die ein schuldhaftes Erleben durch die Kinder nahe legen (vgl. Figdor 2004, 37). Einige dieser Umstände seien an dieser Stelle erwähnt und kurz beschrieben:

Je jünger Kinder sind, desto häufiger fühlen sie sich schuldig. Dies hängt vor allem mit dem Entwicklungsstadium der Kinder zusammen. Bis ins Volksschulalter hinein sind Kinder zumeist in einer egozentrischen Erlebnisweise befangen, sie fühlen sich als Mittelpunkt der Welt und können sich nicht vorstellen, dass etwas wirklich ohne ihr Zutun geschieht. Der magische Charakter des kindlichen Denkens unterstützt diese Vorstellung zusätzlich. Kinder realisieren zwar in der Regel mit Eintritt in die ödipale Phase[21], dass es neben ihrer Liebesbeziehung zur Mutter und zum Vater auch noch eine Beziehung *zwischen* den Eltern gibt, allerdings sind viele Kinder auch nach Beendigung der ödipalen Phase noch länger der Illusion verhaftet, der wichtigste Liebenspartner der Eltern zu sein. Im Anschluss an Figdor (1998, 2004) ist davon auszugehen, dass Kinder die Scheidung ihrer Eltern daher oft (auch) auf das Scheitern *ihrer* Beziehung zum verlassenden Elternteil zurückführen. Sie fühlen dann, als Liebenspartner versagt zu haben (vgl. Figdor 2004, 36; 1998, 23).

[21] Die ödipale Phase beginnt spätestens mit dem dritten oder vierten Lebensjahr.

Ein weiterer von Figdor (2004) beschriebener Auslöser für Schuldgefühle speziell von jüngeren Scheidungskindern ist ebenfalls entwicklungsbedingt: Alle menschlichen Liebesbeziehungen sind ambivalent, enthalten also auch aggressive Komponenten. Je jünger ein Kind ist, desto eher neigt es dazu, elterliche Verbote, Gebote und Verweigerungen als Zeichen mangelnder Liebe zu interpretieren, was kränkt, Angst und wütend macht. Die Wut kleiner Kinder ist jedoch elementar, sie wollen den Vater oder die Mutter am Höhepunkt ihrer Wut nicht mehr sehen, wünschen sie sich weg oder tot (was bei kleinen Kindern dasselbe ist). Das ist ein völlig normales Phänomen, die aggressiven Ausbrüche sind rasch wieder vorbei, und die Liebe und Bedürftigkeit kehrt zurück. Was aber bleibt ist die Angst, dass die bösen Wünsche tatsächlich in Erfüllung gehen könnten. Diese Angst stellt sich zwar im Normalfall als unbegründet heraus, die Eltern bleiben dem Kind erhalten, sind unverwundbar gegen die Wut des Kindes und auch die gefürchtete Vergeltung bleibt aus. Wenn Kinder jedoch in Zeiten verstärkter Objektbeziehungskonflikte vom Weggang eines Elternteils betroffen sind, ist dies häufig so, als würde sich der Wunsch, den Vater los zu sein oder die Mutter (durch die Trennung vom Vater) zu bestrafen, tatsächlich erfüllen. Es ist nach Figdor (2004) anzunehmen, dass Kinder in diesem Fall zu der Vorstellung neigen, sie und ihr Wunsch seien schuld daran, dass der Vater sie und die Mutter verlässt (vgl. Figdor 2004, 37).

Weitere Schulgefühle können nach Dolto (1993) entstehen, wenn sich bei den Kindern bewusst oder unbewusst das Gefühl ausbildet, „schuld" am Beisammensein der Eltern gewesen zu sein bzw. der Heiratsgrund gewesen zu sein (vgl. auch Bauers 1993a, 48). Dolto (1993) betont diesbezüglich, wie wichtig es ist, dass beide Eltern dem Kind vermitteln, dass sie - selbst wenn sie ihr gegebenes Eheversprechen annullieren - glücklich sind, geheiratet zu haben, weil es erst dadurch auf die Welt gekommen ist, worüber beide sehr froh sind (vgl. Dolto 1993, 30).

Figdor (1998; 2002) folgend, können sich kindliche Schuldgefühle zudem aus der Tatsache nähren, dass sich mitunter ein großer Teil der Auseinandersetzungen zwischen den Eltern um Erziehungsfragen und um Fragen des richtigen Umgangs mit den Kindern drehen. Merken die Kinder aber, dass die Eltern ihretwegen streiten, so nehmen sie häufig an, dass sie der *Grund* für den Streit sind. Sie erleben sich dann als realen Konfliktanlass. Es kann demzufolge angenommen werden, dass Kinder in solchen Fällen vielfach das Gefühl haben, Schuld an den Streitigkeiten der Eltern gewesen zu sein (vgl. Figdor 1998, 23; 2002, 36).

Kinder sind oft sehr sensibel und spüren zumeist, wenn ein Elternteil unglücklich ist und leidet. Häufig versuchen sie dann, diesen Elternteil zu trösten bzw. sich in die Konflikte ihrer Eltern versöhnend einzumischen. Die Scheidung der Eltern legt damit Zeugnis vom Scheitern dieser Vermittlungs- und Versöhnungsversuche des Kindes ab und kann demzufolge weitere Schuldgefühle verursachen (vgl. Figdor 1998, 23; 2004, 15; 2004, 36).

Figdor (2006, 77) folgend, können Kinder mit diesen Schuldgefühlen unterschiedlich umgehen. Sie können depressiv und melancholisch werden, oder sie schieben die Schuldgefühle weg und wandeln sie in Vorwürfe um. Häufig dienen auch die beschriebenen Aggressionen und wütenden Vorwürfe gegen beide Eltern bzw. einen Elternteil (vgl. Kap. 3.2.2) der Abwehr der Schuldgefühle (vgl. Figdor 2006, 77).

3.2.4 Angst

Die Schuldgefühle machen dem Kind Angst. Angst vor Vergeltung und Angst vor der eigenen Macht. Aber selbst bei jenen Kindern, die sich nicht schuldig an der Scheidung ihrer Eltern fühlen, kommt es in vielen Fällen zu schwerwiegenden Beunruhigungen und Ängsten (vgl. Figdor 2004, 37).

In Anschluss an Figdor (2004) ist anzunehmen, dass für ein Kind jede grundlegende Veränderung seiner Lebensverhältnisse etwas potentiell Bedrohliches an sich hat, besonders wenn es spürt, dass es auf die kommenden Geschehnisse keinerlei Einfluss hat. Hinzu kommen oft sehr konkrete Fragen, Sorgen und Ängste des Kindes: z.B. bezüglich des künftigen Wohnortes; ob es den Vater finden wird, wenn es ihn besuchen geht; von welchem Geld es nun leben wird und ob es genug zu Essen haben wird; was mit einem allfälligen Haustier geschieht; ob es seine Freunde noch sieht; was es im Kindergarten bzw. der Schule sagt und viele andere Fragen. Es sind dies ernstzunehmende Probleme, die nach Figdor (2004) zudem als Rationalisierung für tiefere, unbewusste Ängste verstanden werden können, von denen sie zusätzliche psychische Energie beziehen und die Furchtsamkeit des Kindes oft „hysterisch" erscheinen lassen (vgl. Figdor 2004, 37f.).

Nach Figdor (1998) ist eine weitere häufige Angst von Scheidungskindern, den Vater überhaupt nie mehr zu sehen und damit einen der beiden meistgeliebten und meistbenötigten Menschen zu verlieren. Das Ausmaß dieser Angst hängt nicht nur mit der realen Gefahr eines Kontaktabbruches zum Vater zusammen: Jede Trennung hat - psychoanalytisch betrachtet - eine innere Vernetzung mit der Vergangenheit jenes Menschen, der sie durchlebt. Die Trennung, die das Kind erlebt, ist folglich mit früheren Trennungserlebnissen oder Erlebnissen, die Trennungsängste hervorriefen, verknüpft, welche es bereits hinter sich hat. Demzufolge werden durch das neue scheidungsbedingte Trennungserlebnis eine ganze Reihe von früheren, mehr oder weniger dramatischen Ereignissen aktiviert (vgl. Figdor 1998, 21f.; 2006, 76).

Durch den Weggang eines Elternteils bewahrheiten sich zudem archaische Befürchtungen von Trennung und Liebesverlust, die alle Triebkonflikte des Kindes begleiten. Dies hat häufig zur Folge, dass die Scheidung vielen Kindern als Strafe bzw. als Vergeltung für Fehlverhalten, für zu geringe Leistung oder für verbotene Gedanken erscheint (vgl. Figdor 2004, 36).

Dolto (1993) und Figdor (1998; 2004) nennen als weitere tiefe Angst zahlreicher Scheidungskinder jene, nach dem Vater auch die Mutter zu verlieren. Diese Angst leitet sich vor allem von der schockierenden Erfahrung der Vergänglichkeit der Liebe her. Wenn sich die Eltern trennen weil sie „viel streiten" und „sich nicht mehr lieben wie früher" (so die häufige Erklärung für die Kinder), drängt sich dem Kind der Gedanke auf, dass es auch öfter mit seiner Mutter streitet und sie es deshalb vielleicht auch wegschickt oder weggeht. Aus der Erfahrung, dass Liebe zu Ende gehen kann (wie zwischen Mutter und Vater), folgt nach Figdor (1998) die Angst des Kindes, dass die Liebe der Mutter bzw. des Vaters zu ihm auch eines Tages zu Ende geht (vgl. Figdor 1998, 22; 2004, 38). Das Kind hat die Angst, dass die Eltern nicht nur ihre gegenseitige Vereinbarung und ihre gegenseitige Liebe für ungültig erklären, sondern auch ihre Liebe zu ihm, dem Kind (vgl. Dolto 1993, 30).

Eine sehr häufige Angst bei Kindern, die mit der elterlichen Scheidung einhergeht, ist folglich jene, eines Tages ganz alleine zurück zu bleiben. Figdor (1998; 2004) sieht darin eine häufige Ursache für die berichteten „positiven" Verhaltensänderungen von Kindern nach der Scheidung. Diese versuchen dann Konflikte möglichst zu vermeiden, Aggressionen und Ansprüche werden verdrängt, um dadurch der phantasierten Gefahr des Verlassenwerdens zu entgehen (vgl. Figdor 1998, 22; 2004, 38).

3.2.5 Identitätsverlust

Figdor (1998; 2004) berichtet zudem von einem durch die elterliche Scheidung verursachten teilweisen Identitätsverlust bei den Kindern. Er erklärt dies damit, dass der größte Teil der kindlichen Persönlichkeitsentwicklung auf Identifizierungen mit wahrgenommenen Aspekten der Eltern beruht. Kinder nehmen ein Stück des geliebten Elternteils „in sich herein". Identifikationen sind daher die wichtigsten Kräfte der kindlichen Sozialisation (vgl. Figdor 1998, 22). Wobei der psychoanalytische Begriff der „Identifikation" dabei mehr meint, als nur „sich einen Menschen zum Vorbild zu nehmen". Figdor (2004) definiert dies vielmehr wie folgt:

> „Mit jemanden identifiziert sein heißt, ein Stück mit ihm zu verschmelzen, beinhaltet unbewusste Phantasien tatsächlich der andere zu sein, „durch ihn" zu leben und wie er zu erleben. (...) Durch Identifikation eigne ich mir ein Stück des Identifikationsobjektes an" (Figdor 2004, 39).

Der Wegfall eines Elternteils nimmt dem Kind damit häufig ein Stück seiner selbst und lässt es nicht nur einsam, sondern auch halbiert zurück. Meist verliert es die „männlichen" Anteile seines Selbst (d.h. Gefühl der Größe, Stärke, Macht, der Unabhängigkeit, etc.), die für das Kind oft sehr wichtig sind, um an der eigenen kindlichen Kleinheit und Schwäche nicht zu verzagen (vgl. Figdor 1998, 23). Figdor (2006, 76) betont, dass es zudem (speziell bei Buben) Alterstufen und Entwicklungsperioden gibt (speziell um das sechste Lebensjahr sowie während der Pubertät), in denen der Vater zum eigenen Identitätsgefühl unbedingt dazugehört.

3.2.6 Verlust eines Triangulierungspartners

Vielfach folgt aus der Scheidung auch der für das Erleben des Kindes einschneidende Wegfall eines Elternteils als Triangulierungspartner. Um dies näher zu erläutern, wird nun kurz auf das Konzept der Triangulierung eingegangen.

> „Das Konzept der Triangulierung als klassische psychoanalytische Theorie – von Abelin (1971) ausgearbeitet, von Rotmann (1978), Ermann (1985), Stork

(1986) erweitert – beschreibt die Einbeziehung des Vaters als „Dritten“ in den Entwicklungsprozess von Individuation und Loslösung“ (Bauers 1993, 125).

Zunächst führen Mutter und Säugling eine Beziehung, die durch psychische Verschmolzenheit gekennzeichnet ist (Mutter-Kind-Dyade). Der Vater ist anfangs nur eine „andere Mutter“. Das heißt, die Mutter bzw. die Mutter-Imago des Kindes (die erste Objektrepräsentanz) bekommt im kindlichen Erleben durch den Vater ein „zweites Gesicht“, eine „zweite Gestalt“ zugeordnet. Für das Kind hat die Mutter dadurch quasi zwei Stimmen. Vorgeburtlich vernimmt es jene des Vaters sogar deutlicher als die der Mutter (vgl. Bauers 1993, 125; Dolto 1993, 12f.; Figdor 2004, 88). Dolto (1993) stellt diesbezüglich fest, dass die Mutter-Kind-Dyade die Dreiecksbeziehung Mutter-Vater-Kind nicht ausschließt. Das Kind ist von der Zeugung an ein Pol dieser Dreiecksbeziehung, welche in diesem Moment entsteht (vgl. Dolto 1993, 12f.).

Gegen Ende des ersten Lebensjahres beginnt das Kind allmählich seine Objektbeziehungen zu differenzieren. Der Vater wird im Erleben des Kindes etwas anderes als die Mutter und zu einer eigenen sozialen und psychisch bedeutsamen Gestalt. Dadurch steigert sich dessen Bedeutung im kindlichen Ablösungs- und Individuationsprozess. Sobald das Baby Mutter und Vater als ganze Personen erkennen und äußerlich unterscheiden kann, beginnt es auch die „objektiven“ Unterschiede in der Art, wie beide mit ihm umgehen, der jeweiligen Person zuzuschreiben. Auf diese Weise wird der Vater für das Kind zu einem eigenen, von der Mutter unterschiedenen Objekt, zu dem es eine zweite Objektbeziehung aufbaut (vgl. Krainz 1994, 267).

Die Triangulierung ist jedoch mehr als nur das Hinzukommen einer zweiten Objektbeziehung. Sie schafft ein neues Gleichgewicht, ein innerpsychisches System, in welchem die Gestaltung und jede Veränderung der Objektbeziehung zum einen Elternteil immer auch die Objektbeziehung zum anderen mit beeinflusst. Im Erleben des Kindes kommt diesem triangulären Objektbeziehungssystem durch das Vorhandensein eines dritten Objektes eine große Entlastungsfunktion zu (vgl. Figdor 2004, 89). Wenn das Kind beispielsweise mit der Mutter streitet und wütend auf sie ist, sich in solchen Situationen die Mutter vielleicht überhaupt weg wünscht und eine andere Mama will, so ist diese Phantasie zumindest teilweise erlaubt, weil das Kind einfach zum Vater gehen kann. Das Kind hat die Gewissheit, dass es einen anderen hat, zu dem es garantiert und jederzeit ausweichen kann. In Dreiecksfamilien bleiben daher viele Beziehungskonflikte latent, kommen gar nicht zum Ausdruck oder Ausbruch, weil das Kind innerhalb des familiären Dreiecks ausweichen kann (vgl. Figdor 1998, 32).

Der Wegfall des Vaters infolge einer Trennung oder Scheidung hat daher für das Erleben des Kindes drastische Folgen, wie Figdor (1998) feststellt:

> „Diese Selbstverständlichkeit des Ausweichens im Beziehungsdreieck ist empfindlich gestört, wenn dieser dritte Partner plötzlich nicht mehr zur Verfügung steht" (Figdor 1998, 32).

Figdor (2004, 89) weist darauf hin, dass der Wegfall dieses dritten Objektes die aus der Scheidung unmittelbar resultierenden Trennungs- und Vergeltungsängste mitunter so stark ansteigen lassen kann, dass sie das erworbene Abwehrsystem nicht mehr bewältigen kann.

Die Dramatik der Nach-Scheidungs-Krise vieler Kinder beruht nach Figdor (2004) auf dem Dilemma, dass das Kind ausgerechnet in dieser für die Mutter sehr angespannten psychischen Situation eine überdurchschnittlich ausgeglichene und einfühlsame Mutter bräuchte, was diese oft nicht zu leisten im Stande ist (vgl. Kap. 3.4.1). Die eigenen Probleme der Mutter haben sogar häufig zur Folge, dass die Mutter teilweise ihre bisherigen substantiell mütterlichen Eigenschaften (zu spüren, was das Kind bewegt, für es da sein) einbüßt. Auf diese Weise kommt es oft zu folgenschweren Veränderungen des Bildes, welches sich das Kind von seiner Mutter macht (d.h. der mütterlichen Objektrepräsentanz). Dieses ist durch die Scheidung ohnehin schon erschüttert, sodass das Kind seine Mutter nicht „wieder erkennt". Es erlebt dann das, was die Mutter für es zur Mutter macht, als abhanden gekommen. Dadurch erfüllt sich jedoch die bereits beschriebene und ab der Scheidung latent vorhandene Befürchtung, nach dem Vater auch die Mutter zu verlieren. Ausgerechnet in dieser konfliktanfälligen Zeit der Mutter-Kind-Beziehung steht die entschärfende und entlastende Funktion der Beziehung zu einem „Dritten" für Mutter und Kind nicht zur Verfügung (vgl. Figdor 2004, 63). Dies hat für beide äußerst negative Folgen, wie Figdor (2004) beschreibt:

> „Fehlt jenes „dritte Objekt", sind Mutter und Kind mit all ihrer gegenseitigen Liebe aber auch all ihrem Hass einander ausgeliefert. Dadurch jedoch kann jeder Konflikt zur existentiellen Bedrohung werden, denn das Kind kann sich nicht mehr leisten, seine Mutter zu hassen, wie es sich auch nicht leisten kann, von ihr gehasst zu werden" (Figdor 2004, 64).

Die entlastende Triangulierungsfunktion des Vaters ist allerdings nicht erst durch dessen Auszug gestört. Das Ausweichen-Können im Beziehungsdreieck setzt eine für das Kind sichtbare Liebesbeziehung zwischen Vater und Mutter voraus, zumindest eine Beziehung, die nicht durch Aggression oder Hass gekennzeichnet ist. Sonst wird die Wendung zum anderen Elternteil zu einem „Wechsel des Lagers“ und die Kinder geraten dadurch in Loyalitätskonflikte[22] (vgl. Figdor 1998, 33).

Figdor (o. J.; 2006, 92) betont diesbezüglich den positiven Effekt, den neue und gelingende Partnerschaften der Eltern für das Kind haben können. Durch neue Partnerschaften (speziell der Mutter), die das Kind akzeptieren kann, steht wieder alltäglich ein trianguläres Ausweichobjekt (für Mutter und Kind) und ein männliches Liebesobjekt (für das Kind) zur Verfügung, und das Kind gewinnt neues Vertrauen in das Gelingen von Partnerschaften. Dies gilt laut Figdor (o. J.) selbst dann, wenn es den neuen Partner (zunächst) ablehnt. Allerdings darf deshalb die Beziehung des Kindes zu seinem leiblichen Vater keinesfalls beendet bzw. vermindert werden. Liebesobjekte sind nicht ersetzbar, ein neuer Partner der Mutter ändert nichts an der Wichtigkeit der Beziehung des Kindes zu seinem leiblichen Vater. Der Ex-Partner braucht sich daher nicht vor Liebesverlust zu fürchten. Er sollte dem Kind bei der Beziehungsaufnahme mit dem neuen Partner helfen, nicht aber dessen (eventuelle) Opposition fördern (vgl. Figdor o. J.).

3.2.7 Individuelle Ausprägung des innerpsychischen Erlebens

Bei dem einen Kind überwiegt die Trauer, bei einem anderen ist sie von Wut überdeckt, ein drittes hat vor allem Gewissensbisse, und ein weiteres kann vor lauter Angst auch von der Mutter verlassen zu werden, gar nicht wütend auf den Vater sein und über seine Abwesenheit trauern. Das innerpsychische Erleben und die emotionellen Reaktionen auf die elterliche Scheidung können individuell sehr verschieden ausgeprägt sein und hängen von zahlreichen Faktoren ab (vgl. Figdor 2004, 38). Nach Kodjoe (1997) sind dies die folgenden: das Alter und die Entwicklungsstufe des Kindes, seine Verständnisfähigkeit von Beziehung, seine bisherigen Beziehungserfahrungen (Anzahl und Wechsel der Bezugspersonen, soziales Umfeld), die Persönlichkeitsmerkmale des Kindes (Geschlecht, Tempera-

[22] Auf die kindlichen Loyalitätskonflikte wird in Kapitel 3.4.3 noch näher eingegangen.

ment, Intelligenz) sowie seine bereits erworbenen Kompetenzen (Fähigkeiten bzw. Beeinträchtigungen).

Figdor (1998) betont, dass die Scheidungsbelastungen für ein Kind jedenfalls nicht grundsätzlich unbewältigbar sind. Er stellt jedoch auch fest, dass die Scheidung der Eltern das Kind in eine Krise stürzt, auf die eine Reaktion folgen muss:

> „Ein gesundes, einigermaßen normales Kind *muss* auf eine solche Krise reagieren" (Figdor 1998, 24).

Nur der offenbarte Schmerz, der ausreichend Raum hat, um gezeigt und gespürt zu werden, kann auch bewältigt werden (vgl. Figdor 1998, 20).

Das nun folgende Unterkapitel behandelt einige der häufigsten kindlichen manifesten Verhaltensänderungen (Symptome), in denen das eben beschriebene innerpsychische Erleben der Scheidung beim Kind bzw. dessen emotionellen Reaktionen auf die Scheidungskrise, ihren Ausdruck finden.

3.3 Kindliche Scheidungsreaktionen und Scheidungssymptome

Die eben geschilderten Affekte und Konflikte können sich in mannigfachen sichtbaren Verhaltensänderungen zeigen, die von der Umwelt als abnorm, als „Symptome" wahrgenommen werden. Figdor (2004) stellt allerdings klar, dass alleine von diesen manifesten Verhaltensänderungen noch kein psychoanalytisches Verständnis für das psychische Reagieren des Kindes auf die Scheidung gewonnen werden kann, da sich in ihnen lediglich die beschriebenen innerpsychischen Vorgänge (Affekte, Konflikte, etc.) des Kindes ausdrücken. Folglich versteht Figdor (2004) unter „Scheidungs*reaktionen*" auch nicht die manifesten Verhaltensänderungen (d.h. Symptome), sondern die bereits beschriebenen *psychischen Vorgänge*, die das Scheidungserlebnis ausmachen bzw. ihm folgen. Dementsprechend sind nach Figdor (2004) die manifesten Verhaltensänderungen (d.h. die Symptome), die Folge der innerpsychischen und nicht unmittelbar manifest wahrnehmbaren, emotionellen Scheidungsreaktionen. Ein Kind kann daher auf die Scheidung reagieren, ohne manifeste Symptome zu zeigen, wie am Beispiel der Anpassungsreaktionen deutlich wird (vgl. Figdor 2004, 29).

3.3.1 Anpassungsreaktionen

Wenn sich die spezifischen Affekte oder psychischen Konflikte eines Kindes nicht in Verhaltensweisen äußeren, die der Umgebung als abnorm, als „Symptome" auffallen, spricht man von *Anpassungsreaktionen* (vgl. Figdor 2004, 30). Diese stellen eine häufige Form der Reaktion auf die Scheidung dar, wie Figdor (1990) betont:

> „Wir wissen, dass ein großer Bereich von sehr tragischen Scheidungsreaktionen in Anpassung besteht" (Figdor 1990, 122).

Diese Anpassung bedeuten nicht, dass die psychische Belastung für das betreffende Kind geringer ist. Die Schwere der psychischen Belastung ist nicht an der Auffälligkeit eines Symptoms ablesbar. Das mehr oder weniger große Auftreten von Verhaltensauffälligkeiten ist kein Indikator für psychisches Wohl. Das Ausbleiben sichtbarer Symptome heißt folglich nicht, dass die betreffenden Kinder nicht unter den beschriebenen Gefühlen der Trauer, Kränkung, Wut und Schuld leiden. Ganz im Gegenteil hat dies für die betroffenen Kinder meist schwerwiegende Folgen für ihre weitere psychische Entwicklung und das Wohl der Kinder.[23] Da diese Kinder keine Gefühle äußern, bleiben sie mit ihren Gefühlen völlig allein, ebenso mit ihren bedrohlichen Phantasien, denen dann auch keine Entlastung (durch Aufklärung, Tröstung, Ermöglichung korrigierender Erfahrungen) entgegengesetzt wird (vgl. Figdor 2004, 48; BMUJF 1990, 121).

Ebenso kann das Verschwinden einer Symptomatik nicht mit einer tatsächlich erfolgten Bewältigung der ihr zugrunde liegenden Konflikte gleichgesetzt werden. Die Konflikte können sich aufgrund der Entwicklung des Kindes oder geänderter Lebensumstände lediglich einer neuen Ausdrucksform bedienen, die stiller bzw. unauffällig ist und von der Umwelt als weniger störend empfunden wird. Die zugrunde liegenden Konflikte belasten jedoch weiterhin als „neurotische Hypothek" die weitere psychische Entwicklung des Kindes (vgl. Figdor 2004, 17).

---

[23] Auf den Zusammenhang zwischen der Entwicklungsfähigkeit von Kindern und deren Wohl wird in Kapitel Kap. 3.5.2.2 noch näher eingegangen.

3.3.2 Symptomarten und ihr pathogener Stellenwert

Jene Symptome, in denen sich die innerpsychischen Vorgänge und emotionellen Scheidungsreaktionen ausdrücken, können nach Figdor (1998) in *Erlebnisreaktionen, Regression bzw. Destrukturierungssymptome* sowie *neurotische Symptome* eingeteilt werden. Diese drei Symptomarten unterscheiden sich in ihrem pathogenen Stellenwert und sind in Hinblick auf mögliche Langzeitfolgen unterschiedlich bedenklich. Sie lassen sich als Stationen eines Prozesses fortschreitender psychischer Konfliktverschärfung charakterisieren:

1. Verhaltensänderungen können die unmittelbare spontane Reaktion auf die Konfrontation mit der Tatsache sein, dass sich die Eltern trennen, d.h. der unmittelbare Ausdruck von den beschriebenen Affekten (vgl. Kap. 3.2). Dabei handelt es sich um keine neurotischen Symptome im psychoanalytischen Sinn, sondern um adaptive Reaktionen bzw. *Erlebnisreaktionen*. Diese können sich wieder zurückbilden, wenn sich die damit verbundenen Befürchtungen angesichts der Realität mildern oder korrigiert werden (vgl. Figdor 1998, 29).

2. Wenn die mit den Erlebnisreaktionen verbundenen Ängste und Phantasien nicht bearbeitet werden können und es im Zusammenhang mit anderen Faktoren (z.B. Stress der Mutter, Wegfall des triangulierenden Vaters) zu einem Zusammenbruch der Abwehr kommt, können bereits ernstere Symptome auftreten, die nicht mehr nur Reaktionen, sondern Folge einer massiven *Regression bzw. Destrukturierung* der psychischen Organisation sind (vgl. Figdor 1998, 29).

3. Erhalten die Kinder (und deren Eltern) im Falle einer solchen Destrukturierung keine massive Hilfe, kommt es in den meisten Fällen zur posttraumatischen Ausbildung klassischer *neurotischer Symptome und/oder Charaktereigenschaften*[24], welche den vorläufigen Endpunkt des Prozesses fortschreitender (psychischer) Konfliktverschärfung bildet. Es ist dann von *(Scheidungs-)Traumata* im psychoanalytischen Sinn zu sprechen (vgl. Figdor 1998, 29).

---

[24] Neurotische Symptome sind sich zwingend durchsetzende und wiederkehrende Wahrnehmungs- und Verhaltensweisen, Gefühlszustände oder Wünsche. Sie sind die Folge von unbewussten Abwehrmechanismen sowie Kompromissbildungen zwischen widerstrebenden psychischen Tendenzen, deren direkte, unverschleierte, bewusste Repräsentation für die betreffende Person zu bedrohlich wäre. Neurotische Symptome sind willentlich kaum veränderbar, weil ihnen eine wichtige psychische Funktion zukommt. Durch sie wird nämlich ein Stück der angestrebten Befriedigung angstfrei ermöglicht (vgl. Figdor 2004, 33; Kap. 3.3.2.3).

Die drei genannten Symptomarten (Erlebnisreaktionen, Regression bzw. Destrukturierungssymptome und neurotische Symptome) sollen nun etwas näher beschrieben werden.

3.3.2.1 Erlebnisreaktionen

Der Begriff der „Erlebnisreaktion“ stammt von Walter Spiel, er bezeichnet damit

> „eine psychische Reaktion, die eintritt, wenn eine Persönlichkeit irgendwann in ihrer Entwicklung mit Umständen konfrontiert wird, die sie irritiert. Das geschieht, wenn die psychische Struktur überfordert wird, also wenn noch keine ausrechende Leistungsapparatur zur Bewältigung dieser Einflüsse zur Verfügung steht, oder wenn Umstände obwalten, die durch extrem abnorme Bedingungen gekennzeichnet sind“ (Spiel 1967, 3 zit. n. Figdor 2004, 128).

Erlebnisreaktionen sind folglich normale reaktive Anpassungen an eine veränderte Umweltsituation bzw. an einen radikalen Bruch in den Lebensverhältnissen, wie ihn beispielsweise die Scheidung der Eltern mit sich bringt. Sie können sich in verschiedenen Verhaltensauffälligkeiten, Wahrnehmungsverzerrungen, Angstzuständen, Schlafstörungen und psychosomatischen Symptomen manifestieren (z.B. allgemeine Unruhe, Fresssucht, Bettnässen, Diebstähle, disziplinäre und leistungsbezogene Schulschwierigkeiten, verstärkte Abhängigkeit, sozialer und emotionaler Rückzug, Konzentrationsschwierigkeiten, Anstieg des Aggressionspotentials, Kopfschmerzen, Magenschmerzen, Akne etc.), mitunter aber auch (als Anpassungsreaktion) unbemerkt bleiben (vgl. Figdor 2004, 13; 128).

Erlebnisreaktionen haben zwar manifest oft Ähnlichkeit mit neurotischen Symptomen, unterscheiden sich von diesen nach Figdor (2004) jedoch dadurch, dass das auslösende erschreckende und ängstigende Ereignis *bewusst* erlebt und behalten wurde und dass das betroffene Kind lediglich etwas Zeit und förderliche äußere Umstände benötigt, um sein seelisches Gleichgewicht *selbst* wieder herzustellen und das Ereignis bewusst zu verarbeiten. Die psychische Struktur ist zwar überlastet, aber noch nicht verändert (vgl. Figdor 2004, 128).

Wenn die aktuelle Situation ihre Bedrohlichkeit verliert und das Ereignis bewusst verarbeitet wurde, stellt sich wieder ein seelisches Gleichgewicht ein und die Symptome können sich von alleine (d.h. ohne abgewehrte psychische Konflikte bewusst machende Psychotherapie) wieder zurückbilden, ohne durch andere ersetzt zu werden, oder sonstige pathologische Spuren bzw. Dispositionen zu hinterlassen (vgl. Figdor 2004, 128; 133f.).

Entscheidend dafür, dass es bei „bloßen" Erlebnisreaktionen bleibt und traumatische Auswirkungen der Scheidung auf das Kind verhindert werden, sind günstige und förderliche Umstände. Figdor (2004) betont, dass in erster Linie die Eltern für diese förderlichen Umstände sorgen müssen, da sich auch die Affekte, Gefühle und bedrohlichen Phantasien der Kinder auf sie richten. Es liegt an ihrem Verhalten bzw. an der Wahrnehmung dieses Verhaltens durch die Kinder, ob sich die Befürchtungen als (real oder scheinbar) berechtigt oder unbegründet erweisen (vgl. Figdor 2004, 134). In Anschluss an Figdor (2004, 18) ist anzunehmen, dass unangemessene Antworten der Umwelt auf die normalen Irritationen der Kinder (d.h. auf ihre Erlebnisreaktionen) die Aufarbeitung des auslösenden Scheidungserlebnisses behindern und psychische Konflikte provozieren können, die nur mehr neurotisch, d.h. über unbewusste Abwehrprozesse, gelöst werden können.

3.3.2.2 Regression bzw. Destrukturierungssymptome

Vielen Eltern gelingt es allerdings nicht, dem Kind nach der Scheidung die entstandenen Befürchtungen so weit zu nehmen, dass es sein psychisches Gleichgewicht wieder findet und sich die Erlebnisreaktionen zurückbilden.[25] In vielen Fällen nehmen die kindlichen Ängste nach der Scheidung noch zu und führen zu einem psychischen Geschehen, das Figdor (2004) als „Zusammenbruch der Abwehr" charakterisiert. Dabei handelt es sich jedoch nicht um einen von außen wahrnehmbaren plötzlichen Einbruch der psychischen Struktur, sondern um einen allmählichen Destrukturierungsprozess, der mit „normalen" Erlebnisreaktionen beginnt und mit einem traumatischen Verlust bereits erworbener Konfliktlösungs- und Abwehrmechanismen endet (vgl. Figdor 2004, 141).

Dieser Destrukturierungsprozess ist nach Figdor (2004) durch eine zunächst noch als Erlebnisreaktion einzustufende Verstärkung regressiver Bedürfnisse gekennzeichnet, die in der Folge, da sie nicht ausreichend befriedigt werden, ihren vorübergehenden Charakter verlieren. In der Folge setzt sich die Regression fort,

[25] Dies meist infolge ihrer eigenen psychischen Not während der Scheidung (vgl. Kap. 3.4.1).

„und bereits überwundene, immer frühere Stufen der Objektbeziehungsentwicklung angehörende Ansprüche an das Liebesobjekt machen sich geltend“ (Figdor 2004, 141)

Figdor (2004) beschreibt, dass mit zunehmender Regression meist eine Steigerung des kindlichen Aggressionspotentials einhergeht, gespeist aus der erlebnisreaktiven, nicht ausgelebten und verarbeiteten Wut auf die Mutter[26], die Gelegenheiten sucht um abgeführt zu werden. Außerdem werden - so Figdor (2004) weiter - vom Kind häufig Teile der dem Vater geltenden Aggressionen auf die Mutter verschoben, sowie eigene Schuldgefühle auf diese projiziert. Jene Aggressionen, die das Kind entwickelt, wenn seine gesteigerten regressiven Bedürfnisse nicht erfüllt werden, verstärken den Anstieg des Aggressionspotentials noch zusätzlich und bewirken, dass die Formen der Aggression zunehmend regressiver werden. Die Frustrationstoleranz des Kindes sinkt merklich, es reagiert verstärkt mit Trotz und mit Wutanfällen (vgl. Figdor 2004, 141).

Hinzu kommt, dass der Vater bei Spannungen mit der Mutter zumeist nicht mehr als trianguläres Ausweichobjekt zur Verfügung steht und zusätzlich frühere Konflikte des Kindes, die bisher über Triangulierungsprozesse latent gehalten wurden, manifest aufbrechen können. In den Verhaltensweisen des regredierten Kindes können sich nach Figdor (2004) folglich die Entwicklungsprobleme und Konflikte des Kindes *vor* der Scheidung widerspiegeln (wenn auch durch geänderte sprachliche, motorische, emotionale Bedingungen verzerrt) (vgl. Figdor 2004, 142).

„Mit einigem Recht lässt sich also behaupten, dass es sich in einer großen Anzahl von Fällen bei den Symptomen der Nach-Scheidungs-Krise weniger um *Scheidungs*symptome i.e.S. als um Folgen der konfliktuösen Beziehung der Eltern vor der Scheidung handelt“ (Figdor 2004, 143).

Aus psychodynamischer Sicht handelt es sich bei den Destrukturierungssymptomen folglich nicht um neurotische Symptome (im psychoanalytischen Sinn), sondern „geradezu um deren Gegenteil“ (Figdor 2004, 142), nämlich um die *Auflösung* von Abwehrstrukturen und den Durchbruch verdrängter Ängste und Triebwünsche. Da die Destrukturierung nicht nur entwicklungsgünstige Abwehrformen früherer Konflikte trifft, sondern ebenso eventuelle neurotische Symptome und Charakterbildungen, liegen in ihr nach Figdor (2004) sogar Entwicklungschancen.

[26] „Mutter“ steht hier wieder für den nicht ausziehenden Elternteil.

3.3.2.3 Neurotische Symptome bzw. Charaktereigenschaften

Den vorläufigen Endpunkt des Scheidungserlebnisses der meisten Kinder, welches Figdor (2004) als einen Prozess fortschreitender psychischer Konfliktverschärfung charakterisiert, bildet die posttraumatische Ausbildung neurotischer Symptome und/oder Charaktereigenschaften (vgl. Figdor 2004, 144).

Figdor (2004) folgend beginnt das Kind, den durch die Regression zunehmend existenzieller werdenden Bedrohungen und widerstrebenden psychischen Tendenzen (z.B. Angst vor Liebesverlust, Vergeltung, Zerstörung/Verlust des Objektes, Tod, etc.) durch teilweise Verdrängung seiner Triebwünsche bzw. der sie begleitenden Phantasien und Affekten zu begegnen und diese Verdrängung durch neurotische Kompromissbildung abzusichern (vgl. Figdor 2004, 144). Die Folge dieser unbewussten Abwehrprozesse und Kompromissbildungen ist nach Figdor (2004, 33) die posttraumatische Ausbildung neurotischer Symptome und Charaktereigenschaften. Dabei spielen alte wie neue innerpsychische Konflikte eine verursachende Rolle:

> „Die im Zuge der Regression auf frühere Konflikte aufbrechenden (frühinfantilen) Ängste werden alsbald so quälend, dass die neuen (scheidungsspezifischen) *und* die alten (aufgebrochenen) psychischen Konflikte von neuem verdrängt, projiziert, somatisiert (...) werden müssen" (Figdor 1998, 29).

Die solchermaßen posttraumatisch gebildeten neurotischen Symptome und Charaktereigenschaften zeigen sich als sich zwingend durchsetzende und wiederkehrende Wahrnehmungs- und Verhaltensweisen, Gefühlszustände oder Wünsche. Sie sind willentlich kaum veränderbar, weil ihnen eine wichtige psychische Funktion zukommt. Durch sie wird ein Stück der angestrebten Befriedigung angstfrei ermöglicht (vgl. Figdor 2004, 33). Nach Figdor (2004) sind daher die neurotischen Symptome für das Kind auch weitaus leichter zu ertragen, als die mit ihrer Hilfe abgewehrten Ängste. Sie bringen eine Beruhigung für das Kind. Es ist zwar „neurotischer" als vor der Scheidung, aber es hat sein Gleichgewicht wieder (vgl. Figdor 2004, 145). Dennoch sind...

> „...die posttraumatisch gebildeten Symptome und Charaktereigenschaften (...) die eigentlichen langfristig verbleibenden Narben des Scheidungserlebnisses" (Figdor 2004, 146).

Figdor (2004) bemerkt dazu, dass diese neurotischen Bildungen der Umwelt oft kaum auffallen bzw. nicht mit der Scheidung in Zusammenhang gebracht werden (z.B. Schulprobleme), oder sogar begrüßt (z.B. depressive Verstimmungen als „Ernsthaftigkeit", innere Zwänge als „Ordentlichkeit" oder „Disziplin", übermäßige soziale Anpassung als „Hilfsbereitschaft", etc.). Nach Figdor (2004) stellen diese neurotischen Bildungen jedoch psychische Entwicklungsgefahren dar, die neurotische Disposition der Kinder verstärken, die Wahrscheinlichkeit späterer psychischer Erkrankungen erhöhen und die Chance auf eine befriedigende, glücklich machende Lebensgestaltung verringern. Allerdings ist für diese Kinder freilich noch nicht „alles (schief-) gelaufen". Es gibt noch Entwicklungsspielräume – auch wenn diese etwas enger geworden sind (vgl. Figdor 2004, 146).

3.4 Aspekte der elterlichen Psychodynamik als Gefahr für das „Kindeswohl"

Die geschilderten Affekte und Konflikte von Scheidungskindern (vgl. Kap. 3.2) können sich demnach in vielfältigen manifesten Symptomen (vgl. Kap. 3.3) zeigen. Die Eltern, vor allem der beim Kind verbleibende Elternteil, müssten in dieser Zeit unerhört viel Geduld und Toleranz gegenüber diesen Symptomen aufbringen und die kindlichen Aggressionen aushalten. Dem Kind müsste genügend Spielraum zugestanden werden, um regredieren zu können und auf diese Weise jenes Vertrauen wiederzugewinnen, welches es durch die Erschütterung seiner Welt verloren hat. Es müssten viele einfühlsame Gespräche über die erlebte Scheidung stattfinden, in denen nicht nur Antworten auf ausgesprochene Fragen gegeben werden, sondern in denen die Eltern Fragen forcieren, wenn die Gefühlslage des Kindes einen Bezug zum Scheidungserlebnis nahe legt (vgl. Figdor 1998, 25).

Figdor (1998) stellt jedoch fest, dass die betroffenen Kinder diese Idealbedingungen selten vorfinden. Im Folgenden werden drei wesentliche Aspekte der elterlichen Psychodynamik und deren Auswirkungen auf die Kinder beschrieben, die diesen Idealbedingungen und damit dem „Kindeswohl" entgegenstehen (*Einschränkung der elterlichen Kompetenz*, *elterliche Schuldgefühle und elterliche Konfliktabwehr* sowie *elterliche Spaltung und Loyalitätskonflikte*). Außerdem werden diesbezüglich mögliche und für die Eltern eventuell empfehlenswerte Lösungsansätze genannt.

3.4.1 Einschränkung der elterlichen Kompetenz

Um die Scheidung gut verarbeiten zu können würden Kinder also Eltern benötigen, die so einfühlsam, geduldig, ausgeglichen, optimistisch und zuwendend sind, wie sie es bisher kaum sein mussten. Zur selben Zeit befinden sich die meisten Eltern jedoch in einer so schwierigen psychischen, sozialen und ökonomischen Situation, dass sie Kinder brauchen würden, die so ruhig, anspruchslos, loyal, psychisch gefestigt, vernünftig und selbstständig sind, wie sie es bisher noch nie sein mussten. Figdor (1998) stellt daher fest, dass von den Eltern während der Scheidung und danach eine Haltung gefordert wird, die sie in den meisten Fällen aufgrund ihrer aktuellen Situation nicht einnehmen können (vgl. Figdor 1998, 25).

Die Eltern befinden sich nach Bauers (1994, 49) in der Scheidungsphase nämlich ebenso wie das Kind in einer Krise (innere und äußere Konflikte; schmerzliche Gefühle des Verletzt seins bzw. Versagens als Ehepartner; Enttäuschung über die verlorene Beziehung; Wut auf den Ex-Partner; Sorge um die Zukunft, etc.). Steinman, Zemmelman und Knoblauch (1985) ermittelten bei ihrer Untersuchung von Scheidungsfamilien auf Seiten der Eltern dieselben emotionalen Reaktionen auf die Lebenskrise „Scheidung", die bereits für das kindliche Scheidungserleben beschrieben wurden, nämlich: Schuldgefühle, Ärger, Wut, Trauer und Ängste. Unterschiede ergaben sich im Ausmaß und in der Art, wie mit diesen Gefühlen umgegangen wurde (vgl. Steinman, Zemmelman & Knoblauch 1985).

Bauers (1994, 49) folgend ist anzunehmen, dass diese angespannte psychische Situation der Eltern oft eine Einschränkung der elterlichen Kompetenz zur Folge hat, wodurch der psychische Schmerz des Kindes von den Eltern oft nicht bzw. nur eingeschränkt wahrgenommen wird und die nötige Geduld und Toleranz gegenüber den kindlichen Symptomen nicht aufgebracht werden kann.

Dieses Paradoxon zwischen den Bedürfnissen der Kinder und der diesbezüglich eingeschränkten Fähigkeiten der Eltern ist nach Figdor (1998) dafür hauptverantwortlich, dass in der kritischen Zeit nach der Scheidung jene Möglichkeiten versäumt werden, die es den Kindern ermöglichen würden, die anfänglichen dramatischen Gefühle, Gedanken und Phantasien, die die Konfrontation mit der elterlichen Trennung mit sich bringen, wirklich aufzuarbeiten (vgl. Figdor 1998, 26).

Figdor (o. J.) betont daher, dass Eltern die eigene Krise anerkennen und für sich selbst sowie für ihre Kinder Hilfe suchen sollten, um dieses Paradoxon zu entschärfen. Wer den Scheidungsprozess für sich selbst einigermaßen bewältigen kann, ist besser in der Lage eine gute Mutter/ein guter Vater zu sein und dem Kind genügend Raum zu geben, um mit seiner Enttäuschung, seiner Trauer, Angst und Wut fertig zu werden. Vielfach ist es dafür äußerst hilfreich bzw. notwendig, professionelle Hilfe (Erziehungs-, Paar- oder Familienberatung bzw. -therapie, Mediation, sozialpädagogische Gruppen für Scheidungskinder[27]) in Anspruch zu nehmen.

Darüber hinaus betont Figdor (2006), dass sich Eltern in der Scheidungskrise auch um ihr eigenes Wohl und Glück sorgen sollten. Denn das „Kindeswohl" hängt meist auch davon ab, wieweit sich die Eltern wohl fühlen können. Figdor (2006, 89) geht davon aus, dass es letztlich kein glückliches Kind gibt, wenn nicht auch seine Eltern ein Mindestmaß an Glück in ihrem Leben verspüren.

3.4.2 Elterliche Schuldgefühle und elterliche Konfliktabwehr

Figdor (2004) berichtet, dass der Großteil der Eltern, die sich für eine Scheidung entscheiden, mit massiven Schuldgefühlen den Kindern gegenüber zu kämpfen hat. Daher kommt zur beschriebenen Einschränkung der elterlichen Kompetenz vielfach der bewusste oder unbewusste Drang der Eltern, sich ebendieser Schuldgefühle zumindest auf bewusster Ebene zu entledigen und sich der bewussten Scheidungsverantwortung gegenüber ihren Kindern zu entziehen, um auf diese Weise ihr eigenes psychisches Gleichgewicht zu erhalten (vgl. Figdor 2004, 12).

Nach Figdor (2004) nähren sich die Schuldgefühle der Eltern nicht nur durch deren individuelle innerpsychische Konflikte, sondern auch durch die allgemeine und öffentlich postulierte Auffassung von der Schädlichkeit der Scheidung für die betroffenen Kinder. Figdor (2004) stellt diesbezüglich weiters fest, dass im Hinblick auf das Wohl des Kindes und deren Entwicklungsfähigkeit[28], die Aufrechterhaltung der Ehe nur solange sinnvoll erscheint,

[27] z.B. "Rainbows" (vgl. www.rainbows.at, 17.05.2007; Zeiner 2003, 174 – 182).
[28] Auf die Bedeutung der Entwicklungsfähigkeit von Kindern für deren Wohl wird in Kapitel Kap. 3.5.2.2 noch näher eingegangen.

als die Beziehung noch eine Perspektive hat und gemeinsame Konfliktlösungen noch denkbar sind (vgl. Figdor 2004, 16).

Dolto (1993) geht noch weiter und bezeichnet eine Scheidung als „eine ebenso ehrenwerte Sache wie eine Eheschließung“ (Dolto 1993, 25), die nicht wie etwas „Unanständiges“ behandelt werden soll, über das man eventuell gar nicht offen spricht. Den Kindern darf die Wahrheit über die Entscheidung der Eltern und über die neuen Lebensumstände nicht verschwiegen werden, auch wenn damit die (unbewusste) Hoffung der Eltern verbunden ist, auf diesem Wege, Konflikten und Schuldgefühlen scheinbar aus dem Weg gehen zu können (vgl. Dolto 1993, 25).

Dolto (1993) plädiert dafür, dass Eltern dem Kind die Gründe für die Scheidung verständlich, aber ehrlich, erklären; am Besten durch eine gemeinsame Version, um Loyalitätskonflikten vorzubeugen. Dolto (1993) meint weiters, dass Kinder durchaus im Stande sind, mit der Realität umzugehen, sofern sie angemessen und wahrheitsgemäß informiert werden. Wenn dies nicht geschieht, die reale Situation folglich nicht in Worte gefasst und damit dem Bewusstsein zugänglich gemacht wird, ersetzen Kinder die fehlenden Erklärungen häufig durch eigene Phantasien. In Anschluss an Dolto (1993) ist anzunehmen, dass diese Phantasien für Kinder zumeist beunruhigender sind als die Realität. Weiters steigt nach Dolto (1993) durch fehlende Erklärungen auch die Wahrscheinlichkeit, dass sich die Kinder in die Traumwelt einer idealisierten Realität und einer idealisierten Einheit der Eltern mit einer unteilbaren „Papa-Mama-Figur“ flüchten (vgl. Dolto 1993, 22; 28f).

Die allgemeine öffentliche Auffassung, dass eine Scheidung „unanständig“ bzw. „pädagogisch verantwortungslos“ wäre und höchstens den „egoistischen“ Bedürfnissen der Eltern diene, für die Kinder jedoch stets die schlechteste Lösung darstelle, ist demzufolge nach Figdor (2004) und Dolto (1993) nicht haltbar. Dennoch können die elterlichen Schuldgefühle, die aus ebendieser Auffassung sowie den individuellen innerpsychischen Konflikten resultieren, zu teils sehr subtil vermittelten Wünschen und Verhaltensweisen der Eltern führen, die für das „Kindeswohl“, sowie dessen weitere psychische Entwicklung, als äußerst hinderlich einzustufen sind (vgl. Figdor 2004, 16).

Figdor (2004) folgend ist anzunehmen, dass durch diese Schuldgefühle, die Vorstellung seinem Kind mit dem Scheidungsentschluss ein möglicherweise irreversibles Leid anzutun, für den sich trennenden Elternteil unerträglich wird. Dadurch wird die Erfüllung des Wunsches, dem Kind möge die Scheidung nichts ausmachen, zur notwendigen Bedingung dafür, sich aus der unerträglich gewordenen Ehe zu befreien. Figdor (2004) folgert, dass dies dann aber bedeutet, dass dem Kind die Scheidung nichts ausmachen *darf*. Jede negative Reaktion des Kindes wird folglich zur Bedrohung für das psychische Gleichgewicht des sich trennenden Elternteils. Dieser muss dann, um ebendieses Gleichgewicht zu erhalten, die negativen Reaktionen des Kindes entweder verleugnen, oder aber auf einen anderen Anlass schieben. Die Psychoanalyse spricht bei einem solchen Umgang mit unbewussten Konflikten von *unbewusster Konfliktabwehr* (vgl. Figdor 2004, 16).

Je weniger sich die Kinder von der Scheidungsmitteilung betroffen zeigen, desto erträglicher ist die Situation für diese Eltern. Häufig kommt es dabei zwischen Eltern und Kindern zu einer „Koalition der Verleugnung" (Figdor 2004, 47). Die Tendenz der Eltern, die Bedeutung der Scheidung für die Kinder herunterzuspielen oder zu negieren, trifft bei den Kindern auf eine ebensolche Verleugnungsneigung, welche die Konfrontation mit dem schrecklichen Ereignis ersparen soll. Die Stärke dieser Verleugnungsneigung hängt ganz wesentlich von den diesbezüglichen (unbewussten) Erwartungen der Eltern ab, für die Kinder eine Antenne zu haben scheinen (vgl. Figdor 2004, 47).

Als sehr hilfreich für den Umgang sich trennender Eltern mit ihren Schulgefühlen den Kindern gegenüber, hat sich nach Figdor (1998) hingegen eine Haltung erwiesen, die er „Verantwortete Schuld" nennt. Diese meint

- „die Fähigkeit, ertragen zu können, am Schmerz unserer Kinder schuld zu sein,
- was mir aber dadurch möglich (erleichtert) wird, dass ich diese Schuld (pädagogisch) verantworten kann, weil meine entsprechenden Handlungen (die Scheidung) erstens unumgänglich waren und sich zweitens dadurch dem Kind – bei allem aktuellen Schmerz – neue Entwicklungschancen (wieder)eröffnen" (Figdor 1998, 178).

Die Haltung der „Verantworteten Schuld" bewirkt nach Figdor (1998), dass sich die Eltern den eigenen Schuldgefühlen bewusst stellen. Dies erspart die Verleugnung der Scheidungskrise und erleichtert den Umgang mit den damit verbundenen Reaktionen des Kindes (Aggressionen, Regression). Zudem erhöht sich die Sensibilität und Empathie gegenüber dem Kind sowie die Bereitschaft, die Beziehung des Kindes zum anderen Elternteil zuzulassen. Die Eltern gewinnen die innere Freiheit ihr Kind zu trösten, ihm zu helfen und so das verursachte Leid wieder gutzumachen. Weiters verringert sich die Notwendigkeit von aggressiv-paranoiden Spaltungsmechanismen, die den Ex-Partner zum Alleinschuldigen machen, wodurch die Loyalitätskonflikte der Kinder entlastet werden (vgl. Figdor 1998, 179).

Figdor (o. J.) betont, dass das Einnehmen dieser Haltung den betroffenen Eltern vielfach durch die Inanspruchnahme von professioneller Hilfe (Familienberatung, -therapie; Erziehungsberatung, Mediation) erleichtert wird.

Die eben genannten aggressiv-paranoiden Spaltungsmechanismen und die damit verbundenen Loyalitätskonflikte der Kinder sind ein weiterer Aspekt der elterlichen Psychodynamik, der zur Gefahr für das „Kindeswohl" und dessen weitere psychische Entwicklung werden kann. Auf diese wird nun näher eingegangen.

3.4.3 Elterliche Spaltung und Loyalitätskonflikte

Neben der elterlichen Konfliktabwehr dient auch das Abwälzen der Verantwortung für die Scheidung auf den anderen Elternteil dazu, sich gegenüber den Kindern schuldfrei zu halten. Nach Figdor (2004, 48) werden dabei zwar die Affektäußerungen der Kinder weniger gehemmt als durch die elterliche Konfliktabwehr, aber die Bereitschaft diese Affektäußerungen anzuerkennen, ist an die Erwartung geknüpft, dass sich die Gefühle, speziell die aggressiven, gegen den anderen Elternteil richten und das Kind die eigene Partei ergreift.

Dabei spaltet der betreffende Elternteil sein Selbstbild und das Bild, welches er von seinem Ex-Partner hat, in ein radikal gutes und ein ebenso radikal böses Bild auf. Er selbst sieht sich dann als den Unschuldigen und das Opfer, während vom Ex-Partner nichts als Bosheit, Verantwortungslosigkeit, Gefühlskälte, Egoismus, etc. übrig bleibt (vgl. Figdor 1998, 38).

Figdor (1998) betont, dass diese *unbewusste Spaltung* Partnern häufig dabei hilft, sich überhaupt trennen zu können. Jede Liebesbeziehung ist ambivalent, jede Partnerschaft ist ein sehr kompliziertes Gebilde und eine eventuelle Enttäuschung heißt noch nicht, dass der Partner alle seine bedeutsamen Funktionen für den anderen verloren hat. Oft ist der endgültige Schritt zur Scheidung daher nur möglich, wenn sich der trennende Elternteil des Abwehrmechanismus` der Spaltung bedient. Sich von einem radikal bösen, gefühlskalten, egoistischen Menschen zu trennen, fällt um vieles leichter (vgl. Figdor 1998, 38f.).

Wenngleich dieser Spaltungsmechanismus aus Sicht des elterlichen psychischen Gleichgewichtes verständlich ist, so hat er nach Friedrich (2004) und Figdor (2004) dennoch für die kindliche Psyche sehr belastende bis verheerende Auswirkungen. Die Kinder geraten infolge der Schuldzuweisungen und des bewusst oder unbewusst vermittelten negativen Bildes des einen Elternteils vom anderen häufig in einen unlösbaren Zwiespalt und einen (weiteren) Loyalitätskonflikt. Entweder sie müssen ihr Bild vom betreffenden Elternteil, den sie trotz etwaiger Schwächen geliebt und bewundert haben, plötzlich löschen und ihn als absolut Bösen aus ihrem Leben und ihrer Liebe streichen, oder sie müssen dem schuldzuweisenden Elternteil, der für das Kind vielleicht die einzig gebliebene ständig verfügbare Bezugsperson ist, widersprechen. Wenn die Kinder weder das eine, noch das andere wagen oder wollen, führt dies zu massiven Schuldgefühlen dem - aus ihrer Sicht zu unrecht beschuldigtem - Elternteil gegenüber, da sie nicht für diesen Partei ergreifen (Friedrich 2004, 71; Figdor 2004, 49).

Dolto (1993) meint, dass sich die elterliche Spaltung dann besonders schwerwiegend auswirkt, wenn sich im Kind dadurch die Vorstellung herausbildet, dass der eine Elternteil den anderen auch in der Verkörperung des Kindes ablehnt, seine Liebe also auf jene Hälfte des Kindes beschränkt, die von ihm stammt. Jedes Kind trägt schließlich Anteile von Vater und Mutter in sich und ist sich dessen auch bewusst. Wenn es einen Teil leugnen oder bevorzugen muss, fühlt es sich innerlich zerrissen (vgl. Dolto 1993, 30; Friedrich 2004, 71).

Bündniserwartungen, ob offen geäußert oder subtil vermittelt, führen bei den betroffenen Kindern folglich zu einer inneren Spaltung. Das durch die Scheidungstatsache ohnehin erschütterte, psychische Gleichgewicht gerät dadurch endgültig ins Wanken. Die Folgen der auf diese Weise verursachten Gefühls-, Gewissens- und Loyalitätskonflikte sind nach Friedrich (2004) Sprachlosigkeit, Einsamkeit, Verwirrung, Zerrissenheit und die Angst durch einen taktischen Fehltritt, einen Verrat, einen oder beide Elternteile zu verlieren (vgl. Friedrich 2004, 70).

Friedrich (2004) betont, dass es für die meisten Kinder unerträglich ist, auf Dauer in einem schweren Loyalitätskonflikt zu leben. Sie finden sich meist früher oder später eher damit ab, auf einen Elternteil zu verzichten, als dauerhaft zwischen den Fronten zu stehen. Friedrich (2004) meint weiter, dass Kinder - um dieser seelischen Not zu entkommen - häufig beginnen, sich mit einem Elternteil zu identifizieren und dessen Sicht (auch bezüglich des anderen Elternteils) zu übernehmen. Das Kämpfen gegen einen gemeinsamen Feind verschafft dem Kind und dem Elternteil Nähe und Verbundenheit (vgl. Friedrich 2004, 71).

Auf dieser Dynamik beruht das so genannte *„Pariental Alienation Syndrome (PAS)"*, das „elterliche Entfremdungssyndrom" (vgl. Dettenborn 2001, 102-125). Es tritt dann ein, wenn der Loyalitätskonflikt des Kindes von einem Elternteil bewusst oder unbewusst dazu benutzt wird, das Kind dahingehend zu beeinflussen, den anderen Elternteil abzulehnen und folglich die Beziehung zu ihm gestört wird. Friedrich (2004) spricht dabei von einer Form psychischer Ausbeutung, die im Ausmaß ihrer Auswirkungen mit den Folgen sexuellen Missbrauches vergleichbar ist und zu einer Traumatisierung bis ins Erwachsenenalter führen kann (vgl. Friedrich 2004, 71f.).

Bauers (1994) meint diesbezüglich, dass die elterliche Spaltung zudem oft ein offen oder subtil vermitteltes Triangulierungsverbot zur Folge hat. Dem Kind wird von einem oder beiden Elternteilen verboten, den jeweils anderen als ausgleichende Person und als Zufluchtsort in angespannten Situationen in Anspruch zu nehmen. Besonders, wenn das Kind in Streitigkeiten der Eltern involviert wird und dazu gedrängt wird, mit einem Elternteil eine bündnisbildende Partnerschaft einzugehen, ist es eventuell nicht mehr in der Lage, eine triangulierende Mutter-Vater-Kind-Beziehung aufzubauen bzw. aufrechtzuerhalten (vgl. Bauers 1994, 51).

Daher ist in Anschluss an Figdor (1998) davon auszugehen, dass für eine gute Bewältigung der elterlichen Trennung die formale Aufrechterhaltung der Beziehung zu beiden Elternteilen alleine nicht ausreicht. Das Kind braucht neben der Gewissheit weiterhin von Vater und Mutter geliebt zu werden, auch das Gefühl, selbst beide Eltern weiter lieben *zu dürfen*. Ansonsten kommt es nach Figdor (1998) bei den Kindern zu den beschriebenen schweren Loyalitätskonflikten und Schuldgefühlen, die sie überfordern und ihr Wohl sowie ihre psychische Entwicklung beeinträchtigen. Dafür müssen die Eltern jedoch die Wut auf den Ex-Partner und die Enttäuschung, dass dieser vom Kind weiterhin geliebt und bewundert wird, soweit aushalten, dass sie der (natürlichen) Tendenz, das Kind für sich einzunehmen, nicht erliegen (vgl. Figdor 1998, 34).

Figdor (o. J.) betont, dass diesbezüglich die Inanspruchnahme von professioneller Hilfe (Paar- oder Familienberatung, bzw. –therapie, Erziehungsberatung, Mediation) ebenfalls anzuraten, sowie die erfolgreiche Einnahme der Haltung der „Verantworteten Schuld" günstig ist.

Im folgenden fünften Unterkapitel wird nun - auf den bisherigen Erläuterungen aufbauend - geklärt, worin aus psychoanalytisch-pädagogischer Sicht das „Kindeswohl" (speziell in der Scheidungssituation) besteht.

3.5 Das „Kindeswohl" aus psychoanalytisch-pädagogischer Sicht

Ehe auf die spezifisch psychoanalytisch-pädagogische Sichtweise des Begriffs „Kindeswohl" eingegangen wird, erscheint es sinnvoll, einleitend die allgemeine Problematik dieses Begriffs kurz zu erläutern.

3.5.1 Die Problematik des Begriffs „Kindeswohl"

Obwohl der Begriff des „Kindeswohls" für das Schicksal von Kindern von sehr hoher Bedeutung ist, handelt es sich dabei dennoch um einen sehr unklaren Begriff. Sein Inhalt ist weder interdisziplinär noch intradisziplinär allgemein gültig und verbindlich definierbar oder festlegbar. Dettenborn (2001, 46) bezeichnet den Begriff „Kindeswohl" als „definitorische Katastrophe", Goldstein, Freud & Solnit (1991) als „Mogelpackung". In der Rechtswissenschaft hilft man sich, indem man den Begriff zu einem unbestimmten Rechtsbegriff erklärt, d.h. zur Generalklausel, dessen notwendige Auslegung zum Inhalt richterlichen Entscheidens wird (vgl. Dettenborn 2001, 45).

Aus kognitionspsychologischer Sicht handelt es sich beim Begriff „Kindeswohl" um einen typischen Fall einer Invariantenbildung:

> „In einem schwer überschaubaren Feld wechselwirkender Einzelfaktoren wird die Komplexität reduziert durch Orientierung auf einen Bezugspunkt, und sei es auch lediglich ein theoretisches Konstrukt. Dadurch wird die Entscheidungsfindung erleichtert" (Dettenborn 2001, 45).

Für die Pädagogik ist das „Kindeswohl“ ein vom Familien- und Kindesrecht eingebrachter und auch erziehungswissenschaftlich inhaltlich unklarer Begriff. Er soll als Instrument und Kriterium der Auslegung - z.B. der Kinderinteressen - dienen, zugleich fehlt es ihm jedoch selbst an einer schlüssigen Auslegung. Er muss außerdem unterschiedlichen Anforderungen und Zielen gerecht werden, deren logischer Zusammenhang eher lose ist (vgl. Dettenborn 2001, 46). Hinzu kommt, dass das „Kindeswohl“ als Rechtsbegriff juristische Sicherheit bieten muss, zugleich aber mit rechtlichen Aspekten alleine nicht fassbar oder erklärbar ist, sondern nur mittels interdisziplinärem Bezug, insbesondere durch Nutzung (psychoanalytisch-) pädagogischer sowie psychologischer Aspekte, wie zahlreiche Autoren feststellen (vgl. Balloff 1992; Klußmann & Stötzel 1995; Koechel 1995; Krieger 1997; Figdor 1998; Keiser 1998; Suess & Fegert 1999; Willutzki 2000). Dettenborn (2001, 47) meint, dass es jedoch weder in der Pädagogik noch in der Psychologie Konzepte zum „Wohl“ gibt, allenfalls zum „subjektiven Wohlbefinden“, die aber für die Bestimmung des „Kindeswohls“ nicht unmittelbar nutzbar sind.

Aus der Interdisziplinärität des Begriffes „Kindeswohl“ ergibt sich weiters, dass jeder, der ihn verwendet, seine Kompetenzen überschreiten muss – sowohl Juristen, wie Pädagogen, Psychologen und Psychiater. Der Jurist ist gezwungen neben rechtlichen, auch psychologische Aspekte in seine Entscheidungen einzubeziehen, da ihm aber die entsprechende Ausbildung (in Entwicklungspsychologie, Familiendynamik, Tiefenpsychologie, Krisenintervention, etc.) fehlt, wird diese Entscheidung von zufälligen Alltagskonzepten oder individuell erworbenen Fachwissen abhängig. Der Pädagoge, Psychologe oder Psychiater muss in seinen Empfehlungen auch rechtliche Regelungsanliegen berücksichtigen und einschließen. Auf dieses Problem der Kompetenzüberschreitung verweisen mehrere Autoren (vgl. Figdor 1998, 206; Friedrich 2004, 131; Fthenakis 1982, 215).

Die Mängeldiskussionen zum Begriff des „Kindeswohls“ sind daher in allen beteiligten Wissenschafts- und Praxisbereichen intensiv. Die Forderungen reichen von der Abschaffung des Begriffes (vgl. Steindorff 1994), über die Proklamation der prinzipiellen Undefinierbarkeit (vgl. Keiser 1998; Köster 1997; Suess & Fegert 1999) bis hin zu verschiedenen Nutzungsvarianten (vgl. Dettenborn 2001, 48).

Schwer fassbare Begriffe einfach abzuschaffen hat sich in der Pädagogik - wie am Bespiel des Begriffs der „Erziehung“ deutlich wird - als wenig zielführend erwiesen. Auch schwer fassbare Begriffe haben mitunter eine unverzichtbare und offensichtlich auch nicht ersetzbare Erklärungsfunktion.

Für die vorliegende Studie und die darin zu erfolgende Auswertung der offenen Frage des Fragebogens der Evaluationsstudie ist, wie in der Einleitung des dritten Kapitels beschrieben, speziell die spezifisch psychoanalytisch-pädagogische Sichtweise des Begriffs „Kindeswohl“ relevant. Ebendiese wird daher im nächsten Unterkapitel näher behandelt.

3.5.2 Der Begriff „Kindeswohl“ aus psychoanalytisch-pädagogischer Sicht

3.5.2.1 Abriss der historischen Entwicklung

In den vergangenen Jahrzehnten haben sich die Vorstellungen darüber, wie die Nachscheidungssituation gestaltet sein sollte, um für das „Kindeswohl“ förderlich zu sein, stark gewandelt. In den 1970er Jahren favorisierte man noch die Alleinsorge eines Elternteils und betonte die Schutzwürdigkeit der Ein-Eltern-Familie gegenüber eventuell störenden Einflüssen von außen, d.h. gegenüber dem nichtobsorgeberechtigten Elternteil. Zur Untermauerung dieser Sicht- und Vorgehensweise wurden, neben Erkenntnissen der Bindungstheorie, auch frühe psychoanalytische Ansätze herangezogen, in denen die Vorstellung zum Ausdruck kam, dass der Vater erst ab der ödipalen Phase direkt auf die Entwicklung des Kindes Einfluss nehme. Darüber hinaus wurde die außerordentliche Bedeutung der Mutter-Kind-Bindung bzw. der Bindung des Kleinkindes an eine "primäre Bezugsperson" stark betont (vgl. Figdor in BMJ 2006, 17).

Diesbezüglich wurde die „Kindeswohl“-Thematik lange Zeit von dem frühen psychoanalytischen Ansatz „der am wenigsten schädlichen Alternative“ (Goldstein, Freud & Solnit 1974; 1991) paradigmenähnlich beherrscht. Dieser Ansatz kann mittlerweile jedoch als fachlich überholt gelten und einige seiner Thesen durch Folgestudien als widerlegt. Er entstammte der Zusammenarbeit des Juristen Joseph Goldstein, der Psychoanalytikerin Anna Freud und des Kinderarztes Albert J. Solnit.

Goldstein, Freud & Solnit (1974) haben vorgeschlagen, als allgemeine Richtlinie für die Kindesunterbringung statt vom „Wohl des Kindes“, von der „am wenigsten schädlichen Alternative zum Schutz von Wachstum und Entwicklung “ zu sprechen (vgl. Goldstein,

Freud & Solnit 1991, 33). Um die Chance des Kindes zu erhöhen, eine dauerhafte Beziehung zu zumindest einem Elternteil einzugehen, solle jener Elternteil, der am ehesten in der Lage ist, die psychologischen Elternfunktionen in einer kontinuierlichen Beziehung wahrzunehmen (meist die Mutter), das Sorgerecht erhalten. Das Gericht solle demnach bezüglich des Sorgerechts streng alternativ Zugunsten eines Elternteils entscheiden (vgl. Goldsein et al 1991, 37f.).

Das Besuchsrecht für den anderen Elternteil solle nicht vom Gericht festgelegt werden, sondern vom sorgeberechtigten Elternteil geregelt werden - d.h. bei Bedarf auch ganz unterbunden. Der Grund dafür sei, dass das Kind durch die Feindschaft von Vater und Mutter in Loyalitätskonflikte gerate, die letzten Endes die positive Einstellung zu beiden Elternteilen störe. Weshalb es für das Kind nicht leicht sei, nach einer Trennung der Eltern Gefühlskontakte zu beiden Elternteilen aufrecht zu erhalten und Nutzen aus diesem Kontakt zu ziehen. Väter und Mütter die nur besucht werden, hätten ohnehin wenig Aussicht, Liebe und Zutrauen des Kindes zu erwerben oder zu behalten bzw. als Vorbild für Identifizierung zu dienen. Diese Rolle beruhe nämlich auf tagtäglichem, ununterbrochenem Zusammenleben (vgl. Goldsein et al 1991, 37f.).

Der Ansatz von Goldstein, Freud und Solnit (1974) wird in aktuelleren Fachpublikationen nur mehr kritisch erwähnt. Fthenakis hat bereits 1987 ein Paradigmenwechsel gefordert, der mittlerweile vollzogen ist:

> „Die international geführte kritische Diskussion führte zu dem Ergebnis, dass das bisher zur Konkretisierung des Kindeswohls auch im deutschsprachigen Raum verwendete Paradigma von Goldstein, Freud und Solnit ungeeignet ist und weder für Forschungs- noch für Interventionsfragen weiter Verwendung finden sollte“ (Fthenakis 1987, 59).

Die Langzeitstudie von Wallenstein und Blakeslee (1989) machte die Schwächen des Konzeptes von Goldstein, Freud und Solnit (1974) hinsichtlich der vermeintlichen Vorbeugung von Loyalitätskonflikten und der Sicherung der Beziehung zum sorgeberechtigten Elternteil mittels Unterbindung des Kontaktes zum weggeschiedenen Elternteil deutlich. Sie erbrachte den Nachweis, dass auch noch viele Jahre nach der Trennung der Kontakt zum nichtobsorgeberechtigten Elternteil ausgesprochen wichtig ist (vgl. Gründel 1995, 25). In die gleiche Richtung weisen die Ergebnisse anderer Scheidungsforscher (z.B. Ahrons

1980; Bauers 1993a; Bauers, Reich & Adam 1986; Figdor 1998; 2004; Haller 1996a; 1996b).

Bei allen Ansätzen zum „Kindeswohl", die - wie jener von Goldstein, Freud und Solnit (1974) - ausschließlich kindfokusiert sind, ohne das Wohlergehen der Eltern im Auge zu behalten, ist überdies kritisch anzumerken, dass nach Figdor (2006, 89) das „Kindeswohl" meist auch davon abhängt, wieweit die Eltern sich wohl fühlen können (vgl. Kap. 3.4.1).

Figdor (in BMJ 2006, 17) beklagt zudem, dass die Rezeption der theoretischen Ansätze von Goldstein, Freud und Solnit (1974), in denen eine eindeutige Hierarchie der für das Kind wichtigen Bezugspersonen postuliert wurde, in Sorgerechtsverfahren zu dem (zum Teil noch heute üblichen) Suchprozess nach dem "besseren Elternteil" geführt hat. Auch Katkin, Bullington und Levine (1974) schätzen wie Figdor (in BMJ 2006) und Fthenakis (1987, 59) den Ansatz von Goldstein, Freud und Solnit (1974) als lange Zeit und in bedenklicher Weise für Sorgerechtsentscheidungen äußerst bedeutend und richtungweisend ein (vgl. auch Fthenakis 1982, 225).

Neuere psychoanalytische bzw. systemische Konzepte, sowie zahlreiche Erkenntnisse aus der Scheidungsforschung haben die früheren Vorstellungen von der Beziehungs- und Bindungsfähigkeit von Kindern sowie deren Bedürfnissen nach einer Scheidung oder Trennung der Eltern verändert. Die Aufmerksamkeit wurde auf mögliche Gefährdungen für die kindliche Entwicklung gelenkt, die sich aus der Tatsache des Aufwachsens mit lediglich einem Elternteil entwickeln können. Dies sind beispielsweise Schwierigkeiten in der Entwicklung der geschlechtlichen Identität und des Rollenverhaltens, kognitive und soziale Defizite oder fehlende emotionale Unterstützung durch den anderen Elternteil in Konfliktsituationen mit dem betreuenden Elternteil (vgl. Figdor in BMJ 2006, 17f.).

In den psychoanalytischen Entwicklungstheorien wurde die Annahme einer hierarchischen Reihenfolge von zu erhaltenden Bezugspersonen durch die Annahme eines bereits vor der ödipalen Phase bestehenden komplexen triadischen Beziehungsnetzes zwischen Mutter, Vater und Kind ersetzt (vgl. Kap. 3.2.6). Damit verbunden war auch die Einsicht, dass Väter und Mütter gleichermaßen zur Betreuung von Kindern in Frage kommen und für deren Entwicklung von Bedeutung sind; insbesondere der Vater als männliches Identifikationsobjekt für seinen Sohn. Die Überzeugung von der Wichtigkeit des väterlichen Anteils an der Wahrnehmung von Aufgaben in der Pflege und Erziehung der Kinder wuchs dementsprechend. Die Bedeutsamkeit der Aufrechterhaltung stabiler und emotional bedeutsamer inneren Beziehungen (Objektbeziehung) zu *beiden* Eltern nach der Trennung bzw. Scheidung wurde erkannt. Das kindliche Bedürfnis nach der bestmöglichen Erhaltung des Beziehungsnetzes (Eltern, Geschwister, Verwandtschaftssystem) trat so in den Mittelpunkt (vgl. Fthenakis 1882, 54; Figdor in BMJ 2006, 18). Figdor (2006) fasst die aktuelle Sichtweise daher wie folgt zusammen:

> „Als zentraler Faktor für die Bewältigung des Trennungs- bzw. Scheidungserlebnisses bzw. die Anpassungsfähigkeit der Kinder an die Nach-Scheidungssituation gilt nun die *Qualität der Beziehung zu beiden Eltern* nach der Trennung oder Scheidung“ (Figdor in BMJ 2006, 18f.).

Zahlreiche Studien zeigen, dass sich regelmäßige Kontakte mit dem weggeschiedenen Elternteil günstig auf das „Kindeswohl“, die kindliche Scheidungsbewältigung, sowie auf deren weitere kognitive, soziale und emotionale Entwicklung auswirken (vgl. Wallenstein & Kelly 1980; Lamb 1977; Hetherington et al. 1978). Zudem haben häufige Kontakte mit dem Vater, der dann als Triangulierungsobjekt zur Verfügung steht, einen entlastenden Einfluss auf Alltagskonflikte mit der Mutter.

Um eine *intensive innere Beziehung* (Objektbeziehung) zu beiden Elternteilen sicherzustellen, in der beide Elternteile als Liebes-, Identifizierungs- und Triangulierungsobjekt erhalten bleiben, sodass der Objektverlust nur partiell ist, muss nach Figdor (in BMJ 2006; 1998) der Kontakt zum weggeschiedenen Elternteil allerdings ein konstanter und realer sein. Zudem muss dafür die Beziehung der geschiedenen Elternteile so gestaltet sein, dass dem Kind die Liebe zum anderen Elternteil sowie das entlastende Ausweichen innerhalb des Beziehungsdreiecks ohne Loyalitätskonflikte und ohne Schuldgefühl möglich ist (vgl. Figdor in BMJ 2006, 19; 1998, 114).

Damit ist zwar ein wichtiges Kriterium für das „Kindeswohl“ aus psychoanalytisch-pädagogischer Sicht gefunden, eine sachlich-objektive Bestimmung oder Definition des „Kindeswohls“ für den Einzelfall ist damit freilich noch nicht erfolgt. Mit dieser Problematik beschäftigt sich das nun folgende Unterkapitel.

3.5.2.2 Das Problem der Bestimmung des „Kindeswohls" aus psychoanalytisch-pädagogischer Sicht

Figdor (1998, 197; in BMJ 2006, 30) weist darauf hin, dass die positive Bestimmung des „Kindeswohls" sachlich-objektiv gar nicht möglich ist, da es sich dabei um eine Wertentscheidung handelt, die nicht allein mit objektiven psychologischen oder pädagogischen Kriterien zu treffen ist.

Wenn ein Kind beispielsweise gute, intensive Liebesbeziehungen zu beiden Elternteilen hat, die für das Kind jeweils einen wichtigen Bereich repräsentieren (z.B. Möglichkeit zur Regression und Geborgenheit durch die Mutter bzw. Ansporn zu Ehrgeiz und Autonomie durch den Vater), so ergänzen sich diese beiden Zweierbeziehungen solange beide Eltern verfügbar sind gegenseitig. Das trianguläre Beziehungssystem befindet sich im Gleichgewicht. Wenn sich dieses nun aber durch eine Trennung der Eltern verändert, verändern sich auch die (sich gegenseitig triangulär definierenden) Zweierbeziehungen. So kann sowohl die Trennung vom Vater, als auch jene von der Mutter, für das Kind traumatisch sein, da es in beiden Fällen wesentliche Bedingungen für sein psychisches Wohl verliert (emotionale Geborgenheit bei Wegfall der Mutter bzw. Selbstsicherheit, Selbstwertgefühl, Autonomie bei Wegfall des Vaters). Beide Szenarien könnten sich also in der Folge äußerst negativ auf das „Kindeswohl" und die weitere Entwicklung des Kindes auswirken. Es wäre jedoch unmöglich einen psychologischen oder pädagogischen Wertevergleich zwischen dem Wert einer „erhöhten Disposition, in Beziehungen Geborgenheit zu finden" und jenem einer „größeren Chance, zukünftig gesteigert Selbstsicherheit, Selbstwertgefühl und Autonomie zu erlangen" anzustellen. Niemand wäre fähig und fachlich legitimiert diese Wertentscheidung zu treffen, d.h. zu entscheiden welche Entwicklungschancen höher zu bewerten wären. Dem Konzept des „Kindeswohl" wohnt allerdings genau diese Vorstellung inne, dass sich Entwicklungsvarianten sachlich bewerten ließen (vgl. Figdor 1998, 197f.).

Nun muss man sich aber nicht mit rein subjektiven richterlichen Werturteilen abfinden, denn auch wenn eine positive Festschreibung des „Kindeswohls" fachlich-objektiv nicht möglich ist, so kann nach Figdor (1998, 199) über die Anwendung psychopathologischer Kriterien in vielen Fällen zumindest beurteilt werden, was dem „Kindeswohl" aller Voraussicht nach *nicht* entspricht, welche prinzipiell denkbaren Alternativen daher auszuschließen sind.

Figdor (1998; 2006) geht diesbezüglich von der prinzipiellen Entscheidung aus, dass - will man aus ***psychoanalytisch-pädagogischer Sicht vom „Kindeswohl"*** sprechen - ein Mindestmaß an *psychischer Funktionstüchtigkeit und Gesundheit* nicht unterschritten werden darf. Dies sei der Fall, wenn die ***Entwicklungsfähigkeit des Kindes ungestört*** bleibt und ***pathogene Entwicklungen*** (vgl. Kap. 3.3.2) ***verhindert*** werden. Figdor (1998) erachtet diese Prinzipienentscheidung als „eine legitime Basis für eine sachliche Entscheidung". Allerdings nicht um eine eindeutige Empfehlung an das Gericht geben zu können, sondern um die psychologischen und pädagogischen Konsequenzen von möglichen richterlichen Obsorgeentscheidungen aufzeigen zu können (vgl. Figdor 1998, 199).

Dem „Kindeswohl" (speziell in Zusammenhang mit Ehescheidung) wird daher nach Figdor (1998; in BMJ 2006) aus psychoanalytisch-pädagogischer Sicht dann entsprochen, wenn die Entwicklungsfähigkeit des Kindes auf folgenden drei Ebenen nicht (fortwährend) gestört wird:

> „*Erstens* auf der Ebene seiner Bedürfnisse, Triebe und Affekte, d.h. der Art und Weise, in der das Kind mit seinen Gefühlen in Kontakt steht, das Ausmaß, in dem verschiedene Wünsche, Impulse, Gefühle miteinander in Konflikt stehen, die Strategien des Ichs mit diesen Konflikten umzugehen und die vorhandene oder nicht vorhandene Möglichkeit der Integration und Befriedigung der Bedürfnisse und Impulse im Leben des Kindes, und zwar in einer sozial verträglichen Art und Weise.
>
> *Zweitens* die Entwicklungsfähigkeit auf der Ebene der Beziehung des Kindes zu sich selbst (Selbsterleben, Selbstwertgefühl);
> *Drittens* die Entwicklungsfähigkeit auf der Ebene der *Beziehungen zu anderen Menschen*, d.h. die Art und Weise, in der das Kind Beziehungen zu anderen erlebt und gestaltet (Entwicklung der Objektbeziehungswelt)" (Figdor in BMJ 2006, 31).

Für die Beurteilung dieser Entwicklungsfähigkeit haben nach Figdor (1998, 202) die *Elterlichkeit* von Vater und Mutter, sowie die *Stärke und Art der inneren Beziehung* (Objektbeziehung) des Kindes zum jeweiligen Elternteil, eine primäre Bedeutung. Unter „Elterlichkeit" ist nach Ell (1990) der emotional-affektive Stellenwert, den das Kind im Leben des betreffenden Elternteils einnimmt, zu verstehen. Da sich dieser eventuell aber auch behindernd für das Kind auswirken kann, bleibt als zentrales Kriterium für die Beurteilung der Entwicklungsfähigkeit die innere Beziehung des Kindes zu seinen beiden Eltern. Wobei es dabei nicht nur um die Stärke der Bindung, sondern auch um die Qualität der inneren Beziehung, d.h. um die Objektbeziehung geht (vgl. Figdor 1998, 202).

Die innerpsychische Entwicklungsfähigkeit eines Kindes kann, wie alle innerpsychischen Vorgänge, nicht anhand manifester Verhaltensweisen (d.h. Symptomen) abgelesen werden (vgl. Kap. 3.3). Vielmehr müssen jene *inneren und äußeren Bedingungen* erfasst werden, die erforderlich sind um die Entwicklungsfähigkeit des Kindes zu erhalten, pathogenen Entwicklungen vorzubeugen und in der Folge das „Kindeswohl" zu fördern. Figdor (in BMJ 2006) formuliert folgende innere Bedingungen für den Erhalt der Entwicklungsfähigkeit der Kinder und damit für das „Kindeswohl":

- „die Fähigkeit des Kindes, innerhalb der primären Beziehungen wieder Vertrauen fassen zu können,
- das Vorhandensein eines triangulären Raumes,
- Gefühle der Enttäuschung / Wut spüren und leben können,
- ein einigermaßen erfolgsversprechendes Selbstwertgefühl,
- ein möglichst geringes Ausmaß an Loyalitätskonflikten etc.,
- und (häufig unterschätzt): die Gründe der Trennung verstehen zu können" (Figdor in BMJ 2006, 31).

Auch für die Eltern lassen sich Variablen definieren, deren unterschiedliche Ausprägung einen hilfreichen bzw. hemmenden Einfluss auf die Entwicklungsfähigkeit ihrer Kinder und das „Kindeswohl" haben. Nach Figdor (in BMJ 2006) bestehen seitens der Eltern gute Chancen, die Entwicklungsfähigkeit ihrer Kinder zu erhalten, pathogenen Entwicklungen vorzubeugen und das „Kindeswohl" zu fördern, wenn es ihnen gelingt,

- „ihren Kindern beim Ausdrücken ihrer Sehnsüchte und Wünsche zu helfen und diesen in realitätsadäquater Weise entgegenzukommen;
- den Kindern die Gelegenheit zu geben, Enttäuschung, Kränkung, Wut angstfrei auszudrücken;
- aktualisierte Ängste bzw. Angstphantasien der Kinder zu entlasten – und zwar verbal wie nonverbal" (Figdor in BMJ 2006, 32).

3.6 Zwischenresümee: Was dem „Kindeswohl" dienen könnte

Aus den bisherigen Ausführungen wird deutlich, dass eine Scheidung für die betroffenen Kinder ein krisenhaftes Lebensereignis darstellt und welch großen Einfluss Eltern und ihr Verhalten darauf haben, wie stark belastet die Kinder aus dieser Krisensituation in ihr weiteres Leben gehen.

Im Folgenden wird auf *Grundlage der bisherigen Erläuterungen* zur psychoanalytisch-pädagogischen Sicht des „Kindeswohls" kurz und prägnant resümiert, was geschiedene Eltern aus psychoanalytisch-pädagogischer Sicht tun sollten, um für das „Kindeswohl" förderliche Umstände tendenziell zu begünstigen, d.h. die psychische Entwicklungsfähigkeit ihres Kindes zu erhalten und pathogenen Entwicklungen vorzubeugen. Es handelt sich dabei um eine Zusammenfassung von zehn Punkten, welche als zentrale (jedoch nicht alleinige[29]) Kriterien bei der Auswertung und der Beurteilung der Antworten auf die offene Frage herangezogen werden.

Um der Gefahr einer unzulässigen Generalisierung entgegenzuwirken, ist dabei in Anlehnung an Figdor (2006, 73) stets zu bedenken, dass es ein allgemein gültiges, *„richtiges"* Verhalten von Scheidungseltern freilich nicht geben kann. Was für ein Kind förderlich oder hinderlich ist und wie dieses bestimmte äußere Verhaltensweisen seiner Eltern erlebt, ist von Individuum zu Individuum verschieden und kann daher nur im Einzelfall wirklich ergründet werden. Um dieser Tatsache trotz des anonymisierten Fragebogen-Datenmaterials, welches für die vorliegende Untersuchung zur Verfügung steht, bestmöglich zu entsprechen, werden bei der Auswertung und Beurteilung der Antworten auf die offene Frage, neben den nun folgenden zehn Punkten, auch *alle* aus dem jeweiligen gesamten Fragebogen hervorgehenden Informationen zu den individuellen Umständen jedes Einzelfalls herangezogen.

Zehn Punkte, was Eltern (den bisherigen Erläuterungen folgend) tun sollten, um für das „Kindeswohl" förderliche Umstände tendenziell zu begünstigen:[30]

1. Es ist anzunehmen, dass es für das „Kindeswohl" meist förderlich ist, wenn Eltern den **Fortbestand eine intensiven inneren Beziehung** des Kindes **zu *beiden* Elternteilen** sicherstellen, so dass beide Elternteile als **Liebes-, Identifizierungs- und Triangulierungsobjekt** erhalten bleiben. Der Kontakt zum weggeschiedenen Elternteil sollte dafür ein konstanter und realer sein. Die Beziehung der geschiedenen Elternteile zueinander sollte darüber hinaus so gestaltet sein, dass dem Kind die Liebe zum anderen Elternteil sowie das entlastende Ausweichen innerhalb des Beziehungsdreiecks ohne Schuldgefühl möglich ist (vgl. Figdor in BMJ 2006, 18f.; 1998, 114; Kap. 3.2.6; 3.5.2.1).

---

[29] Für die Bewertung werden zudem alle Daten des jeweiligen Fragebogens herangezogen.
[30] Da die psychoanalytisch-pädagogischen Begründungen für die folgenden zehn Punkte bereits in den vorangegangenen Unterkapiteln geliefert wurden, wird an dieser Stelle auf eine nochmalige Begründung weitgehend verzichtet, stattdessen jedoch das betreffende Kapitel genannt.

2. Es ist anzunehmen, dass es für das „Kindeswohl“ meist förderlich ist, wenn Eltern die **Loyalitätskonflikte des Kindes minimieren** und verbal wie nonverbal lindern. Das Kind sollte sich die innere Freiheit erhalten können, weiterhin beide Eltern lieben zu dürfen und zu keinem von beiden halten zu müssen (vgl. Friedrich 2004, 70f; Figdor 1998, 34; 49; in BMJ 2006, 31; Kap. 3.4.3; 3.5.2).

3. Es ist anzunehmen, dass es für das „Kindeswohl“ meist förderlich ist, wenn Eltern der **Tatsache ins Auge sehen, dass es** sich um eine Krise handelt und es beim Kind **zu Reaktionen und Symptomen kommen *muss***, die oft als normal anzusehen sind (vgl. Figdor 1998, 20; Kap. 3.2; 3.3).

4. Es ist anzunehmen, dass es für das „Kindeswohl“ meist förderlich ist, wenn Eltern **regressive Reaktionen** des Kindes **zulassen**, Geduld und Toleranz gegenüber den Symptomen aufbringen und **Aggressionen** des Kindes **ertragen**. Kinder, die keine sichtbaren Reaktionen zeigen, sollten ermutigt werden, ihre Gefühle auszudrücken bzw. sie allmählich in Worte zu fassen. Dabei können strukturierte sozialpädagogische Gruppen für Scheidungskinder hilfreich sein (vgl. Figdor 1998, 25; o. J.; Kap. 3.4).

5. Es ist anzunehmen, dass es für das „Kindeswohl“ meist förderlich ist, wenn Eltern dem Kind den **angstfreien Ausdruck** seiner Sehnsüchte, Wünsche, Enttäuschung, Kränkung und Wut ermöglichen und diesen Gefühlen in realitätsadäquater Weise entgegenkommen sowie aktualisierte Ängste bzw. Angstphantasien des Kindes verbal wie nonverbal lindern (vgl. Figdor in BMJ 2006, 32; Kap. 3.2; 3.5.2.2).

6. Es ist anzunehmen, dass es für das „Kindeswohl“ meist förderlich ist, wenn sich Eltern bemühen, die Vorstellung des Kindes zu lindern, an der Scheidung und/oder an den Problemen, die zu dieser führten, bzw. an den Auseinandersetzungen nach der Scheidung schuld zu sein und die **Haltung der "Verantworteten Schuld"** einzunehmen (vgl. Figdor 1998, 178; Kap. 3.2.3; 3.4.2; 3.4.3).

7. Es ist anzunehmen, dass es für das „Kindeswohl“ meist förderlich ist, wenn Eltern dem Kind die **Gründe für die Scheidung verständlich, aber ehrlich erklären** (vgl. Dolto 1993, 22; 25; Figdor in BMJ 2006, 32; Kap. 3.4.2; 3.5.2.2).

8. Es ist anzunehmen, dass es für das „Kindeswohl" meist förderlich ist, wenn sich Eltern auch um ihr **eigenes Wohl und Glück** sorgen, da das „Kindeswohl" zumeist auch davon abhängig ist, inwieweit sich auch die Eltern wohl fühlen können (vgl. Figdor 2006, 89; Kap. 3.4; 3.5.2). Damit verbunden sind zum Teil auch Punkt 9 und 10.

9. Es ist anzunehmen, dass es für das „Kindeswohl" meist förderlich sein kann, wenn Eltern (so sich dies ergibt) eine **neue Partnerschaft eingehen**. Durch den neuen Partner steht wieder ein männliches Liebesobjekt und trianguläres Ausweichobjekt alltäglich zur Verfügung und das Kind kann neues Vertrauen in das Gelingen von Partnerschaften gewinnen. Allerdings darf deshalb die Beziehung des Kindes zu seinem Vater nicht beendet bzw. vermindert werden. Der Ex-Partner sollte dem Kind bei der Beziehungsaufnahme mit dem neuen Partner helfen, nicht aber dessen (eventuelle) Opposition fördern (vgl. Figdor o. J.; Kap. 3.2.6).

10. Es ist anzunehmen, dass es für das „Kindeswohl" meist förderlich ist, wenn Eltern **die eigene Krise anerkennen und für sich selbst und ihre Kinder Hilfe suchen**. Wer den Scheidungsprozess für sich selbst einigermaßen bewältigen kann, ist zumeist besser in der Lage eine gute Mutter / ein guter Vater zu sein und dem Kind genügend Raum zu geben, um mit seiner Enttäuschung, Trauer, Angst und Wut fertig zu werden. Vielfach ist es äußerst hilfreich bzw. notwenig, professionelle Hilfe (Erziehungsberatung, Paar- oder Familienberatung bzw. -therapie, Mediation, sozialpädagogische Gruppen für Scheidungskinder) in Anspruch zu nehmen. Auch die Berücksichtigung dieser zehn Punkte wird in vielen Fällen professioneller Hilfe bedürfen (vgl. Figdor o. J.; 3.3.2; 3.4).

Das dritte Kapitel abschließend, wird nun die in der Einleitung der vorliegenden Studie getätigte Annahme (vgl. Kap. 1.3) bezüglich des vermuteten Zusammenhangs zwischen psychosozialer Beratung bzw. Mediation und dem Stellenwert des „Kindeswohls" im Bewusstsein geschiedener Eltern, näher erläutert.

3.7 Psychosoziale Beratung und Mediation im Scheidungsprozess – eine mögliche bewusstseinsbildende Maßnahme?

Im Folgenden geht es nicht um eine vollständige Darstellung und/oder Diskussion von psychosozialer Beratung und Mediation im Scheidungsprozess[31], sondern lediglich um eine kurze Begründung der Annahme (vgl. Kap. 1.3), dass sich psychosoziale Beratung sowie Mediation auf den Stellenwert des „Kindeswohls“ im Bewusstsein geschiedener Eltern positiv auswirken. Zuvor wird jedoch geklärt, was psychosozialer Beratung bzw. Mediation jeweils auszeichnet.

3.7.1 Psychosozialer Beratung und Mediation im Scheidungsprozess

Psychosoziale Beratung im Scheidungsprozess verfolgt das präventive Ziel der Vermeidung von psychischen, psychosomatischen und sozialen Folgeschäden bei Eltern und Kindern während und nach der Scheidung. Sie bietet Hilfestellung bei der Bewältigung des Scheidungserlebnisses sowie der Scheidungsfolgen von Eltern und Kindern und bei der Entwicklung eigener Lösungsstrategien für scheidungsbedingte Probleme (vgl. Faris 1995, zit. n. Kleewein 2003, 160). Dafür müssen die problematischen Haltungen der Eltern (vgl. Kap. 3.4) der bewussten Wahrnehmung zugänglich gemacht und von ihrer Bedeutung für das innerpsychische Gleichgewicht der Eltern entlastet werden. Psychosoziale Beratung modifiziert folglich potentiell für das „Kindeswohl“ problematische Haltungen der Eltern, indem diese Haltungen von ihrer Abwehrfunktion (gegenüber Angst, Scham, Schuldgefühle, etc.) gelöst werden (vgl. Figdor 1998, 162).

Mediation bei Trennung und Scheidung ist ein auf Freiwilligkeit basierendes, vor- und außergerichtliches Vermittlungsverfahren, das Paare unterstützt, ihre Streitigkeiten in einem strukturierten, zielgerichteten Prozess unter Anleitung eines neutralen Dritten (Mediator) durch Kooperation und Kommunikation zu beenden und derart eine gemeinsame, einvernehmliche und kooperative Lösung zu erreichen. Für solche gemeinsamen, aufeinander bezogenen Lösungen ist es hilfreich, wenn sich die Konfliktparteien ihrer Situation bewusst sind und Verständnis für die Interessen und Bedürfnisse *aller* Betroffenen entwickeln, d.h. für die eigenen, die der Kinder und die des Ex-Partners. Alle Beteiligten sollen von der er-

[31] Hierfür vgl. beispielsweise: Hofmeister 2004; Karner 2001; BMSG 2001; Kriegel 2006; Maung 1996; Friedman 1996; BMUJF 1997.

arbeiteten Lösung profitieren (vgl. Eckhardt / Foltyn 2003, 147; Proksch in Krabbe 1991, 179).

Mediation ist somit indiziert, wenn tragfähige Vereinbarungen zwischen den Eltern erzielt werden sollen, und stellt keine Alternative zu psychosozialer Beratung dar, sondern eine Alternative zu Gerichtsverfahren, die das Konfliktpotential vielfach erhöhen, anstatt es zu senken (vgl. Figdor 1998, 191; BMJ 1996, 112).

3.7.2 Begründung der Annahme

Ich nehme an, dass sich alle, im weiteren Sinn psychosozialen Beratungsformen (Erziehungsberatung; Ehe-, Partner-Beratung) sowie Mediation als bewusstseinsbildende Maßnahmen positiv auf den Stellwert des „Kindeswohls" im Bewusstsein der befragten Eltern und damit deren Antworten auswirken. Im Folgenden wird diese Annahme näher begründet und es werden jene Argumente angeführt, mittels derer ich diese Annahme stütze.

Psychosoziale Beratung – eine bewusstseinsbildende Maßnahme?

Psychosoziale Beratung modifiziert potentiell für das „Kindeswohl" problematische Haltungen der Eltern, indem diese von ihrer Abwehrfunktion gelöst werden. Diese Haltungen sind dann nicht mehr notwendig, um seelisch überleben zu können (vgl. Figdor 1998, 176). So können - wie ich annehme - Bedürfnisse des Kindes (wieder) bewusst wahrgenommen und befriedigt werden, die vor der Beratung das psychische Gleichgewicht der Eltern derart bedroht haben, dass diese von der elterlichen Psyche abgewehrt wurden. Im Einzelnen sind es folgende Auswirkungen von psychosozialer Beratung, denen ich einen positiven Effekt für das „Kindeswohl" im Bewusstsein der geschiedenen Eltern zuschreibe:

- Psychosoziale Beratung mildert durch die Bewusstmachung von Aggressionen und Schuldgefühlen die Spaltung, d.h. die extrem negative Ausformung des Bildes vom Partner und damit vom anderen Elternteil des Kindes. Dies erleichtert den Umgang mit der Tatsache, dass das Kind auch den anderen Elternteil braucht und liebt. Dem Kind kann vermittelt werden, dass es diesen auch ohne Schuldgefühle und Loyalitätskonflikte lieben darf (vgl. Figdor 1998, 176).

- Psychosoziale Beratung ermöglicht es den Eltern, die Verleugnung der kindlichen Scheidungsreaktionen und –symptome aufzugeben, diese - häufig als gesunde und normale Antworten auf die veränderten Lebensumstände einzuschätzende Reaktionen – als solche zu begreifen und damit richtig umzugehen. Zorn-, Wut- und Hassreaktionen des Kindes werden nicht mehr mit Liebesverlust gleichgesetzt, was die Verwundbarkeit der Eltern verringert. Die elterliche Kompetenz erhöht sich und den Eltern wird jenes einfühlende Verstehen des Kindes möglich, welches dieses gerade in der Scheidungskrise verstärkt benötigt (vgl. Figdor 1998, 177f.).

- Psychosoziale Beratung hilft den Eltern, die Haltung der „verantworteten Schuld" einzunehmen. Dadurch gewinnen diese die innere Freiheit, ihr Kind zu trösten, ihm zu helfen, das von ihnen verursachte und verantwortete Leid wieder gutzumachen. Das Kind und sein Wohl rücken damit ins Bewusstsein der Eltern (vgl. Figdor 1998, 178f.).

Mediation – eine bewusstseinsbildende Maßnahme?

Aufgrund folgender angestrebter Auswirkungen von Mediation, nehme ich einen positiven Effekt für das „Kindeswohl" im Bewusstsein jener geschiedenen Eltern an, die Mediation in Anspruch genommen haben:

- Durch Mediation rücken die Interessen und Bedürfnisse *aller* Betroffenen ins Bewusstsein der Eltern, d.h. die eigenen, die des Ex-Partners und eben auch die der Kinder (vgl. Proksch in Krabbe 1991, 179).

- Mediation hat zwar nicht zum Ziel innerpsychische Konflikte bewusst zu machen, dennoch kann bei einer erfolgreichen Mediation mit einer, mittels wieder erlangter Kooperation und Kommunikation zustande gekommenen Lösung (vgl. Proksch in Krabbe 1991, 179), eine Milderung elterlicher Spaltungsneigung angenommen werden. Ebenso wird, wie ich annehme, durch Mediation indirekt das Aufkommen einer Haltung der „verantworteten Schuld" (vgl. Figdor 1998, 178) mit ihren, für das Kind positiven Folgeerscheinungen, begünstigt.

- Durch Mediation wird ein strittiges Gerichtsverfahren vermieden, durch welches das Konfliktpotential und damit die Spaltungstendenzen sowie Verleugnungen noch zusätzlich erhöht werden, zudem ein Elternteil mit großer Wahrscheinlichkeit als Verlierer hervorgeht und die getroffene richterliche Entscheidung tendenziell als feindlich erlebt wird (vgl. Proksch 1993, 14).

- Mediation deeskaliert und führt zu befriedigenden Lösungen, was nachweislich zur Entlastung und zum Wohl der Eltern und der Kinder beiträgt (vgl. BMSG 2003, 9.; 35ff.). Es ist anzunehmen, dass Eltern, die sich selbst wohl fühlen, verstärkt das Wohl ihres Kindes bewusst berücksichtigen können.

- Mediation fördert die Kommunikations- und Kooperationsfähigkeit von geschiedenen Eltern und befähigt auch präventiv Konflikte, Krisen und Streitigkeiten (mit dem Expartner oder dem Kind) konstruktiv und zufrieden stellend zu lösen (vgl. BMSG 2003, 9f.; 35ff.).

Im nun folgenden vierten Kapitel wird die „Evaluationsstudie über die Auswirkungen der Neuregelungen des KindRÄG 2001, insbesondere der Obsorge beider Eltern" näher vorgestellt, dessen Fragebogenuntersuchung durch die darin enthaltene offene Frage, die erforderlichen Daten für die im Rahmen der vorliegenden Studie durchzuführende Studie lieferte.

4. Die Evaluationsstudie zum KindRÄG 2001

Die vorliegende Studie kann als Teilstudie der „Evaluationsstudie über die Auswirkungen der Neuregelungen des KindRÄG 2001, insbesondere der Obsorge beider Eltern" angesehen werden. Daher wird diese Evaluationsstudie nun etwas näher beschrieben. Im ersten Unterkapitel geht es zunächst um die Grundlagen und die Organisation der Evaluationsstudie. Im zweiten Unterkapitel werden darauf folgend die bearbeiteten Forschungsfragen sowie die Forschungshypothesen der Evaluationsstudie genannt. Das dritte Unterkapitel ist dann der Darstellung des Gesamtdesign der Evaluationsstudie gewidmet. Schließlich wird im vierten Unterkapitel eine Zusammenfassung der Forschungsergebnisse der Evaluationsstudie sowie im fünften Unterkapitel ein Überblick über die daraus resultierenden und von den Studienautoren empfohlenen pädagogischen Maßnahmen geboten.

Um den inhaltlichen Rahmen der vorliegenden Studie nicht zu überschreiten, beschränken sich die folgen Ausführungen auf eine überblicksartige Darstellung. Bezüglich jener Bereiche, welche für die vorliegende Untersuchung untergeordnete Bedeutung haben, wird an den betreffenden Stellen auf den ausführlichen Projektbericht der Evaluationsstudie (BMJ 2005) verwiesen.

4.1 Grundlagen und Organisation der Evaluationsstudie

Der österreichische Nationalrat hat am 22.11.2000 das Kindschaftsrechts-Änderungsgesetz 2001 (KindRÄG 2001) (BGBl. I Nr. 135/2000) verabschiedet und am 1. Juli 2001 in Kraft gesetzt (vgl. Kap. 2). Um das KindRÄG 2001 sowie dessen Auswirkungen zu evaluieren, wurde der Bundesminister für Justiz, mit Entschließung 41/E XXI des Nationalrates vom 22.11.2000, ersucht, eine „Evaluationsstudie über die Auswirkungen der Neuregelungen des KindRÄG 2001, insbesondere der Obsorge beider Eltern" in Auftrag zu gegeben.

Durch diese Evaluationsstudie sollte die Anwendung der mit dem KindRÄG 2001 geänderten Bestimmungen (vgl. Kap. 2) wissenschaftlich beforscht und deren Auswirkungen evaluiert werden. Von speziellem Interesse für den Auftraggeber waren dabei die Auswirkungen auf Obsorge- und Besuchsrechtsregelungen sowie deren Akzeptanz, weiters die Auswirkungen auf das Kindeswohl und die Entwicklungschancen der Kinder sowie jene auf die Eltern-Kind-Beziehungen und schließlich die Auswirkungen auf die Form der Konfliktaustragung. Zudem sollte der Einfluss von mit Obsorgefragen befassten Berufsgruppen auf die Obsorgeentscheidung der Eltern (durch Mediation, Beratungen oder Empfehlungen) untersucht werden. Die Ergebnisse der Untersuchung sollten die Vergleichbarkeit der Auswirkungen der Obsorge beider Elternteile mit jenen der alleinigen Obsorge eines Elternteils nach einer Trennung ermöglichen (vgl. BMJ 2006, 13).

Die Evaluationsstudie setzte sich aus einer Berufsgruppen-Untersuchung sowie einer Eltern-Kind-Untersuchung zusammen. Sie wurde im Jänner 2005 in mehreren Teilprojekten an die Arbeitsgemeinschaft Psychoanalytische Pädagogik (APP) (Eltern-Kind-Untersuchung, Verfassen und Redaktion des Schlussberichtes) und an die Bietergemeinschaft des Institutes für Rechts- und Kriminalsoziologie (IRKS) und des Europäischen Zentrums für Wohlfahrtspolitik und Sozialforschung (EZ) (Berufsgruppenuntersuchung, Statistische Auswertung) vergeben. Der zeitliche Projektrahmen erstreckte sich von März 2005 bis April 2006 (vgl. BMJ 2006, 22).

4.2 Forschungsfragen der Evaluationsstudie

Folgende zentralen Forschungsfragen sollten durch die „Evaluationsstudie über die Auswirkungen der Neuregelungen des KindRÄG 2001, insbesondere der Obsorge beider Eltern" laut Ausschreibungsunterlagen des Bundesministeriums für Justiz untersucht und beantwortet werden:

> **(1) „Wie und in welchem Ausmaß wurde die gesetzlich vorgesehene Möglichkeit der Obsorge beider Eltern von Eltern sowie von im familienrechtlichen Bereich tätigen Richtern, Rechtsanwälten und Notaren, weiters von Jugendämtern, Familienberatern und in Obsorgestreitigkeiten gerichtlich bestellten psychologischen / psychiatrischen Gutachtern sowie von mit thematisch relevanten Fällen befassten Psychotherapeuten und Mediatoren angenommen?**
> • Welche sind die Hauptmotive für Beibehaltung oder Vereinbarung der Obsorge beider Eltern?
> • Wie weit beeinflussen die mit der Obsorgeproblematik befassten Berufsgruppen durch entsprechende Beratungen oder Empfehlungen die Entscheidung der Eltern?
> • Welche in den Personen, insbesondere deren Bildung sowie sozialer und regionaler Herkunft, im Trennungsverlauf usw. liegenden Variablen bei den betroffenen Elternteilen sind für die Entscheidung über die Obsorgeverteilung wesentlich?
> • Gibt es signifikante Unterschiede in der Haltbarkeit der jeweils gewählten Obsorgeform?

(2) Wie wirken sich die gesetzlichen Neuerungen des KindRÄG 2001 im Kindschaftsbereich auf die Gerichtspraxis aus?
• Sind Auswirkungen auf die Verfahrensdauer feststellbar? In diesem Zusammenhang soll in der Beforschung nicht nur auf die Auswirkungen der gesetzlichen Neuerungen im Obsorgebereich, sondern auch auf weitere, mit dem KindRÄG 2001 implementierte Instrumentarien im Kindschaftsbereich Bezug genommen werden. Bei diesen handelt es sich einmal um die gesetzliche Möglichkeit, Kontakte im Rahmen des Rechts auf persönlichen Verkehr des nicht obsorgeberechtigten Elternteils zu seinem minderjährigen Kind durch „Besuchsbegleiter" zu erleichtern, weiters um den Ausbau der Informations- und Äußerungsrechte des nicht mit der Obsorge betrauten Elternteils im Fall der Trennung und schließlich um die Einbeziehung der Mediation als Konfliktregelungsinstrument im Bereich des Kindschaftsrechts.
• Sind Auswirkungen der im vorstehenden Punkt genannten Instrumentarien auf die Haltbarkeit der getroffenen Obsorge- und Besuchsrechtsvereinbarungen bzw. –entscheidungen feststellbar?
• Lassen sich Aussagen darüber treffen, ob und gegebenenfalls wie sich die Einführung der Obsorge beider Eltern auf andere scheidungsbedingte Streitfragen auswirkt, wie etwa auf Unterhalts- und Vermögensaufteilungsstreitigkeiten?

(3) Wie wirkt sich die Möglichkeit der Obsorge beider Eltern auf die betroffenen familiären Systeme aus, also auf die Beziehungen beider Eltern zueinander, jene zu ihren Kindern und ihrer Kinder zu ihnen?
• Welche Auswirkungen hat die Obsorge beider Eltern als rechtlich ermöglichte Form der (Mit-) Verantwortung beider Eltern auf die Beziehungen der Kinder zu dem Elternteil, bei dem sie sich nicht hauptsächlich aufhalten, in Hinblick auf Häufigkeit und Dauer des Kontaktes und auch in qualitativer Hinsicht, also hinsichtlich der Qualität der Beziehung?
• Gibt es Auswirkungen der Obsorge beider Eltern auf die interfamiliäre Kommunikation, Kooperation, Konfliktbewältigung, Entscheidungsfindung usw., dies ebenfalls in quantitativer und qualitativer Untersuchung?
• Kommt es durch die Obsorge beider Eltern zu einer Perpetuierung der Beziehungskonflikte vor der Trennung der Elternteile und dadurch zur Erschwerung der Lebensgestaltung des Elternteils, bei dem sich das Kind nach der Trennung hauptsächlich aufhält?
• Wird das Instrumentarium der Obsorge beider Eltern bzw. der Verzicht einer Seite darauf, als Druckmittel in Konflikten über die Gestaltung der Lebensverhältnisse der Elternteile nach der Trennung verwendet, so etwa als finanzielles Druckmittel zur Klärung der Unterhaltsanspruchsfrage?" (BMJ 2006, 13f.).

Die „wichtigste" (BMJ 2006, 27) und zugleich letzte der zentralen Forschungsfragen der Evaluationsstudie lautete:

(4) Welche Auswirkungen hat die Obsorge beider Eltern auf das Kindeswohl, insbesondere auf die Entwicklungschancen der Kinder?
• Kann festgestellt werden, ob bestimmte gesetzliche Rahmenbedingungen zur Ausgestaltung der Obsorge- und Besuchsrechtsproblematik eine dem Kindeswohl zuträgliche Entwicklung zu befördern oder zu erschweren vermögen?

> • Kann festgestellt werden, ob vorgegebene gesetzliche Rahmenbedingungen bestimmte Haltungen oder Ängste der Eltern begünstigen oder gar produzieren, die für die Bewältigung des Trennungserlebnisses durch die Kinder aus pädagogischer/psychologischer Sicht förderlich oder erschwerend wirken?" (BMJ 2006, 14).

Anhand ebendieser Forschungsfragen wurden von den Studienautoren 21 Forschungshypothesen formuliert und im Rahmen der Evaluationsstudie geprüft. Diese Hypothesen repräsentierten die wichtigsten und am häufigsten vorgebrachten Einwände gegen die Obsorge beider Eltern (vgl. BMJ 2005, 296).

Um ein nochmaliges Anführen alle Hypothesen bei der Beschreibung der Forschungsergebnisse zu umgehen, wird im Folgenden bei jeder Hypothese gleich an dieser Stelle hinzugefügt, ob diese durch die Evaluationsstudie bestätigt, widerlegt oder teilweise bestätigt werden konnte. Eine zusammenfassende Darstellung der Forschungsergebnisse der Evaluationsstudie findet sich im vierten Unterkapitel dieses Kapitels. Detaillierte Erläuterungen zu allen Hypothesen enthält der Projektbericht (vgl. BMJ 2005, 296-305).

1. Annahme der Obsorge beider Eltern (ObE) (BMJ 2005, 296-299)

> *Hypothese 1.1:* **Vorkommen der ObE**
> „Der Anteil der ObE wird gegenüber der aO eher gering sein."
>
> *Hypothese 1.2:* **Akzeptanz des Modells der ObE**
> „Die ObE ist ein Modell, mit dem sich nur wenige Eltern identifizieren können, da es an den Bedürfnissen und Vorstellungen von geschiedenen Eltern über die weitere Gestaltung ihres Familienlebens vorbeigeht."

Beide Hypothesen wurden durch die erhobenen Daten widerlegt.

> *Hypothese 1.3:* **Konfliktniveau der Eltern**
> „Die Wahl der ObE wird nur von Eltern getroffen, deren Beziehung sich trotz deren Scheidung durch ein geringes Konfliktniveau und daher größere Kommunikationsfähigkeit und Kooperationsbereitschaft auszeichnet."

Die Hypothese wird durch die erhobenen Daten widerlegt.

> *Hypothese 1.4:* **Druckausübung**
> „Beim Zustandekommen der ObE spielt von Seiten eines Elternteiles auf den anderen Elternteil ausgeübter Druck (insbesondere finanzieller Druck) eine wesentliche Rolle."

Die Hypothese wird durch die erhobenen Daten widerlegt.

Hypothese 1.6: **Trennungs-, Scheidungserleben der Eltern**
„Die Bereitschaft zur ObE ist vom Trennungs- bzw. Scheidungserleben der Eltern abhängig, also von der Initiative zur Scheidung, den Gründen und Ursachen der Scheidung und den Gefühlen zum Trennungszeitpunkt."

Diese Hypothese wird durch die erhobenen Daten teilweise bestätigt.

Hypothese 1.7a: **Informationsstand der Eltern**
„Ein Teil der Eltern mit aO eines Elternteiles wusste zum Zeitpunkt der Obsorgeentscheidung gar nicht über die gesetzlich vorgesehene Möglichkeit der ObE Bescheid."

Hypothese 1.7b:
„Fehlinformationen über Nachteile der ObE sind bei Eltern mit aO eines Elternteiles in einem höheren Ausmaß vertreten als bei Eltern mit der ObE. (Diese Fehlinformationen könnten sich im Sinne einer Vermeidung der ObE auswirken.)"

Diese Hypothese wird durch die erhobenen Daten in beiden Teilen bestätigt.

Hypothese 1.8: **Einfluss von Beratung**
„Die Beteiligung Dritter hat einen wesentlichen Einfluss auf die Obsorgeentscheidung. Dabei ist zu erwarten, dass die Inanspruchnahme von Beratung und Mediation die Wahrscheinlichkeit, dass es zu einer ObE kommt, erhöht, während die Einschaltung von RechtsanwältInnen diese Wahrscheinlichkeit verringert."

Diese Hypothese ist durch die erhobenen Daten nicht eindeutig falsifizierbar bzw. verifizierbar.

Hypothese 1.9: **Soziodemographische Faktoren**
„Soziodemographische Faktoren bzw. Merkmale der Personen haben einen wesentlichen Einfluss auf die Obsorgeentscheidung."

Diese Hypothese wird durch die erhobenen Daten widerlegt.

2. Auswirkungen der Obsorge beider Eltern (BMJ 2006, 300-305)

Hypothese 2.1: **Konflikte**
„Die ObE erschwert die innere Trennung und zwingt zur Kooperation, weshalb zu erwarten ist, dass sich die Konflikte der Eltern nicht nur langsamer beruhigen, sondern das Konfliktniveau sogar zunimmt. Im Gegensatz dazu ermöglicht die aO eine Beruhigung des Konfliktniveaus."

Diese Hypothese wird durch die erhobenen Daten widerlegt.

Hypothese 2.2: **Mehrbelastung**
„Sollte die ObE tatsächlich praktiziert werden, bedeutet das eine Mehrbelastung für den hauptbetreuenden, letztlich aber auch für den anderen Elternteil,

da zu befürchten ist, dass in vielen Angelegenheiten des Alltags ein Konsens gefunden werden muss, bzw. ständig ein Veto des anderen Elternteils zu erwarten ist."

Diese Hypothese wird durch die erhobenen Daten widerlegt.

Hypothese 2.3: **Haltbarkeit der Obsorgeregelung**
Es ist zu erwarten, dass es häufig zu Anträgen kommt, die ObE in eine aO umzuwandeln. Im Gegensatz dazu bietet die aO eine größere Chance der Stabilität einmal getroffener Obsorgeentscheidungen.

Diese Hypothese wird durch die erhobenen Daten widerlegt.

Hypothese 2.4: **Verlagerung der Konflikte auf die Besuchskontakte**
„In jenen Fällen, in denen es nicht zu einer Umwandlung der ObE in eine aO kommt, ist anzunehmen, dass sich die Konflikte der Eltern auf die Besuchskontakte verlagern."

Diese Hypothese wird durch die erhobenen Daten widerlegt.

Hypothese 2.5: **Zufriedenheit mit der ObE**
a) „Angesichts der Falsifikation der Hypothesen 2.1 bis 2.4 müssten Eltern mit der ObE überwiegend zufrieden sein."

b) „Angesichts der Widerlegung von Hypothese 2.4 (Alltagsbelastung) müsste sich diese Zufriedenheit auch bei dem hauptbetreuenden Elternteil („Mutter") mit der ObE zeigen."

Diese Hypothese wird durch die erhobenen Daten in beiden Teilen bestätigt.

Hypothese 2.6: **Einfluss der ObE auf die Besuchskontakte**
„Die ObE wirkt sich positiv auf das Ausmaß der Besuchskontakte der Kinder zum getrennt lebenden Elternteil („Vater") aus."

Hypothese 2.7: **Einfluss der ObE auf die Vater-Kind-Beziehung**
„Durch die ObE kümmern sich die „Väter" nicht nur quantitativ mehr um ihre Kinder, sondern auch qualitativ, d.h. sie übernehmen mehr elterliche Aufgaben und Verantwortung."

Beide Hypothesen werden durch die vorliegenden Daten bestätigt.

Hypothese 2.8a: **Zahlung des Kindesunterhalts**
„Das Eingebundensein in elterliche Aufgaben und Verantwortung durch den getrennt lebenden Elternteil könnte auch einen positiven Effekt auf die Zahlung des Kindesunterhalts durch den getrennt lebenden Elternteil mit ObE haben. Zu erwarten wäre, dass im Falle der ObE im Vergleich zur aO eines Elternteil - die Zahlungen pünktlicher erfolgen, dass die Höhe des Kindesunterhaltsbetrages eher als angemessen erlebt wird und dass es insgesamt weniger Konflikte um die Kindesunterhaltszahlung gibt, da diese vom getrennt lebenden Elternteil

nicht in dem Maße als Ausgleich des Machtungleichgewichts gegenüber dem hauptbetreuenden Elternteil instrumentalisiert wird."

Alternativ:

Hypothese 2.8b:
„Die Unzufriedenheit über die Höhe des Kindesunterhalts ist bei Vätern mit ObE höher, da sie durch häufigere Kontakte höhere Ausgaben für die Kinder haben. Dies könnte sich wieder negativ auf die „Zahlungsmoral" auswirken (Pünktlichkeit der Zahlungen, Konflikte um den Kindesunterhalt)."

Hypothese 2.8.a wird durch die vorliegenden Daten bestätigt.
Hypothese 2.8.b wird durch die vorliegenden Daten widerlegt.

Hypothese 2.9: **Entlastung**
„Bei der ObE wird auf Grund des größeren Engagements der Väter auch die Mütter in ihrem Erziehungsalltag entlastet, also die gerade konträre Behauptung zur Hypothese 2.2."

Zur Prüfung dieser Hypothese liegen nur wenige Befunde vor. Diese sprechen jedoch eher für eine Bestätigung der Hypothese.

Hypothese 2.10: **Annahme von kompletten Beziehungsabbrüchen**
„Durch die ObE nimmt die erschreckend hohe Rate an kompletten Beziehungsabbrüchen zwischen Kindern und Vätern (von denen mehreren Untersuchungen zufolge (vgl. etwa Proksch 2002) ca. 40% der Kinder 3 Jahre nach der Scheidung betroffen sind) deutlich ab."

Die Hypothese wird durch die vorliegenden Daten bestätigt.

Hypothese 2.11: **pädagogischen Kompetenzen**
„Neben förderlichen Rahmenbedingungen (Beruhigung des Konfliktklimas und die Fortsetzung einer intensiven Beziehung zu beiden Elternteilen) wissen wir aus der Scheidungsforschung, dass Kinder eine Reihe von besonderen Unterstützungen seitens ihrer Eltern bedürfen, um das Scheidungserlebnis gut zu verarbeiten. Was diese im engeren Sinn „pädagogischen Kompetenzen" der Eltern betrifft, ist anzunehmen, dass die Obsorgeform keine entscheidende, unabhängige Variable darstellt. Vielmehr ist davon auszugehen, dass diese Kompetenzen mehr mit allgemeinen pädagogischen Einstellungen und den besonderen Persönlichkeitseigenschaften der Eltern als mit der Obsorgeform zusammenhängen."

Befunde aus der qualitativen Untersuchung weisen in Richtung einer Bestätigung dieser Hypothese.

4.3 Gesamtdesign der Evaluationsstudie

Die genannten Forschungshypothesen wurden anhand von Daten überprüft, die einerseits mittels einer Berufsgruppen-Untersuchung und andererseits mittels einer Eltern-Kind-Untersuchung erhoben wurden.

Im Rahmen der Berufsgruppen-Untersuchung wurde von der Bietergemeinschaft des Institutes für Rechts- und Kriminalsoziologie (IRKS) und des Europäischen Zentrums für Wohlfahrtspolitik und Sozialforschung (EZ) eine Befragung aller im Familienrecht tätigen Richter[32] und weiterer mit Scheidungs- und Obsorgestreitigkeiten befassten Berufsgruppen[33] mittels Fragebogen durchgeführt (quantitativer Teil), zudem wurden Stellungnahmen bei Kinder- und Jugendanwaltschaften und Frauenhäusern eingeholt, sowie ausführliche Tiefeninterviews mit einigen Familienrichtern geführt (qualitativer Teil).

Die Eltern-Kind-Untersuchung wurde durch die Arbeitsgemeinschaft Psychoanalytische Pädagogik durchgeführt und setzte sich ebenso aus einem qualitativen und einem quantitativen Teil zusammen. Der quantitative Teil bestand aus der bereits erwähnten bundesweit durchgeführten Elternbefragung aller innerhalb eines Quartals (1.9.2004 bis 30.11.2004) geschiedener Eltern mit minderjährigen Kindern mittels Fragebogen. Im Rahmen des qualitativen Teils wurden mit dreißig Familien in der unmittelbaren Nachscheidungsphase Tiefeninterviews (mit den Eltern) bzw. projektive Tests (mit den Kindern) durchgeführt. Während durch die Fragebogenuntersuchung die relativ große Stichprobe eines ganzen Quartals untersucht werden konnte, dienten die Tiefeninterviews der qualitativen Vertiefung und Ergänzung der Fragebogendaten (vgl. BMJ 2006, 35).

Die beiden folgenden Unterkapitel beschränken sich auf die nähere Beschreibung des Designs der Eltern-Kind-Untersuchung, da diese für die vorliegende Studie insofern von höherer Relevanz (als die Berufsgruppenuntersuchung) ist, als die dafür durchgeführte Fragebogenerhebung auch die noch auszuwertende offene Frage enthielt und die dabei untersuchte Stichprobe folglich mit jener der vorliegenden Untersuchung ident ist. Eine nähere

---

[32] Selbstverständlich ist hier sowie in weiterer Folge die weibliche Form stets mitzudenken.
[33] Im familienrechtlichen Bereich tätige Rechtsanwälte, Notare, Gerichtssachverständige, Mediatoren, Mitarbeiter der Jugendwohlfahrtsträger und der Familienberatungsstellen (Sozialarbeiter, Berater und Psychotherapeuten).

Beschreibung des Berufsgruppenuntersuchungsdesigns enthält der Projektbericht der Evaluationsstudie (vgl. BMJ 2005, 37-47).

4.3.1 Quantitativer Teil der Eltern-Kind-Untersuchung: Die Fragebogenerhebung

Entwicklung der Fragebögen

Um die Beantwortung der laut Auftrag vorgegeben Forschungsfragen zu ermöglichen, enthielt der Fragebogen Fragenkomplexe zu folgenden Themenbereichen:

- Umstände und Erleben der Scheidung (Scheidungsursachen, -initiative; Gefühle, Gedanken und Ansichten zum Trennungszeitpunkt; Belastung durch die Scheidung, Konflikte im Zuge der Trennung),
- Einschätzung der Belastung des Expartners und der Kinder,
- Inanspruchnahme von Beratung im Verlauf der Scheidung (Erziehungsberatung; Ehe-, Partner-Beratung; Mediation; Rechtsberatung),
- Informationsstand und Einstellung zur ObE und zu den Rechten des getrennt lebenden Elternteiles,
- Obsorgeentscheidung der Eltern (Verlauf des Entscheidungsprozesses; Gründe für den eigenen Obsorgewunsch; Einbeziehung des Wunsches des Kindes; Zufriedenheit mit der Obsorgeentscheidung),
- Veränderung der Beziehung der Eltern nach der Scheidung zueinander (momentane Gefühle, Gedanken, Ansichten sowie Konflikte der Eltern; Veränderung des Beziehungsklimas; Ausmaß und Erleben der Kommunikation und Kooperation mit dem Expartner),
- Kontakt der Kinder zum getrennt lebenden Elternteil (Ausmaß an Besuchskontakten; Zufriedenheit mit den Besuchskontakten; Änderungswünsche; Schwierigkeiten),
- elterliche Verantwortung des getrennt lebenden Elternteils (Verteilung der elterlichen Aufgaben zwischen den beiden Elternteilen),
- Erleben der Beziehung beider Elternteile zu ihren Kindern nach der Scheidung,
- Pädagogische Ansichten darüber, was Kindern bei der Bewältigung der elterlichen Trennung hilft,
- Finanzielle Regelungen (Kindes- sowie Ehegattenunterhalt, finanzielle Unterstützung durch den anderen Elternteil),

- soziodemographische Daten (Geschlecht, Alter, Schulbildung, Erwerbstätigkeit, berufliche Stellung, Einkommen, Geburtsland, Bundesland, Wohnortgröße)
- sowie abschließend die noch auszuwertende offen gestellte Frage nach den allgemeinen Wünschen der befragten Eltern (vgl. BMJ 2006, 32f.).

Die Fragen wurden – soweit möglich und sinnvoll – auf Fragen aus der Untersuchung zur Reform des Kindschaftsrechts von Proksch (2002) abgestimmt, um eine Vergleichbarkeit der Daten zu ermöglichen. Die Erstversion des Elternfragebogens wurde im Rahmen eines Pretests hinsichtlich der Verständlichkeit der Fragen sowie möglicher fehlender Antwortkategorien überprüft (vgl. BMJ 2006, 33).

Durchführung der Fragebogenerhebung

Der überarbeitete Fragebogen wurde dann von den jeweiligen Gerichtskanzleien bundesweit an alle Eltern, deren Ehe in den Monaten September bis November 2004 rechtskräftig geschieden wurde und die gemeinsame minderjährige Kinder hatten, versandt. Die Untersuchung jener Familien, bei denen die Scheidung erst vor kurzem erfolgte, entsprach der Vorgabe des Bundesministeriums für Justiz. Weiters hatte dies den Vorteil, dass der Entscheidungsprozess zur Obsorgeregelung (ObE, aO) den Befragten noch sehr präsent war. Dadurch konnten die unmittelbaren Auswirkungen der Obsorgeentscheidung auf die Gestaltung der familiären Situation nach der Scheidung (einschließlich förderlicher oder hinderlicher Bedingungen für die Kinder in der Nachscheidungsphase) sowie auf das familiäre Klima untersucht werden. Da die längerfristigen Entwicklungs- und Veränderungsprozesse folglich nicht untersucht werden konnten, ist eine methodisch und umfänglich gleichwertige Nachfolgeuntersuchung mit derselben Untersuchungsgruppe nach etwa drei Jahren geplant (vgl. BMJ 2006, 34).

Rücklaufstatistik der Elterbefragung

Durch die Gerichtskanzleien, die die Fragebögen versandten, erfolgte keine Dokumentation der Anzahl der tatsächlich versandten Fragebögen. Da die Anzahl der zur Aussendung benötigten Fragebögen auch im Vorfeld nur geschätzt werden konnte, musste zur Berechnung der Höhe des Rücklaufs auf Angaben der Statistik Austria zurückgegriffen werden. In den Monaten September bis November 2004 wurden laut Statistik Austria insgesamt 2.413 Ehen mit minderjährigen Kindern geschieden. Da jeweils beide Elternteile befragt wurden, ergibt sich die Anzahl von 4.826 versandten Fragebögen. 1.198 dieser Fragebögen wurden von den Eltern rechtzeitig zurückgesandt und konnten in die Untersuchung miteinbezogen werden. Daraus folgt ein Rücklauf von 24,8%, der die optimistischsten Erwartungen der Studienautoren in sensationeller Weise übertraf und die statistische Repräsentativität der erhobenen Daten deutlich gewährleistet (vgl. BMJ 2006, 34).

Die Verteilung der 1.198 Fragebögen auf die Bundesländer entspricht in etwa den Einwohnerzahlen der jeweiligen Bundesländer, aus denen die Fragebögen stammen. Bezüglich des Geschlechtes der Befragten sind Frauen leicht überrepräsentiert, d.h. dass etwas mehr Mütter als Väter den Fragebogen ausgefüllt und zurückgesandt haben. Diesbezüglich muss jedoch bedacht werden, dass der Fragebogen möglicherweise nicht alle Väter erreicht hat. Zumeist verlassen die Väter die bisherige Familienwohnung und die neue Adresse musste dem Gericht nicht unbedingt bekannt gewesen sein. Weiters ist der Akademikeranteil unter den Befragten im Vergleich zur österreichischen Akademikerquote etwas zu hoch, sowie jener der Pflichtschulabgänger etwas zu niedrig. Diese Verzerrung ist jedoch bei derartigen Untersuchungen zu erwarten und beeinträchtigt die Datenqualität insgesamt nicht (vgl. BMJ 2006, 34).

Datenerfassung und Auswertung

Die erfassten Daten wurden - mit Ausnahme der letzten, offen gestellten Frage - mittels des statistischen Auswertungsprogramm SPSS ausgewertet. Von Interesse waren in Bezug auf die einzelnen Variablen insbesondere Signifikanzprüfungen von Unterschieden zwischen den Obsorgegruppen. Aufgrund der Größe des Samples wurde das 99% Signifikanzniveau gewählt (vgl. BMJ 2006, 34).

4.3.2 Qualitativer Teil der Eltern-Kind-Untersuchung: Die Tiefeninterviews und die Untersuchung der Kinder

Im Rahmen des qualitativen Teils der Eltern-Kind-Untersuchung der Evaluationsstudie wurden 17 Familien mit ObE und 13 Familien mit alleiniger Obsorge (davon zwei Väter mit Alleinobsorge) in Wien, Niederösterreich, Burgendland, Oberösterreich und Vorarlberg näher untersucht.

Tiefeninterviews mit den Eltern

Die Tiefeninterviews mit den Eltern vollzogen sich, der Methode entsprechend, in Form freier Gespräche. Die zu erhebenden Aspekte (Fragenkomplexe) waren durch einen Interviewleitfaden vorgegeben, der Aufbau des Gespräches und die konkreten Fragestellungen lagen jedoch im Ermessen des Interviewers. Der genannte Interviewleitfaden enthielt einen Katalog von für die Nach-Scheidungsfamilie relevanten Hypothesen über die familiäre Psychodynamik und stellte sicher, dass alle für die Auswertung erforderlichen Daten erhoben wurden (vgl. BMJ 2006, 35).

Inhaltlich erfasste dieser Katalog dieselben als wesentlich erachteten Fragenkomplexe, die auch der bereits beschriebene Fragebogen enthielt. Diese konnten im Rahmen der qualitativen Interviews jedoch deutlich tiefgehender bearbeitet werden als bei der schriftlichen Fragebogenuntersuchung. Um dies zu gewährleisten, sollte der Interviewer eine positive Übertragungsbeziehung zum Befragten herstellen, die es ermöglichen sollte, zu den (unbewussten) Tiefenstrukturen der Befragten vorzudringen (tief liegende Motivstrukturen, seelischen Dynamik, Strebungen und Erlebnisweisen). Daher wurden die Tiefeninterviews ausschließlich von gesprächstechnisch entsprechend geübten Personen (psychoanalytisch-pädagogische Erziehungsberater der APP) durchgeführt (vgl. BMJ 2006, 35).

Um eine gewisse Vertrauensbeziehung aufzubauen, die es den interviewten Eltern leichter ermöglichen sollte, sich dem Interviewer zu öffnen, und aufgrund der Fülle der zu untersuchenden Beziehungsaspekte wurden in den meisten Fällen mit jedem Elternteil voneinander getrennt drei Gespräche zu je ein bis eineinhalb Stunden durchgeführt. Die Interviews fanden zumeist bei den Elternteilen zu Hause statt bzw. auf Wunsch auch in Erziehungsberatungspraxen. Die Gesprächsinhalte wurden jeweils dokumentiert (Tonbandaufzeichnungen, Gesprächsprotokolle) und transkribiert (vgl. BMJ 2006, 35).

Qualitative Untersuchung der Kinder

Um direkte Daten über die Kinder zu gewinnen wurde die methodische Herangehensweise dem Alter und Reifegrad des jeweiligen Kindes angepasst. Mit Kindern ab dem 7. Lebensjahr wurden halbstrukturierte Gespräche geführt, da Kinder ab diesem Alter prinzipiell (unter entsprechender pädagogischer Anleitung) zu ihrer Lebenssituation befragt werden können. Nachdem Kinder aufgrund ihres noch unreifen Reflexionsvermögens jedoch noch weniger als Erwachsene in der Lage sind, über Aspekte ihres Innenlebens (Beziehungserfahrungen, Belastungen etc.) unmittelbar sprachlich Auskunft zu geben, wurden mit jedem Kind zudem testpsychologische Untersuchungen mittels projektiver Verfahren[34] durchgeführt, wodurch ein Einblick in die Erlebnisweisen und die psychischen Strukturen der Kinder ermöglich werden sollte (vgl. BMJ 2006, 36).

Die Untersuchung der Kinder wurde schließlich durch eine mit den Kindern gestaltete „Talkshow“ zum Thema „Scheidung – was hilft den Kindern?“ abgerundet, in der die Kinder als Experten aufgerufen waren, ihre bewussten Wünsche und Ansichten zu äußern (vgl. BMJ 2006, 36).

Mit Kindern bis zum 7. Lebensjahr wurden methodisch vorbereitete Spiel- und Interaktionsbeobachtungen durchgeführt, die durch Videoaufzeichnungen protokolliert wurden. Es wurden meist alle gemeinsamen Kinder einer Familie untersucht. In der Regel waren dafür jeweils drei Stunden veranschlagt (vgl. BMJ 2006, 37).

Auswertung der qualitativen Daten von Eltern und Kindern

Die Auswertung der so erhobenen qualitativen Daten erfolgte in mehreren Schritten: In einem ersten Interpretations- und Abstraktionsschritt wurden die Daten vom Interviewer in einen Gesamtauswertungsbogen übergeführt. Um einen vertiefenden Blick auf die jeweilige familiäre Beziehungsdynamik (besonders hinsichtlich der Obsorgeentscheidung, der familiären Beziehungsgestaltung nach der Scheidung und des Bewältigungsprozesses der Kinder) zu gewinnen und um die Untersuchungsergebnisse des Kindes in Beziehung zu jenen der Eltern zu setzen, wurden in einem zweiten Schritt jeweils alle über eine Familie gesammelten Daten (Interviews mit dem Vater sowie der Mutter; Gesprächesprotokolle, Testergebnisse sowie Beobachtungen der Kinder) in zwei Teamkonferenzen zusammengeführt (vgl. BMJ 2006, 36).[35]

An diesen Teamkonferenzen nahmen jeweils die beiden Interviewer von Vater und Mutter, weiters jener Forschungspraktikant, der diese Interviews transkribierte sowie jene Person, die die Testungen, Gespräche bzw. Beobachtungen mit dem Kind durchgeführt hat, und schließlich der wissenschaftliche Projektleiter (Univ.-Doz. Dr. Figdor) teil. Letzterer su-

[34] Projektive Testverfahren sind psychologische Tests, durch die innerpsychische Aspekte des Untersuchten in dessen Antworten, Spielen bzw. Zeichnungen sichtbar werden (vgl. BMJ 2006, 36).

[35] An diesen Teamkonferenzen sowie den zuvor erfolgten Transkriptionen der Tiefeninterviews, wirkte ich als Forschungspraktikant mit.

pervidierte dabei die Teamkonferenzen. Innerhalb der Teamkonferenzen wurde auf ein annähernd ausgewogenes Geschlechterverhältnis geachtet, um Verzerrungen durch Gegenübertragungsprozesse zu minimieren.

Die erste der beiden Teamkonferenzen war jeweils speziell dem Erleben der Eltern (Erleben der Trennung/Scheidung, Obsorgeentscheidung, jetzige Beziehung der Eltern zueinander etc.) gewidmet, während die zweite Teamkonferenz insbesondere die Situation der Kinder (ihr Erleben der Trennung/Scheidung, Einschätzung ihrer momentanen Befindlichkeit und ihrer Entwicklungsprognose) erhellen sollte (vgl. BMJ 2006, 36).

Die Teamkonferenzen wurden anschließend protokolliert, da diese Daten in die Gesamtauswertung einfließen sollten. Diese Gesamtauswertung erfolgte anhand eines Kategoriensystems, das in inhaltlicher Übereinstimmung mit den genannten Fragenkomplexen entwickelt wurde, wobei die Transkriptionen der Gespräche dabei als Korrektiv dienten (vgl. BMJ 2006, 36).

4.4 Zusammenfassung der Forschungsergebnisse der Evaluationsstudie

Eine Gegenüberstellung der Forschungsfragen mit den Forschungshypothesen der Evaluationsstudie macht deutlich, dass sich nicht alle Inhalte der Forschungsfragen und deren Subfragen auch in den oben genannten Forschungshypothesen wieder finden. Besonders auffällig ist dabei, dass ausgerechnet die vierte und „wichtigste" (BMJ 2006, 27) Forschungsfrage nach dem Kindeswohl auf Seiten der Forschungshypothesen nur geringfügige inhaltliche Entsprechungen aufweist. Da die Ergebnisse der Evaluationsstudie im Projektbericht jedoch anhand der Forschungshypothesen erläutert werden, bleiben im Projektbericht einige Teilbereiche unbeantwortet und undiskutiert.

Zusammengefasst hat die Evaluationsstudie jedoch ergeben, dass die Obsorge beider Eltern im Vergleich mit der alleinigen Obsorge eines Elternteils das für die Zukunft geschiedener Eltern und ihrer Kinder günstigere Standardmodell ist. Dies gilt gleichermaßen für „Konfliktfamilien" wie für solche mit geringem Konfliktniveau. Die Ergebnisse der Untersuchung zeigen deutlich, dass die ObE nicht – wie zum Teil angenommen – die elterlichen Konflikte verschärft und es schließlich doch zu korrigierenden Anträgen auf Übertragung der aO kommt, sondern dass die ObE sogar eine gegenteilige Wirkung hat. Freilich wird es dennoch immer wieder Fälle geben, in welchen die alleinige Obsorge eines Elternteils die sinnvollere bzw. eine notwendige Obsorgeform ist (vgl. BMJ 2006, 308).

Die wichtigsten Gründe, die gemäß den Ergebnissen der gesamten Evaluationsstudie (qualitativer und quantitativer Teil) für die Favorisierung der ObE gegenüber der aO sprechen, liegen in den Auswirkungen der ObE

- auf das *Familienklima*: Entspannung der elterlichen Beziehung, Konfliktniveau sinkt, Zahlung des Kindesunterhaltes erfolgt pünktlicher und wird von beiden Elternteilen als angemessen empfunden;
- auf die *Zufriedenheit von Müttern und Vätern*: mit der Obsorgeform, dem Ausmaß der Besuchskontakte und dem Ausmaß an Verständigung und Kooperation; und
- auf die *Sicherung sowie Ausgestaltung der Beziehung* zwischen den *Kindern und den getrennt lebenden Elternteilen*: quantitativ und qualitativ intensivere Beziehungen und Besuchskontakte, deutlich weniger Kontaktabbrüche (bei aO 10mal so häufig wie bei ObE), Übernahme von mehr elterlichen Aufgaben und Verantwortung (vgl. BMJ 2006, 306).

Die Ergebnisse der Evaluationsstudie machen jedoch auch ein enormes Informationsdefizit der befragten Eltern über die rechtlichen Grundlagen der verschiedenen Obsorgeformen (speziell der ObE) deutlich, welches auch von den mit der Thematik befassten Berufsgruppen wahrgenommen wird. Wobei Väter nochmals schlechter informiert sind als Mütter. Ein bedeutender Anteil (10 % aller Eltern, 20 % der Elternteile mit aO und 30 % der nicht obsorgeberechtigten Elternteile) hat keinerlei Kenntnis von der gesetzlichen Möglichkeit der ObE (vgl. BMJ 2005, 298).

Zudem ist das Bild der Eltern von der ObE häufig von falschen Vorstellungen (z.B. Abstimmungserfordernis der Eltern in alltäglichen Angelegenheiten, gleich verteilter Aufenthalt der Kinder bei Vater und Mutter etc.) geprägt. Dieses Informationsdefizit wirkt sich auf die Akzeptanz und Annahme der ObE erschwerend aus und führt dazu, dass diese lediglich in etwas über der Hälfte aller Fälle nach der Scheidung beibehalten wird. Ein bedeutender Teil von Kindern (aO eines Elternteiles) profitiert daher nicht von den Vorteilen der ObE. Dementsprechend müssten, den Ergebnissen der Evaluationsstudie folgend, (beratende) Maßnahmen ergriffen werden, die die Wahl der ObE erleichtern (vgl. BMJ 2006, 306).

Die qualitative Untersuchung der geschiedenen Ehepartner hat diesbezüglich gezeigt, dass im Zuge einer Scheidung der Beratungsbedarf von Eltern ohnehin groß ist und Eltern gerne Beratung in Anspruch nehmen, wenn ihnen diese unbürokratisch und niederschwellig angeboten wird. Obwohl nur ein Teil der Eltern die Jugendwohlfahrt (zwecks Beratung) oder eine Beratungsstelle aufgesucht haben, war ein wesentliches Motiv von Eltern, an der Evaluationsstudie teilzunehmen, gerade das Angebot eines beratenden Gespräches am Ende der Untersuchung (vgl. BMJ 2006, 307).

4.5. Empfohlene pädagogische Maßnahmen (infolge der Evaluationsstudie)

Die Studienautoren schlagen auf Grundlage der beschriebenen Forschungsergebnisse der Evaluationsstudie folgende Maßnahmen vor: (vgl. BMJ 2006, 307ff.)

a) Information und Aufklärung der Eltern:

Die Eltern müssten neben rechtlichen Informationen über die verschiedenen Obsorgeformen (ObE *und* aO; speziell die Rechte des nicht obsorgeberechtigten Elternteiles) auch Informationen über Gestaltungsmöglichkeiten der familiären Beziehungen nach der Scheidung sowie über mögliche Konsequenzen für sich selbst und für die Kinder (z.B. entwicklungspsychologische Folgen von Beziehungsabbrüchen für Kinder) erhalten.

Dies deckt sich mit den zentralen Forderungen der befragten Berufsgruppen nach „Bewusstseinsbildung für Eltern über ihre gemeinsame Verantwortung für das Kind nach einer Scheidung“ sowie „Mehr Aufklärung der Eltern darüber, was Kinder in welchem Alter im Fall der Scheidung brauchen“.

b) Information der Berufsgruppen

Speziell müssten Scheidungsrichter sowie Vertreter der Jugendwohlfahrt insbesondere über die Vor- und Nachteile verschiedener Obsorgeformen verbessert informiert werden und damit der Vorstellung entgegengewirkt, dass die ObE kein Modell für „Konfliktfamilien“ wäre.

c) Ausweitung des Beratungsangebots für betroffene Familien

Wie bereits beschrieben benötigen Kinder besondere Unterstützung seitens ihrer Eltern, um das Scheidungserlebnis gut zu verarbeiten (vgl. Kap. 3.3.2.1). Diese „pädagogischen Kompetenzen“ der Eltern hängen - wie die qualitative Untersuchung gezeigt hat - nicht mit der Obsorgeform, sondern mit den allgemeinen pädagogischen Einstellungen, sowie den besonderen Persönlichkeitseigenschaften der Eltern zusammen und sind folglich nicht auf gesetzlichem Wege, sondern allein über Elternschulung, Familien- bzw. Erziehungsberatung, sowie sozialpädagogische und psychotherapeutische Angebote realisierbar. Die Ausweitung des Beratungsangebots für betroffene Familien (für Kinder und Eltern) ist daher ein notwendiges Ziel.

Aus der Tatsche, dass der Beratungsbedarf von Eltern im Zuge einer Scheidung zwar groß ist, diese jedoch selten die Jugendwohlfahrt (zwecks Beratung) oder eine Beratungsstelle aufsuchen, folgt, dass diese Beratungsangebote eng an den (gerichtlichen) Akt der Scheidung selbst gekoppelt sein müssten. Empfehlenswert wäre beispielsweise ein verpflichtendes gerichtsnahes Gespräch zum Zeitpunkt der Einreichung des Scheidungsantrages, in dem Informationen über Obsorgeformen sowie über weitergehende Beratungsmöglichkeiten (Rechtsberatung, psychosoziale Beratung, Mediation, Erziehungsberatung) gegeben werden; womöglich durch jene Stellen, die auch eine weitere Betreuung der Familien übernehmen könnten.

d) Ausweitung des Angebots der „Besuchsbegleitung“

Die befragten Berufsgruppen fordern für jene Fälle, in denen aufgrund einer Gefährdung des Kindeswohls bzw. aus anderen Gründen die Fortführung der Beziehung des Kindes zu einem Elternteil nicht ohne weiteres möglich ist, den Ausbau des Modells der „Besuchsbegleitung“.

e) Stärkung der Kinderrechte, Unterstützung von Kindern und Jugendlichen

- **Stellenwert der Anhörung von Kindern und Jugendlichen**

Die Anhörung von Kindern und Jugendlichen in Pflegschaftsverfahren wurde durch das KindRÄG 2001 zwar eingeführt, bezüglich der Umsetzung gibt es allerdings noch viele offene Fragen, die einer fachlichen Klärung bedürfen. Dieser Bedarf müsste durch weitere wissenschaftliche Forschung sowie entsprechende Schulung der betroffenen Berufsgruppen gedeckt werden.

➢ **Installierung des Modells „Kinderbeistand“**

Die erhobenen Probleme bei der Anhörung von Kindern und Jugendlichen unterstützen die Bedeutung einer Begleitung der Kinder und Jugendlichen im Scheidungsprozess selbst, wie sie beispielsweise derzeit unter dem Stichwort „Kinderbeistand“ an mehreren Standorten in Österreich als Modellprojekt durchgeführt wird.

f) Personelle Ausstattung der Gerichte

Nahezu 90% der Vertreter der befragten Berufsgruppen fordern eine bessere personelle Ausstattung der Gerichte um die oft lange dauernden Pflegschaftsverfahren zu beschleunigen.

g) Durchführung einer Nachfolgeuntersuchung

Wie bereits erwähnt, sollten die Forschungsergebnisse der Evaluationsstudie in etwa 2-3 Jahren im Rahmen einer Folgeuntersuchung anhand desselben Samples (derselben Familien, die an der qualitativen Untersuchung teilgenommen haben) kontrolliert werden, da sich mögliche längerfristige Auswirkungen des Modells der ObE im Vergleich zur aO (z.B. auf Kontaktabbruchsrate bzw. die psychische Verarbeitung des Scheidungserlebens) erst in einigen Jahren zeigen würden.

Nach dieser Vorstellung der „Evaluationsstudie über die Auswirkungen der Neuregelungen des KindRÄG 2001, insbesondere der Obsorge beider Eltern“, erfolgt nun, auf Grundlage der vorangegangen vier Kapitel, im fünften Kapitel die eigentliche Auswertung der bisher unausgewerteten offenen Frage des Fragebogens des quantitativen Teils der Eltern-Kind-Untersuchung der soeben beschriebenen Evaluationsstudie.

5. Auswertung der offenen Frage des Fragebogens

Das folgende Kapitel ist der Darstellung der durchgeführten Untersuchung gewidmet, nämlich der *Auswertung der offenen Frage des Fragebogens*. Es gliedert sich in vier Unterkapitel. Ehe diese Gliederung näher beschrieben wird, seien zur besseren Verständlichkeit des gesamten Kapitels die in Kapitel 1.2 genannten Forschungsfragen nochmals in Erinnerung gerufen, deren Beantwortung am Ende dieses Kapitels erfolgt:

(1) Inwieweit werden in den Antworten der geschiedenen Eltern auf die offene Frage Anliegen und Wünsche thematisiert, die einen direkten oder indirekten Bezug zum „Kindeswohl" aufweisen und die außerdem aus psychoanalytisch-pädagogischer Sicht als für das „Kindeswohl" förderlich eingestuft werden können; sodass angenommen werden kann, dass das „Kindeswohl" als Anliegen (aus psychoanalytisch-pädagogischer Sicht) auch im Bewusstsein dieser Eltern direkt oder indirekt präsent ist?

(2) Lässt sich ein Zusammenhang zwischen der Inanspruchnahme von Beratung und dem Stellenwert, der dem „Kindeswohl" als Anliegen im Bewusstsein geschiedener Eltern zukommt, feststellen?

- Lassen sich diesbezüglich Unterschiede zwischen Eltern feststellen, die Beratung in Anspruch genommen haben, und solchen Eltern, die keine Beratung in Anspruch genommen haben?
- Lassen sich diesbezüglich zwischen psychosozialen Beratungsformen (Erziehungsberatung; Ehe-, Partner-Beratung) bzw. Mediation und Rechtsberatung Unterschiede hinsichtlich des zu erhebenden Einflusses feststellen?

(3) Lässt sich ein Zusammenhang zwischen der Obsorgeregelung und dem Stellenwert, der dem „Kindeswohl" als Anliegen im Bewusstsein geschiedener Eltern zukommt, feststellen?

- Lassen sich Unterschiede zwischen Eltern feststellen, für deren Kind(er) ein Elternteil die alleinige Obsorge (aO) zugesprochen bekommen hat, und solchen Eltern, die die Obsorge beider Eltern (ObE) für ihr(e) Kind(er) beibehalten haben?
- Lassen sich bei jenen Eltern, die die Obsorge beider Eltern für ihr(e) Kind(er) beibehalten haben, Unterschiede zwischen jenem Elternteil, bei dem sich das Kind hauptsächlich aufhält, und jenem Elternteil, bei dem sich das Kind nicht hauptsächlich aufhält, feststellen?
- Lassen sich bei jenen Eltern, für deren Kind(er) ein Elternteil die alleinige Obsorge zugesprochen bekommen hat, Unterschiede zwischen dem obsorgeberechtigten Elternteil und dem nichtobsorgeberechtigten Elternteil feststellen?
- Ist bei einer der genannten obsorgespezifischen Gruppen von geschiedenen Eltern[36] ein signifikantes Defizit hinsichtlich der Präsenz des „Kindeswohls" in deren Bewusstsein feststellbar?

[36] Eltern mit aO mit Obsorgerecht; Eltern mit aO ohne Obsorgerecht; Eltern mit ObE und hauptsächlichem Kindesaufenthalt im gemeinsamen Haushalt; Eltern mit ObE und hauptsächlichem Kindesaufenthalt beim anderen Elternteil;

(4) Für welche Gruppe von geschiedenen Eltern[37] sollten daher bewusstseinsbildende Maßnahmen ergriffen werden, um das „Kindeswohl" verstärkt im Bewusstsein dieser Eltern zu verankern?

- Sind die Ergebnisse der Untersuchung (zumindest auch) dahingehend interpretierbar, dass die Inanspruchnahme einer/mehrerer der durch die Studie berücksichtigten Formen von Beratung (Erziehungsberatung; Ehe-, Partner-Beratung; Mediation; Rechtsberatung) eine geeignete bewusstseinsbildende Maßnahme für die verstärkte Verankerung des „Kindeswohls" im elterlichen Bewusstsein sein kann, und wenn ja, welche Formen von Beratung?

Das folgende fünfte Kapitel ist - freilich auf Grundlage der vorangegangen vier Kapitel - der Beantwortung dieser Forschungsfragen und damit der eigentlichen *Auswertung der offenen Frage des Fragebogens* gewidmet. Es gliedert sich in vier Unterkapitel:

Da die Antworten auf die offene Frage zunächst mittels *qualitativer Inhaltsanalyse* ausgewertet wurden, wird im ersten Unterkapitel anhand der vorliegenden Untersuchung in die wesentlichsten Aspekte dieser Forschungsmethode eingeführt (Grundlagen, Definition, inhaltsanalytischer Forschungsprozess).

Im zweiten Unterkapitel wird der *Auswertungsprozess* der im Rahmen der vorliegenden Untersuchung gewonnenen Daten beschrieben. Der erste Auswertungsschritt erfolgte, wie erwähnt, mittels qualitativer Inhaltsanalyse. Daher werden zunächst die verwendeten qualitativen inhaltsanalytischen Auswertungskategorien sowie die angewandten Kodier-/Auswertungsregeln vorgestellt und an Beispielen verdeutlicht. Um die aus der Inhaltsanalyse resultierenden qualitativen Daten statistisch auswerten zu können mussten diese in einem zweiten Auswertungsschritt in einer Datenmatrix quantitativ zusammengefasst werden. Im vorliegenden Fall erfolgte die Datenauswertung unter Zuhilfenahme des Programmsystems SPSS 15.0[38], daher wurden die qualitativen Daten zwecks Erstellung einer solchen Datenmatrix in SPSS 15.0 quantitativ kodiert. Am Ende des zweiten Unterkapitels erfolgt demzufolge eine kurze Erläuterung dieses quantitativen Kodiervorgangs.

[37] Folgende Gruppen von Eltern wurden bei der Auswertung berücksichtigt: Eltern, die im Scheidungsverlauf eine psychosoziale Beratungsform bzw. Mediation in Anspruch nahmen; Eltern, die im Scheidungsverlauf *keine* psychosoziale Beratungsform bzw. Mediation in Anspruch nahmen; Eltern, die im Scheidungsverlauf *ausschließlich* Rechtsberatung in Anspruch nahmen; Eltern, die im Scheidungsverlauf *nicht ausschließlich* Rechtsberatung in Anspruch nahmen; Eltern mit aO mit Obsorgerecht; Eltern mit aO ohne Obsorgerecht; Eltern mit ObE und hauptsächlichem Kindesaufenthalt im gemeinsamen Haushalt; Eltern mit ObE und hauptsächlichem Kindesaufenthalt beim anderen Elternteil; Väter; Mütter;

[38] SPSS ist die Abkürzung für ***S**tatistical **P**ackage for the **S**ocial **S**ciences* (vgl. Bühl & Zöfel 2005, 15).

Das dritte Unterkapitel widmet sich der *Darstellung der Auswertungsergebnisse* der vorliegenden Untersuchung unter der erwähnten Zuhilfenahme von SPSS 15.0. Es werden zunächst die Häufigkeitsverteilungen (absolute Werte sowie Prozentwerte) für alle aus der qualitativen Inhaltsanalyse resultierenden Daten tabellarisch und grafisch dargestellt (deskriptive Statistik). Zudem werden einige dieser Häufigkeitsverteilungen mittels Chi-Quadrat-Test auf ihre Signifikanz hin überprüft bzw. der Zusammenhang von bestimmten Häufigkeitsverteilungen mit andern Variablen (Kategorien) geprüft. Mit diesen Daten wird die erste Forschungsfrage bereits zu beantworten sein. Für die Beantwortung der übrigen drei Forschungsfragen und deren Subfragen werden anschließend die in Kapitel 1.3 genannten Forschungshypothesen mittels geeigneter interferenzstatistischer Signifikanztests (U-Test, H-Test) dahingehend überprüft, ob die hypothesenrelevanten Häufigkeitsverteilungen überzufällig sind (vgl. Bortz & Döring 1995; Diekmann 1998; Kähler 1995).

Schließlich werden im vierten Unterkapitel die genannten Forschungsfragen sowie deren Subfragen beantwortet und die Forschungsergebnisse der vorliegenden Untersuchung nochmals zusammenfassend dargestellt.

5.1 Das forschungsmethodische Vorgehen: Die qualitative Inhaltsanalyse

Um den Rahmen der vorliegenden Studie nicht zu überschreiten, wird hier auf eine vollständige theoretische Darstellung der Inhaltsanalyse als Forschungsmethode verzichtet (vgl. dafür beispielsweise Mayring 1995; Lissmann 1997; 2001; Bos & Tarnai 1989). Die folgenden Erläuterungen beschränken sich daher ausschließlich auf die für die Beschreibung des forschungsmethodischen Vorgehens der vorliegenden Untersuchung erforderlichen und dafür wesentlichen Aspekte der qualitativen Inhaltsanalyse. Diese Erläuterungen erfolgen zudem weitgehend anhand der vorliegenden Untersuchung.

5.1.1 Grundlagen und Definition der Inhaltsanalyse

Zur Auswertung der erhobenen und bereits anonymisierten Fragebogendaten wurde - wie bereits mehrfach erwähnt - die Inhaltsanalyse als Forschungsinstrument herangezogen. Früh (1991) definiert diese wie folgt:

> „Die Inhaltsanalyse ist eine empirische Methode zur systematischen, intersubjektiv nachvollziehbaren Beschreibung inhaltlicher und formaler Merkmale von Mitteilungen“ (Früh 1991, 24 zit. n. Lissmann 2001, 16).

Das wichtigste Kennzeichen der Inhaltsanalyse ist der Bezug auf Vergangenes, da die Kommunikation bereits stattgefunden hat. Im vorliegenden Fall liegen die Antworten der befragten geschiedenen Elternteile bereits schriftlich und anonymisiert vor, ein Nachfragen ist nicht möglich. Die Inhaltsanalyse stellt somit eine nicht-reaktive Methode dar. Geis (1992) nennt vier Kennzeichen der Inhaltsanalyse:

1. Der Gegenstand der Inhaltsanalyse ist ständig verfügbar und kann der Untersuchung immer wieder zugänglich gemacht werden. *Dies ist bei den erhobenen Fragebogendaten definitiv der Fall, da alle Fragebögen archiviert wurden und ständig zur Verfügung stehen.*

2. Der Gegenstand der Inhaltsanalyse ändert sich nicht und ist gelöst vom Einfluss anderer Personen und der Zeit. *Auch dies trifft auf die auszuwertenden Daten zu, da die Antworten auf die offene Frage schriftlich gegeben wurden.*

3. Die Kosten einer Inhaltsanalyse sind geringer als bei anderen Methoden. *Dies ist für die vorliegende Untersuchung insofern relevant, als für deren Durchführung keine finanziellen Mittel zu Verfügung stehen.*

4. Die Inhaltsanalyse ermöglicht Erkenntnisse über zurückliegende Zeiten und Personen (vgl. Geis, zit. n. Wosnitza 1999, 37). *Dies ist im Falle der hier beschriebenen Untersuchung auch erforderlich, da die Befragung der Eltern zwischen März 2005 und April 2006 erfolgte, zeitlich also zurückliegt.*

Innerhalb der Inhaltsanalyse unterscheidet man *quantitative* sowie *qualitative* Analysetechniken, die einander vielfach ergänzen. Das Aufspüren einer relevanten Textstelle gilt zunächst als qualitativ. Ebenso zählen Aspekte des Verstehens und der Textauslegung zu den qualitativen Analysetechniken. Durch ein eventuelles Zählen (z.B. von Häufigkeiten) kommt ein quantitativer Aspekt hinzu (vgl. Lissmann 2001, 16).

Im Rahmen der vorliegenden Untersuchung kamen die *strukturierende Inhaltsanalyse* sowie die *explizierende Inhaltsanalyse bzw. Kontextanalyse* zur Anwendung, die beide zu den qualitativen inhaltsanalytischen Techniken zu zählen sind (vgl. Lissmann 2001, 58-76).

Bei der *strukturierenden Inhaltsanalyse* werden bestimmte Strukturaspekte des Textmaterials herausgefiltert, beispielsweise vor der Analyse des Textmaterials festgelegte strukturbildende Merkmale (d.h. Kodes bzw. Kategorien). Diese Strukturmerkmale orientieren sich an der Fragestellung der Untersuchung und sind theoretisch begründet (vgl. Lissmann 2001, 65).

Mayring (1995, 79) unterscheidet dabei eine inhaltliche, typisierende, skalierende und formale Strukturierung. Im Falle der vorliegenden Untersuchung kamen die *inhaltlich strukturierende Inhaltsanalyse* sowie die *skalierend strukturierende Inhaltsanalyse* zur Anwendung.

Bei der inhaltlich strukturierenden Inhaltsanalyse stellen bestimmte *theorieabhängige Inhalte* die Hauptkodes dar (vgl. Lissmann 2001, 70f.). Im vorliegenden Fall handelte es sich dabei um den Bezug zum „Kindeswohl" (vgl. Kap. 5.2.1).

Bei der skalierend strukturierenden Inhaltsanalyse geht es um eine *theoriegeleitete Einschätzung* der Wertigkeit eines Textmaterials (positive / negative Bewertung von Aussagen) (vgl. Lissmann 2001, 73ff.). Im vorliegenden Fall war zu bewerten, ob ein in der Antwort auf die offene Frage erwähntes Anliegen aus psychoanaltisch-pädagogischer Sicht als für das „Kindeswohl" förderlich oder hinderlich einzustufen ist (vgl. Kap. 5.2.1). Die dafür erforderliche theoretische Grundlage lieferten die im dritten Kapitel der vorliegenden Studie beschriebenen psychoanalytisch-pädagogischen Kriterien für das „Kindeswohl".

Die *inhaltlich strukturierende Inhaltsanalyse* und die *skalierend strukturierende Inhaltsanalyse* sind einander nach Lissmann (2001, 75) aufgrund ihrer Theorieorientierung ähnlich.

Bei der ebenso angewandten *explizierenden Inhaltsanalyse bzw. Kontextanalyse* wird durch Beachtung des engeren (textimmanenten) bzw. weiteren (textübergreifenden) Textkontexts zusätzliches Material erhoben (vgl. Wosnitza 1999, 40). Im vorliegenden Fall wurden bei der Auswertung der Antworten auf die offene Frage neben den psychoanalytisch-pädagogischen Kriterien für das „Kindeswohl" auch alle aus dem jeweiligen gesamten Fragebogen hervorgehenden, eventuell relevanten Informationen zu den individuellen Umständen jedes Einzelfalls herangezogen und mit der zugehörigen Antwort auf die offen gestellte Frage in Beziehung gesetzt (vgl. Kap. 5.2.1).

5.1.2 Der inhaltsanalytische Forschungsprozess

Lissmann (2001) charakterisiert den Ablauf eines inhaltsanalytischen Forschungsprozesses wie folgt:

> „Das Verfahren bei der Inhaltsanalyse von Texten besteht aus der Schrittfolge Auswahl der Texte, Festlegung der Kodiereinheiten und Kodierung" (Lissmann 2001, 38).

Im Fall der vorliegenden Untersuchung erfolgte die *Auswahl der Texte* bereits vor Beginn des Forschungsvorhabens, da die auszuwertenden Texte (die Antworten auf die offen gestellte Frage) von Anfang an vorgegeben waren.

Es folgt die *Festlegung der Kodiereinheiten bzw. Kategorien.* Kodiereinheiten bzw. Kategorien sind die kleinsten sinntragenden Elemente in einem Text. Das kann ein Wort, eine Wortkombination, ein Satz, ein Absatz (syntaktische Kodiereinheit), ein Abschnitt (formale Kodiereinheit) oder eine zentrale Aussage (inhaltlich semantische Kodiereinheit) sein, mittels derer bestimmte Phänomene identifiziert und gegebenenfalls im späteren Auswertungsprozess wieder gefunden werden können (vgl. Kuckartz 1999, 77; Lissmann 2001, 38). Diese Kodiereinheiten bzw. Kategorien können im Verlauf der Inhaltsanalyse entwickelt werden („a posteriori Kategorien") oder vorab vom Forscher definiert werden („a priori Kategorien") (vgl. Bos & Tarnai 1989, 247; Wosnitza 1999, 38). Die vom Bearbeiter der Texte definierten Kodiereinheiten müssen nicht unbedingt Begriffe der Akteure sein, die auch im Text vorkommen (vgl. Kuckartz 1999, 77; Lissmann 2001, 38). Beispielsweise kann die Kategorie „Kindeswohl" benutzt werden, um verschiedene in den Antworten präsente Aussagen zu differenzieren, die mit dem Kind und seinem Wohl unmittelbar zu tun haben – möglicherweise findet sich aber in keiner Antwort die Wortkombination „Kindeswohl" oder „Wohl des Kindes".

Es folgt als dritter Schritt die *Kodierung*. Kodieren heißt, einzelnen Textsegmenten (bestimmten Phänomenen im Datenmaterial) Kategorien bzw. Kodiereinheiten zuzuordnen. Es ist dies der Prozess der Datenanalyse.

5.2 Der Auswertungsprozess der vorliegenden Untersuchung

Im Folgenden wird der Auswertungsprozess der im Rahmen der vorliegenden Untersuchung gewonnenen Daten beschrieben. Zunächst werden die qualitativen inhaltsanalytischen Auswertungskategorien vorgestellt, danach die Kodier- bzw. Auswertungsregeln erläutert und abschließend kurz der quantitative Kodiervorgang in SPSS 15.0 beschrieben.

5.2.1 Die qualitativen inhaltsanalytischen Auswertungskategorien

Für die Auswertung der bereits erhobenen Fragebogendaten mittels *qualitativer Inhaltsanalyse* waren zunächst für die Bearbeitung der leitenden Forschungsfragen und ihrer Subfragen (vgl. Kap. 1.2) bzw. die daraus abgeleiteten Forschungshypothesen (vgl. Kap. 1.3) relevante Auswertungskategorien zu bilden. Nach diesen Kategorien wurde in der Folge der Inhalt der Antworten auf die auszuwertende Frage analysiert. Es handelte sich dabei um folgende Kategorien:

Es werden an dieser Stelle zu jeder Kategorie in *kursiver* Schrift auch deren jeweiliges Zahlenniveau hinzugefügt, welches für die spätere Auswahl der zur Anwendung kommenden Signifikanzprüfungsverfahren entscheidend ist. Das Skalenniveau drückt den Grad der Information aus, den Messwerte beinhalten können (vgl. Ponocny-Seliger & Ponocny 2006, 57).

Kategorie A

- Wurde die offene Frage beantwortet?

Nominalskala, dichotom: ja / nein

Kategorie B

- Weist die Antwort auf die offen gestellte Frage einen direkten oder indirekten Bezug zum "Kindeswohl" auf?

Nominalskala, dichotom: Bezug zum Kindeswohl / kein Bezug zum Kindeswohl

Kategorie C

- Ist das in der Antwort enthaltene Anliegen aus psychoanalytisch-pädagogischer Sicht als für das "Kindeswohl" förderlich einzustufen?

Ordinalskala, dichotom: förderlich / nicht förderlich (neutral bzw. hinderlich)[39]

Für die Bewertung ob ein Anliegen als für das „Kindeswohl" förderlich oder nicht förderlich (d.h. neutral oder hinderlich) einzustufen ist, wurden alle im dritten Kapitel der vorliegenden Studie dargelegten psychoanalytisch-pädagogischen Kriterien für das „Kindeswohl", insbesondere die im Zwischenresümee des dritten Kapitels (Kap. 3.6) angeführten und zusammenfassenden zehn Punkte herangezogen.

Um der Individualität jedes einzelnen Kindes sowie der Tatsache, dass nach psychoanalytisch-pädagogischem Verständnis nur im Einzelfall wirklich ergründet werden kann was für ein Kind tatsächlich förderlich oder hinderlich ist (vgl. Figdor 2006, 73) trotz des anonymisierten Fragebogen-Datenmaterials bestmöglich zu entsprechen, wurden bei der Auswertung und Beurteilung der Antworten auf die offene Frage neben den psychoanalytisch-pädagogischen Kriterien für das „Kindeswohl" auch *alle* aus dem jeweiligen gesamten Fragebogen hervorgehenden Informationen zu den individuellen Umständen jedes Einzelfalls herangezogen.[40] Dabei handelt es sich folglich nicht um zusätzliche Kriterien, sondern um für die *Anwendung* der psychoanalytisch-pädagogischen Kriterien erforderliche Einzelfallinformationen.

Außerdem wurden aus den Fragebogendaten der vorangegangenen Fragen folgende Informationen in den Auswertungsbogen übernommen:

Kategorie D

- Um wen handelt es sich beim antwortenden Elternteil?

Nominalskala, dichotom: Mutter / Vater

[39] Für die vorliegende Studie sind lediglich die für das „Kindeswohl" *förderlichen* Anliegen relevant, daher wurden die für das „Kindeswohl" neutralen Anliegen (kein Bezug zum „Kindeswohl") und die für das „Kindeswohl" hinderlichen Anliegen unter *„nicht förderlich"* zusammengefasst (vgl. 5.2.2).

[40] Beispielsweise wäre ein Kontaktabbruch zum Vater an sich als für das „Kindeswohl" hinderlich zu bewerten (vgl. 3.6, Pkt. 1). Wenn jedoch ein Kind durch seinen Vater Gewalt bzw. Missbrauch erfahren musste, so wäre die Situation anders zu bewerten. Eventuell ist dann kein Kontakt für das „Kindeswohl" förderlicher (im Sinne des geringeren Übels) bzw. ein Kontakt zwischen Vater und Kind nur mit Besuchsbegleitung zu befürworten.

Kategorie E

➢ Wie ist die Obsorge gegenwärtig geregelt?

Nominalskala, mehrstufig: aO / ObE / andere Person / noch nicht geregelt

Kategorie F

➢ Obsorgeregelung mit Berücksichtigung der Obsorgeverteilung (aO) bzw. des hauptsächlichen Kindesaufenthaltes (ObE)

Nominalskala, mehrstufig: aO mit Obsorge / aO ohne Obsorge / ObE mit hauptsächlichem Kindesaufenthalt / ObE ohne hauptsächlichem Kindesaufenthalt

Kategorie G

➢ Wurde im Scheidungsverlauf eine psychosoziale Form von Beratung (Erziehungs-, und/oder Ehe-, Partnerberatung) bzw. Mediation in Anspruch genommen?

Nominalskala, dichotom: psychosoziale Beratung; Mediation / keine psychosoziale Beratung; Mediation

Kategorie H

➢ Wurde *ausschließlich* Rechtsberatung in Anspruch genommen?[41]

Nominalskala, dichotom: ausschließlich Rechtsberatung / nicht ausschließlich Rechtsberatung

5.2.2 Die inhaltsanalytischen Kodier- bzw. Auswertungsregeln

Im Zuge der Inhaltsanalyse mittels der genannten Auswertungskategorien war bei jeder Analyseeinheit (d.h. bei jeder Antwort) zu prüfen, ob ein direkter oder indirekter Zusammenhang zur Kategorie B (Bezug zum „Kindeswohl“) besteht (inhaltlich strukturierende Inhaltsanalyse) bzw. zu beurteilen, wie die Antwort bezüglich der Kategorie C (Förderlichkeit für das „Kindeswohl“) einzustufen ist, ob als positiv oder negativ (skalierend strukturierende Inhaltsanalyse). Unter anderem dafür waren vor Beginn der Datenauswertung und bei Auftreten bisher unberücksichtigter Sonderfälle auch in deren Verlauf *Kodier- bzw. Auswertungsregeln* zu definieren.

---

[41] Hier ist folglich zu bedenken, dass all jene Fälle in denen eine psychosoziale Beratungsform bzw. Mediation *und* Rechtsberatung in Anspruch genommen wurde, mit „nicht ausschließlich Rechtsberatung“ kodiert wurden.

Kodier- bzw. Auswertungsregeln machen den inhaltsanalytischen Kodierungsprozess explizit, d.h. sie geben die Regeln an, nach denen Merkmale einer Analyseeinheit (Antwort) in Daten übergeführt werden (vgl. Lissmann 2001, 24).

Zunächst musste dafür die prinzipielle und für die gesamte Untersuchung grundlegende Entscheidung bezüglich der Berücksichtigung bzw. Nicht-Berücksichtigung jener Fragebögen getroffen werden, bei denen die offene Frage durch den befragten Elternteil nicht beantwortet wurde. Diese Entscheidung war insofern diffizil, als jene zwei Optionen, die aufgrund der vorgegebenen Rahmenbedingungen zur Auswahl standen, forschungsmethodisch nicht unproblematisch waren:

a) Würden nur die Fragebögen mit tatsächlich gegebener Antwort auf die offene Frage berücksichtigt werden, würde die Stichprobe in unzulässiger Weise auf jene Eltern reduziert und damit selektiert werden, die ausreichend engagiert bzw. interessiert oder auch mitteilungsbedürftig[42] sind, um sich für die etwas aufwändigere Beantwortung der offenen Frage Zeit zu nehmen. Der studienrelevante Stellenwert des „Kindeswohls" im Bewusstsein der nicht antwortenden Elternteile bliebe dann völlig unberücksichtigt. Dies, obwohl der in Kapitel 1.2 genannten Annahme[43] entsprechend davon ausgegangen werden kann, dass das „Kindeswohl" insbesondere im Bewusstsein dieser Eltern (zum Zeitpunkt des Ausfüllens des Fragebogens) nicht außerordentlich präsent zu sein schien, da es sonst in Form eines diesbezüglichen Anliegens verschriftlicht worden wäre.
b) Würden dagegen auch jene Fragebögen berücksichtigt werden, bei denen die offene Frage unbeantwortet blieb, müsste das Fehlen der Antwort zwecks inhaltsanalytischer Auswertung auf *eine* Interpretation hin generalisiert werden (z.B.: Keine Antwort bedeutet, dass das „Kindeswohl" nicht bewusst ist.). In der Folge müsste demgemäß für alle fehlenden Antworten auf die offene Frage dasselbe angenommen werden. Keine gewählte Interpretation würde jedoch allen Fällen gerecht werden können und es wären zudem immer auch andere Interpretationen (als die gewählte) denkbar.

---

[42] Dies beispielsweise aufgrund von Leidensdruck, etc.

[43] In Kapitel 1.2. wurde die für die vorliegende Untersuchung getroffene Annahme erläutert, dass das „Kindeswohl" (in Form eines Anliegens, das für das „Kindeswohl" als förderlich einzustufen ist) dann in den – hinsichtlich Art, Ausmaß und Thema völlig offen und frei formulierbaren - Antworten zu finden ist, wenn es zum Zeitpunkt der Beantwortung des Fragebogens im Bewusstsein des jeweiligen Elternteils verstärkt präsent war.

Ein offensichtliches Dilemma. Dennoch musste aufgrund der vorgegebenen Rahmenbedingungen der vorliegenden Untersuchung und der Datenstruktur des auszuwertenden Antwortmaterials eine der beiden Optionen gewählt werden. Die Entscheidung fiel daher auf jene Vorgehensweise, die dem Verfasser der Untersuchung eher vertretbar, begründbar und sinnvoll erschien. Sie stellt die Grundlage der ersten Kodier-/Auswertungsregel dar:

1. Es wurden *alle* Fragebögen berücksichtigt, d.h. auch jene Fragebögen mit fehlender Antwort auf die offene Frage. In jenen Fällen, in denen die offene Frage unbeantwortet blieb, wurde der in Kapitel 1.2 genannten Annahme (siehe oben) entsprechend davon ausgegangen, dass das „Kindeswohl" im Bewusstsein des antwortenden Elternteils nicht ausreichend präsent war, um in Form eines Anliegens in einer Antwort verschriftlicht zu werden.

Es wurde demzufolge angenommen, dass keine Antwort zu geben auch eine Aussage über den studienrelevanten Stellenwert des „Kindeswohls" im Bewusstsein des betreffenden Elternteils in sich birgt, die in die Auswertung einzubeziehen ist.

Neben dieser grundlegenden Entscheidung waren für die inhaltsanalytische Datenauswertung einige weitere Kodier-/Auswertungsregeln festzulegen, die sich jeweils auf eine der acht Kategorien (A bis H) bezogen. Es waren dies:

ad Kategorie B - inhaltlich strukturierende Inhaltsanalyse

2. Wenn keine Antwort auf die offen gestellte Frage gegeben wurde, wurde dies durch die Kategorie A statistisch festgehalten und in Kategorie B (entsprechend der ersten Auswertungsregel) als Antwort ohne Bezug zum „Kindeswohl" gewertet.

3. „Direkte" und „indirekte" Erwähnungen des „Kindeswohls" wurden gleichwertig behandelt. Wobei mit „direkt" eine unmittelbare, wörtliche Erwähnung eines oder mehrerer der folgenden Begriffe gemeint war: „Kindeswohl", „Wohl des Kindes", „Vorteil des Kindes", „Glück des Kindes", „Interesse des Kindes", „Wunsch des Kindes". Eine „indirekte" Erwähnung des „Kindeswohls" meinte alle Aussagen, die mit dem „Kindeswohl" mittelbar zu tun haben, jedoch ohne dass einer der genannten Begriffe verwendet wurde. Dazu zählten auch alle Wünsche / Aussagen, die für das „Kindeswohl" (eventuell auch nur als Nebeneffekt bzw. in weitere Folge) förderlich / nicht förderlich sind, ohne dass dies jedoch als zentrales Anliegen direkt herauszulesen wäre.

Beispiel „direkt":

„Auch nach der Scheidung sollte das Wohl der Kinder an erster Stelle stehen, Eltern sind dazu verpflichtet." (Fragebogen 627).

Beispiel „direkt":

„(...) Außerdem versuchen wir im Interesse der Kinder gemeinsam an einem Strang zu ziehen" (Fragebogen 691).

Beispiel „indirekt":

„Ich wünsche mir, dass beide Elternteile vernünftig genug sind, um ihre persönlichen Enttäuschungen über den Ex-Partner nicht über die Kinder auszutragen" (Fragebogen 453).

Beispiel „indirekt":

„Ich möchte mehr Zeit mit den Kindern verbringen. Ich möchte die gemeinsame Obsorge für die Kinder. Ich möchte über wichtige Entscheidungen mit der Kinder Mutter reden" (Fragebogen 428).

4. Wenn eine gegebene Antwort keinen direkten oder indirekten Zusammenhang zum „Kindeswohl" aufwies, wurde dies als Antwort ohne Bezug zum „Kindeswohl" gewertet.

Beispiel „kein Bezug zum Kindeswohl":

„Ich wünsche mir, dass Männer nach der Scheidung nicht mehr so benachteiligt werden" (Fragebogen 638).

Beispiel „kein Bezug zum Kindeswohl":

„Ich wünsche mir, dass die Umstände der Scheidung genauer beleuchtet würden, dass (...) Rechtsansprüche, die eindeutig gegen die guten Sitten verstoßen nicht möglich wären!" (Fragebogen 580)

ad Kategorie C - skalierend strukturierende Inhaltsanalyse

5. Vor der Bewertung der offenen Frage wurde - den Erläuterungen in Kapitel 5.2.1 entsprechend - jeweils der *gesamte* Fragebogen gelesen, so dass alle daraus hervorgehenden eventuell relevanten Informationen über individuelle Umstände, die für das „Kindeswohl" (vermutlich) förderlich bzw. hinderlich sind, in die Bewertung mit einfließen konnten (z.B. Gewalt, Missbrauch, Alkoholismus, Krankheit, Konflikte und deren Ursachen etc.).
6. Die Bewertung selbst erfolgte nach bestem Wissen und Gewissen des Studienautors und unter Zuhilfenahme aller zur Verfügung stehenden fachlichen und einzelfallspezifischen Informationen (vgl. Kap. 5.2.1), sowie im Bewusstsein eines gewissen Anteils

an Fehleinschätzungen, der unter den gegebenen Umständen (anonymisiertes und von Beginn an vorgegebenes Datenmaterial) nicht zu verhindern war.

7. Bei der Bewertung der Anliegen meint „förderlich“, dass die in der Antwort enthaltene Aussage das „Kindeswohl“ zum Anliegen hat bzw. für das „Kindeswohl“ (gemäß der genannten psychoanalytisch-pädagogischen Kriterien sowie der einzelfallspezifischen Informationen) als förderlich einzustufen ist. „Nicht förderlich“ meint, dass die in der Antwort enthaltene Aussage die Verringerung des „Kindeswohls“ bedeutet oder diese in Kauf nimmt bzw. für das „Kindeswohl“ (gemäß der genannten psychoanalytisch-pädagogischen Kriterien sowie der einzelfallspezifischen Informationen) als hinderlich einzustufen ist.

   Beispiel „förderlich“ (direkt):

   „Ich wünsche mir, dass sich alle Eltern so einvernehmlich trennen und sich um das Wohl der Kinder gemeinsam kümmern“ (Fragebogen 457).

   Beispiel „förderlich“ (indirekt):

   „Ich wünsche mir, dass die Unterstützung der Kinder durch Rainbows oder Psychologen gerichtlich angeordnet wird, weil die meisten Eltern im Scheidungsfall selbst zu sehr überfordert sind, und ihren Kindern nicht genügend Halt in dieser Situation geben können!“ (Fragebogen 770)

   Beispiel „nicht förderlich“ (indirekt):

   „Ich wünsche mir, dass sich mein Ex-Mann aus meinem Leben und dem meiner Tochter raushält“ (Fragebogen 613).[44]

   Beispiel „nicht förderlich“ (indirekt):

   „Ich wünsche mir, dass die Obsorge im Falle einer Scheidung automatisch immer die Mutter bekommt“ (Fragebogen 416).

8. Wenn eine Antwort sowohl als „förderlich“ als auch als „nicht förderlich“ zu bewertende Anliegen enthielt, so wurde wieder der in Kapitel 1.2 genannten Annahme (siehe oben) entsprechend davon ausgegangen, dass das „Kindeswohl“ im Bewusstsein des antwortenden Elternteils – zwar neben entgegengesetzten Impulsen, jedoch zumindest auch - präsent war und die betreffende Antwort daher als „förderlich“ bewertet.

[44] Es findet sich in diesem Fragebogen keinerlei Hinweis, dass mit dem Kontakt zum Vater eine Kindeswohlgefährdung verbunden wäre. Somit ist anzunehmen, dass der von der Mutter gewünschte Kontaktabbruch dem Bedürfnis des Kindes nach Fortbestand einer intensiven, inneren Beziehung des Kindes zu *beiden* Elternteilen - und damit dem „Kindeswohl“ - widersprechen würde (vgl. Kap. 3.6, Pkt. 1).

9. Wenn keine Antwort auf die offen gestellte Frage gegeben wurde, so wurde dies in Kategorie C derselben Annahme sowie der ersten Auswertungsregel entsprechend als für das „Kindeswohl" „neutral" und damit als für dieses „nicht förderlich" gewertet.

10. Wenn eine gegebene Antwort keinen Bezug zum „Kindeswohl" aufwies, wurde dies in Kategorie C ebenso als für das „Kindeswohl" „neutral" und somit als für dieses „nicht förderlich" gewertet.

Folglich wurden sowohl fehlende Antworten auf die offene Frage als auch solche ohne Bezug zum „Kindeswohl" bei der Datenauswertung als „nicht förderlich" gewertet und auf diese Weise den für das „Kindeswohl" hinderlichen - und damit ebenso „nicht förderlichen" - Anliegen gleichgestellt. Dies lässt sich dadurch erklären, dass für die vorliegende Studie lediglich die Unterscheidung zwischen „förderlichen" und „nicht förderlichen" Anliegen relevant ist, nicht jedoch jene zwischen „neutralen" und „hinderlichen" Anliegen.

Die Kategorien D bis H wurden direkt aus dem Fragebogen übernommen und waren keine inhaltsanalytischen Kategorien. Dennoch war auch für einige dieser Kategorien die Definition von einigen Kodier- bzw. Auswertungsregeln erforderlich:

ad Kategorie D bis H

11. Wenn die Obsorge entsprechend den Angaben im Fragebogen mit „noch nicht geregelt" (Kategorie E) zu kodieren war, wurde die Kategorie F gemäß der gesetzlichen Regelung (vgl. Kap. 2.2.3) mit „ObE mit hauptsächlichem Kindesaufenthalt" bzw. „ObE ohne hauptsächlichem Kindesaufenthalt" kodiert, da die Obsorge beider Eltern bestehen bleibt, bis ein Gericht eine gegenteilige Entscheidung trifft.

12. In jenen Fällen, in denen bei einer ObE der hauptsächliche Kindesaufenthalt von mehreren gemeinsamen Kindern unterschiedlich geregelt ist [d.h. ein oder mehrere Kind(er) bei der Mutter und der/die andere(n) beim Vater], wurde für beide Elternteile „ObE mit hauptsächlichem Kindesaufenthalt" kodiert. Dies, weil angenommen wird, dass der vom Verfasser der vorliegenden Studie erwartete Effekt nicht von der Anzahl der Kinder abhängig ist.

13. In jenen Fällen, in denen bei einer aO die Obsorge von mehreren gemeinsamen Kindern unterschiedlich geregelt ist [d.h. die Mutter ist für ein oder mehrere Kind(er) obsorgeberechtigt und der Vater für das/die andere(n) Kind(er)], wurde für beide Elternteile „aO mit Obsorge" kodiert. Dies ebenfalls weil angenommen wird, dass der vom Verfasser der vorliegenden Studie erwartete Effekt nicht von der Anzahl der Kinder abhängig ist.

14. Wenn laut Angabe im Fragebogen alle Kinder des antwortenden Elternteils bereits volljährig sind und somit kein Elternteil obsorgeberechtigt ist, wurden diese Fragebögen nicht berücksichtigt.

Prinzipiell sollten alle 1.198 Fragebögen in die Untersuchung einbezogen werden. In elf Fällen waren alle Kinder des antwortenden Elternteils bereits volljährig. Bei weiteren vier Fragebögen fehlte jene Seite mit den für Kategorien D bis F erforderlichen Angaben, weshalb deren Auswertung nicht möglich war. Daher wurden letztlich 15 Fragebögen nicht in die vorliegende Untersuchung einbezogen. Damit wurden im Rahmen der vorliegenden Untersuchung 1.183 Fragebögen (von 1.198 bei der Evaluationsstudie) ausgewertet.

5.2.3 Die quantitative Kodierung der Daten in SPSS 15.0

Um die mittels der beschriebenen qualitativen Inhaltsanalyse gewonnenen Daten statistisch (d.h. quantitativ) auswerten zu können, mussten diese zunächst in einer Datenmatrix zusammengefasst werden. Im vorliegenden Fall erfolgte die Datenauswertung unter Zuhilfenahme des Programmsystems SPSS 15.0. Daher mussten die Daten zwecks Erstellung der erforderlichen Datenmatrix in SPSS 15.0 quantitativ kodiert werden. Die *qualitativen* Merkmale der gegebenen Antworten erhielten auf diese Weise einen - für deren *quantitative* Auswertung erforderlichen - Kode. Dazu wurde zunächst ein SPSS 15.0-Dokument entwickelt und hergerichtet, d.h. die Kategorien A bis H in SPSS 15.0 als Variablen definiert. Vor der endgültigen Kodierung der Daten aller 1.183 Fragebögen wurden in diesem SPSS 15.0-Dokument zunächst die Daten von 30 Fragebögen kodiert und damit ein Probetestdurchlauf aller zu rechnenden statistischen Signifikanztests durchgeführt. Dabei wurden die ursprünglich geplanten Kategorien etwas nachgebessert und präzisiert, um den genannten Forschungshypothesen (vgl. Kap. 1.3) besser zu entsprechen. In der Folge wurden alle aus der eben beschriebenen Inhaltsanalyse resultierenden Daten sowie jene Daten, die direkt aus den Fragebögen übernommen wurden, entsprechend den genannten qualitativen inhaltsanalytischen Auswertungs- bzw. Kodierregeln in SPSS 15.0 kodiert. Das Ergebnis war eine SPSS 15.0-Datenmatrix, in der alle kodierten Daten zusammengefasst waren. Anschließend wurden diese Daten zunächst mittels SPSS 15.0 deskriptiv ausgewertet, das heißt, dass die Häufigkeitsverteilungen berechnet wurden (deskriptive Statistik). Mit diesen Daten war die erste Forschungsfrage bereits zu beantworten. Danach erfolgte die Prüfung der Forschungshypothesen mittels geeigneter Signifikanztests (Interferenzstatistik).

5.3 Die Darstellung der Auswertungsergebnisse

Es werden nun zunächst die aus dem ersten Auswertungsschritt (deskriptive Statistik) resultierenden Häufigkeitsverteilungen (absolute Werte und Prozentwerte) für alle Auswertungskategorien (A bis H) tabellarisch und grafisch dargestellt. Zudem werden einige dieser Häufigkeitsverteilungen mittels Chi-Quadrat-Test auf ihre Signifikanz hin überprüft bzw. der Zusammenhang von bestimmten Häufigkeitsverteilungen mit andern Variablen (Kategorien) geprüft.

Darüber hinaus erfolgt nach der Darstellung der Häufigkeitsdaten von Kategorie A bis C die auf Grundlage dieser Daten bereits mögliche Beantwortung der ersten Forschungsfrage, ehe mit der Darstellung der Häufigkeitsdaten der Kategorien D bis H fortgesetzt wird.

Anschließend folgt die aus dem zweiten Auswertungsschritt (Interferenzstatistik) resultierende Darstellung der Überprüfung der oben genannten Forschungshypothesen mittels interferenzstatistischer Signifikanztests (U-Test, H-Test).

5.3.1 Die Häufigkeitsverteilungen

Kategorie A

Wurde die offene Frage beantwortet?

		Häufigkeit	Prozent	Gültige Prozente	Kumulierte Prozente
Gültig	ja	589	49,8	49,8	49,8
	nein	594	50,2	50,2	100,0
	Gesamt	1183	100,0	100,0	

Tabelle 3

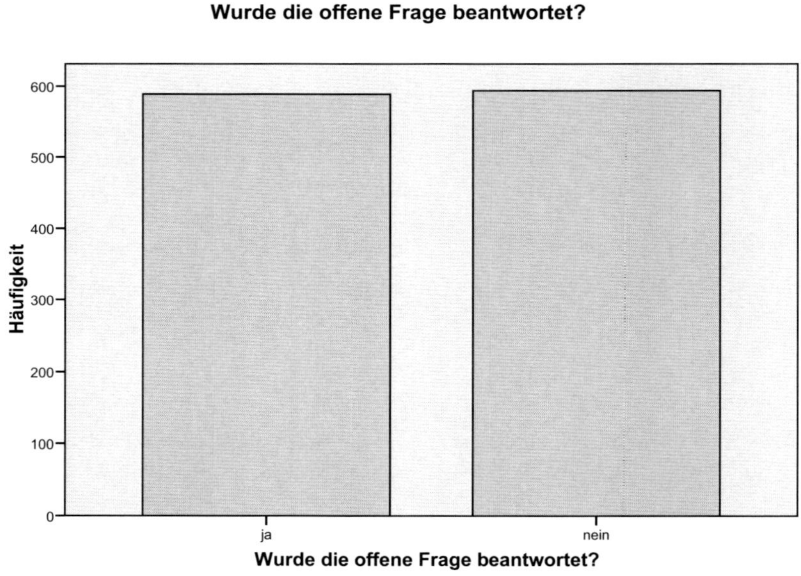

Graphik 1

Wurde die offene Frage beantwortet?

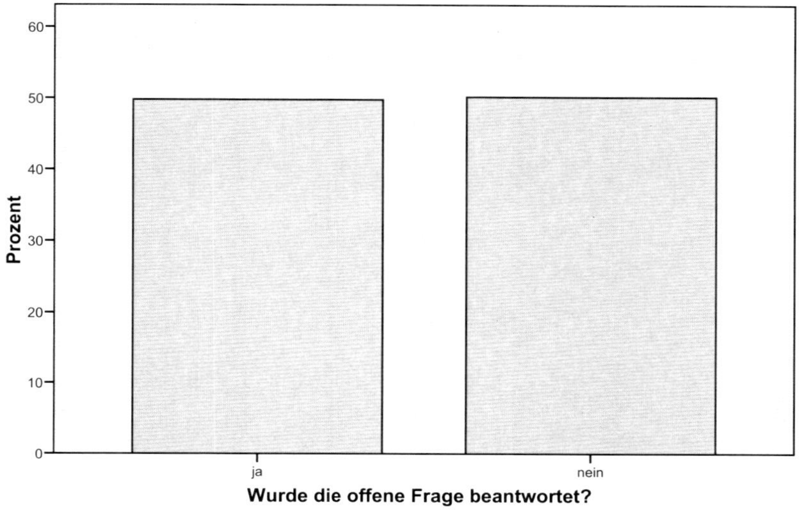

Graphik 3

Aus Tabelle 3 bzw. Graphik 1 und 2 geht hervor, dass von 1183 Elternteilen, die den Fragebogen ausgefüllt haben, lediglich knapp die Hälfte, nämlich 49,8% (589), die auszuwertende offene Frage beantwortet haben. 50,2% (594) haben diese hingegen nicht beantwortet.

Gemäß der 2. bzw. 9. Auswertungsregel sind damit bereits 50,2% aller Antworten mit „kein Bezug zum Kindeswohl" (Kategorie B) und damit als für das „Kindeswohl" „nicht förderlich" (Kategorie C) zu bewerten.

Unabhängig von der in Kapitel 5.2.1 erläuterten und begründeten Entscheidung alle Fragebögen zu berücksichtigen, an welcher selbstverständlich weiterhin festgehalten wird (vgl. erste Auswertungsregel), erscheint es daher aufschlussreich und sinnvoll die Häufigkeitsverteilung der Kategorien B (Bezug zum „Kindeswohl") und Kategorie C (Förderlichkeit für das „Kindeswohl") nicht nur anhand der Daten aller Fragebögen zu betrachten, sondern zusätzlich anhand der herausgefilterten Daten jener Fragebögen mit tatsächlich beantworteter offener Frage.[45] Dies ändert freilich nichts an der geplanten Vorgehensweise, dass für die Hypothesenprüfung die *gesamte* Stichprobe von 1183 Fragebögen herangezogen wird und damit auch alle Fragebögen mit fehlender Antwort auf die offene Frage berücksichtigt werden.

Wie sehen nun die Häufigkeitsverteilungen der Kategorie A (Beantwortung der offenen Frage) unter Berücksichtigung der hypothesenrelevanten Gruppen (obsorgespezifische Gruppen, beratungsspezifische Gruppen, geschlechtsspezifische Gruppen) aus? - Zunächst zur Häufigkeitsverteilung der Beantwortung der offenen Frage für die obsorgespezifischen Gruppen:

Kreuztabelle: Wie ist die Obsorge gegenwärtig geregelt? * Wurde die offene Frage beantwortet?

			Wurde die offene Frage beantwortet?		Gesamt
			ja	nein	ja
Wie ist die Obsorge gegenwärtig geregelt?	aO	Anzahl	268	251	519
		% von Wie ist die Obsorge gegenwärtig geregelt?	51,6%	48,4%	100,0%
	ObE	Anzahl	312	342	654
		% von Wie ist die Obsorge gegenwärtig geregelt?	47,7%	52,3%	100,0%
	noch nicht geregelt	Anzahl	9	1	10
		% von Wie ist die Obsorge gegenwärtig geregelt?	90,0%	10,0%	100,0%
Gesamt		Anzahl	589	594	1183
		% von Wie ist die Obsorge gegenwärtig geregelt?	49,8%	50,2%	100,0%

Tabelle 4

[45] Die Beschränkung auf die Kategorien B und C resultiert hier daraus, dass diese beiden Kategorien die inhaltsanalytischen Grundlagen für die Beantwortung der ersten Forschungsfrage und damit aller weiteren Forschungsfragen liefern und in der Folge die Basis für die Prüfung alle Forschungshypothesen darstellen. Die Kategorien D bis H dienen hingegen lediglich dazu Unterschiede zwischen den verschiedenen hypothesenrelevanten Gruppen (Obsorge, Beratung) hinsichtlich Kategorie B und C festzustellen.

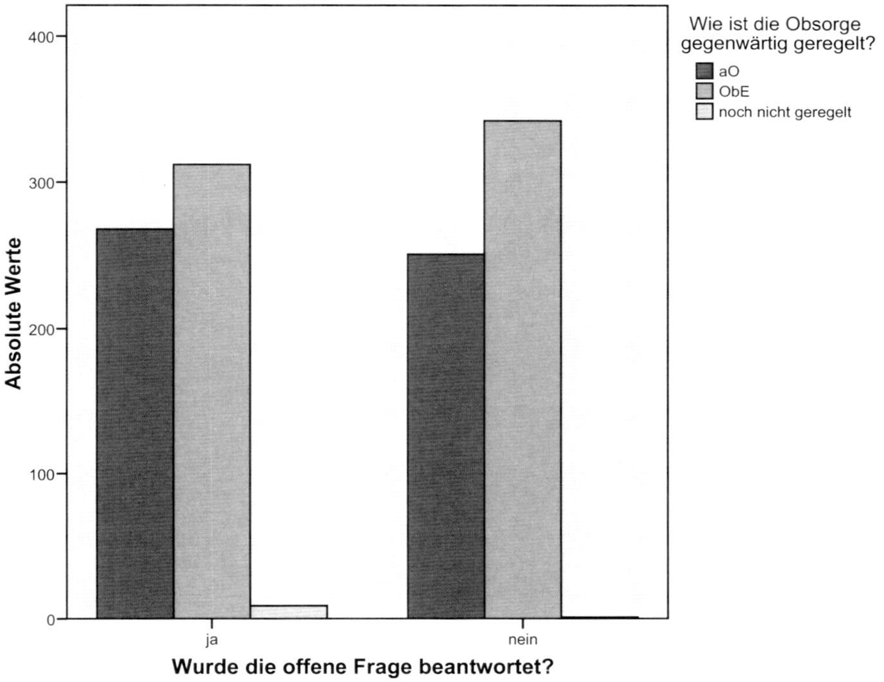

Absolute Werte
400
300
200
100
0
ja
nein
Wurde die offene Frage beantwortet?
Wie ist die Obsorge gegenwärtig geregelt?
aO
ObE
noch nicht geregelt

Graphik 4

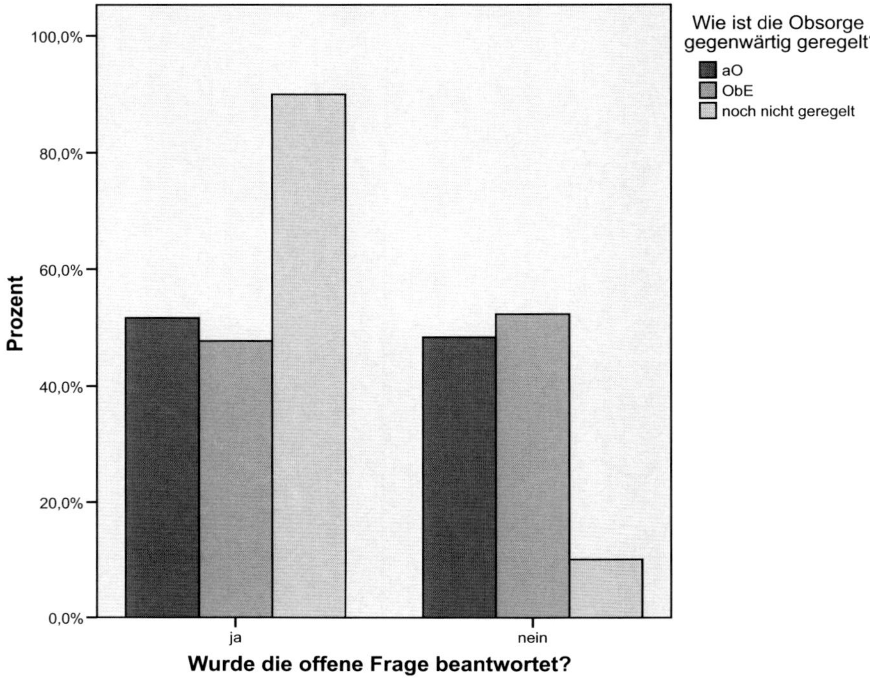

Graphik 5

Tabelle 4 bzw. Graphik 4 und 5 zeigen, dass etwas mehr Eltern mit aO die offene Frage beantwortet haben (51,6%) während Eltern mit ObE diese Frage in 47,7% der Fälle beantwortet haben. Eltern für deren Kinder die Obsorge noch nicht geregelt ist haben zwar mit 90% am häufigsten die offene Frage beantwortet, allerdings ergibt sich dieser Wert aus nur 10 Fällen und ist daher nicht repräsentativ.

Gibt es größere Unterschiede hinsichtlich der Beantwortung der offenen Frage (Kategorie A) innerhalb der Obsorgegruppen? – Die nächste Tabelle bzw. Graphiken zeigen die Häufigkeitsverteilung unter Berücksichtigung der Obsorgeverteilung (bei aO) bzw. des hauptsächlichen Kindesaufenthaltes (bei ObE).

Kreuztabelle: Obsorgeregelung mit Berücksichtigung der Obsorgeverteilung (aO) bzw. des hauptsächlichen Kindesaufenthaltes (ObE) * Wurde die offene Frage beantwortet?

			Wurde die offene Frage beantwortet?		Gesamt
			ja	nein	ja
Obsorgeregelung mit Berücksichtigung der Obsorgeverteilung (aO) bzw. des hauptsächlichen Kindesaufenthaltes (ObE)	aO mit Obsorge	Anzahl	177	177	354
		% von Obsorgeregelung mit Berücksichtigung der Obsorgeverteilung (aO) bzw. des hauptsächlichen Kindesaufenthaltes (ObE)	50,0%	50,0%	100,0%
	aO ohne Obsorge	Anzahl	91	74	165
		% von Obsorgeregelung mit Berücksichtigung der Obsorgeverteilung (aO) bzw. des hauptsächlichen Kindesaufenthaltes (ObE)	55,2%	44,8%	100,0%
	ObE mit hauptsächlichem Kindesaufenthalt	Anzahl	199	227	426
		% von Obsorgeregelung mit Berücksichtigung der Obsorgeverteilung (aO) bzw. des hauptsächlichen Kindesaufenthaltes (ObE)	46,7%	53,3%	100,0%
	ObE ohne hauptsächlichem Kindesaufenthalt	Anzahl	122	116	238
		% von Obsorgeregelung mit Berücksichtigung der Obsorgeverteilung (aO) bzw. des hauptsächlichen Kindesaufenthaltes (ObE)	51,3%	48,7%	100,0%
Gesamt		Anzahl	589	594	1183
		% von Obsorgeregelung mit Berücksichtigung der Obsorgeverteilung (aO) bzw. des hauptsächlichen Kindesaufenthaltes (ObE)	49,8%	50,2%	100,0%

Tabelle 5

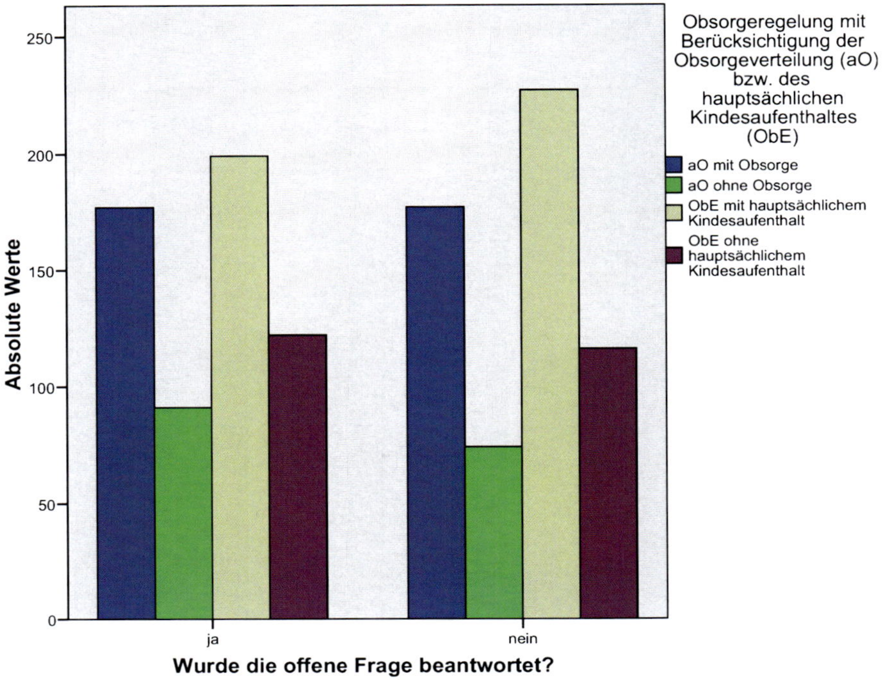
Obsorgeregelung mit Berücksichtigung der Obsorgeverteilung (aO) bzw. des hauptsächlichen Kindesaufenthaltes (ObE)
aO mit Obsorge
aO ohne Obsorge
ObE mit hauptsächlichem Kindesaufenthalt
ObE ohne hauptsächlichem Kindesaufenthalt
Absolute Werte
250
200
150
100
50
0
ja
nein
Wurde die offene Frage beantwortet?

Graphik 6

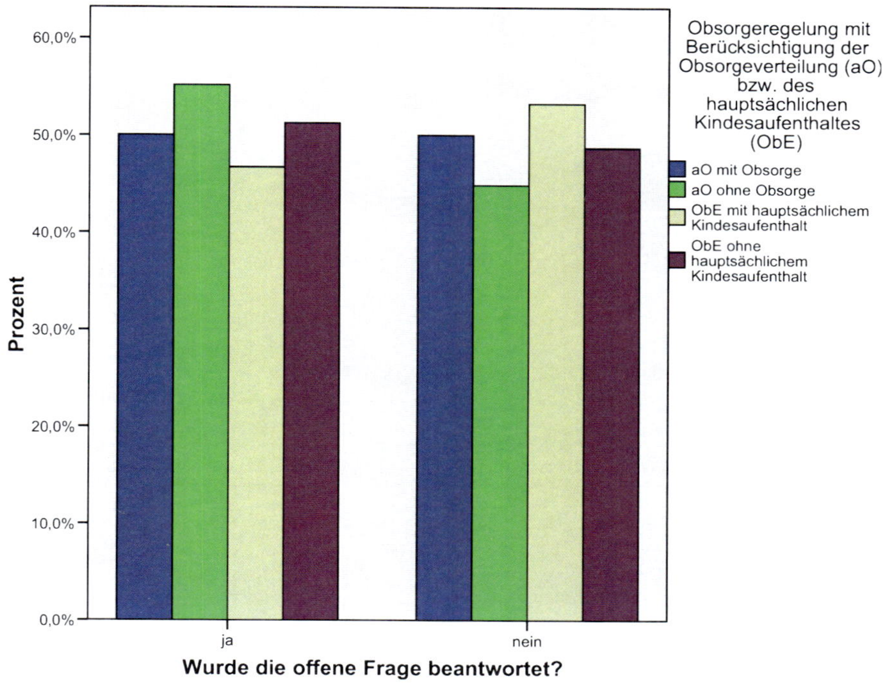

Graphik 7

Wie aus Tabelle 5 bzw. Graphik 6 und 7 ersichtlich wird gibt es durchaus Unterschiede innerhalb der Obsorgegruppen. Von 354 Elternteilen mit *aO mit Obsorge* haben jeweils 50% (177) die offene Frage beantwortet bzw. nicht beantwortet. 55,2% (91) der insgesamt 165 Elternteile mit *aO ohne Obsorge* haben die Frage beantwortet, 44,8% (74) ließen diese unbeantwortet. Von 426 Elternteilen mit *ObE mit hauptsächlichem Kindesaufenthalt* haben 46,7% (199) die offene Frage beantwortet, 53,3% (227) taten dies nicht. 51,3% (122) der insgesamt 238 Elternteile mit *ObE ohne hauptsächlichen Kindesaufenthalt* haben die offene Frage beantwortet, 48,7% (116) ließen sie unbeantwortet. Interessant ist, dass jeweils jene Gruppen, die nicht ständig mit dem Kind zusammenleben, am häufigsten die offene Frage beantwortet haben, nämlich 55,2% der Eltern mit aO ohne Obsorge und 51,3% der Eltern mit ObE ohne hauptsächlichem Kindesaufenthalt.

Neben den obsorgespezifischen Gruppen stellten die beratungsspezifischen Gruppen die zweiten hypothesenrelevanten Gruppen dar. Daher wird nun auch für diese die Häufigkeitsverteilung der Beantwortung der offenen Frage behandelt.

Zunächst zu den Unterschieden zwischen Elternteilen, die im Scheidungsverlauf eine psychosoziale Beratungsform und/oder Mediation in Anspruch genommen haben und solchen, die dies nicht taten.

Kreuztabelle: Wurde im Scheidungsverlauf eine psychosoziale Beratungsform (Erziehungs-, und/oder Ehe-, Partnerberatung) und/oder Mediation in Anspruch genommen? * Wurde die offene Frage beantwortet?

			Wurde die offene Frage beantwortet?		Gesamt
			ja	nein	ja
Wurde im Scheidungsverlauf eine psychosoziale Beratungsform (Erziehungs-, und/oder Ehe-, Partnerberatung) und/oder Mediation in Anspruch genommen?	psychosoziale Beratung/Mediation	Anzahl	281	222	503
		% von Wurde im Scheidungsverlauf eine psychosoziale Beratungsform (Erziehungs-, und/oder Ehe-, Partnerberatung) und/oder Mediation in Anspruch genommen?	55,9%	44,1%	100,0%
	keine psychosoziale Beratung/Mediation	Anzahl	308	372	680
		% von Wurde im Scheidungsverlauf eine psychosoziale Beratungsform (Erziehungs-, und/oder Ehe-, Partnerberatung) und/oder Mediation in Anspruch genommen?	45,3%	54,7%	100,0%
Gesamt		Anzahl	589	594	1183
		% von Wurde im Scheidungsverlauf eine psychosoziale Beratungsform (Erziehungs-, und/oder Ehe-, Partnerberatung) und/oder Mediation in Anspruch genommen?	49,8%	50,2%	100,0%

Tabelle 6

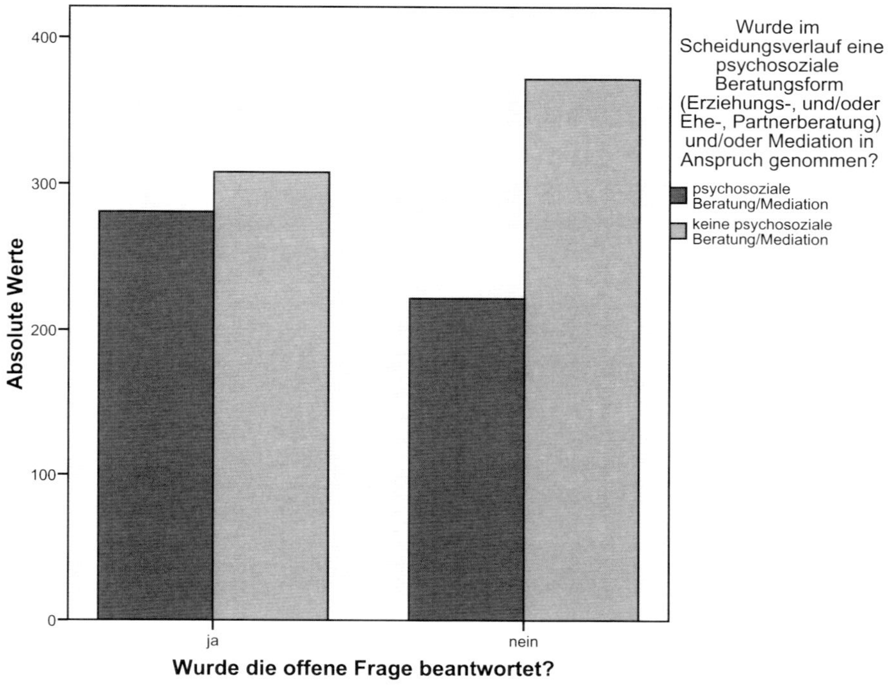
400
300
200
100
0
Absolute Werte
ja
nein
Wurde die offene Frage beantwortet?
Wurde im Scheidungsverlauf eine psychosoziale Beratungsform (Erziehungs-, und/oder Ehe-, Partnerberatung) und/oder Mediation in Anspruch genommen?
psychosoziale Beratung/Mediation
keine psychosoziale Beratung/Mediation

Graphik 8

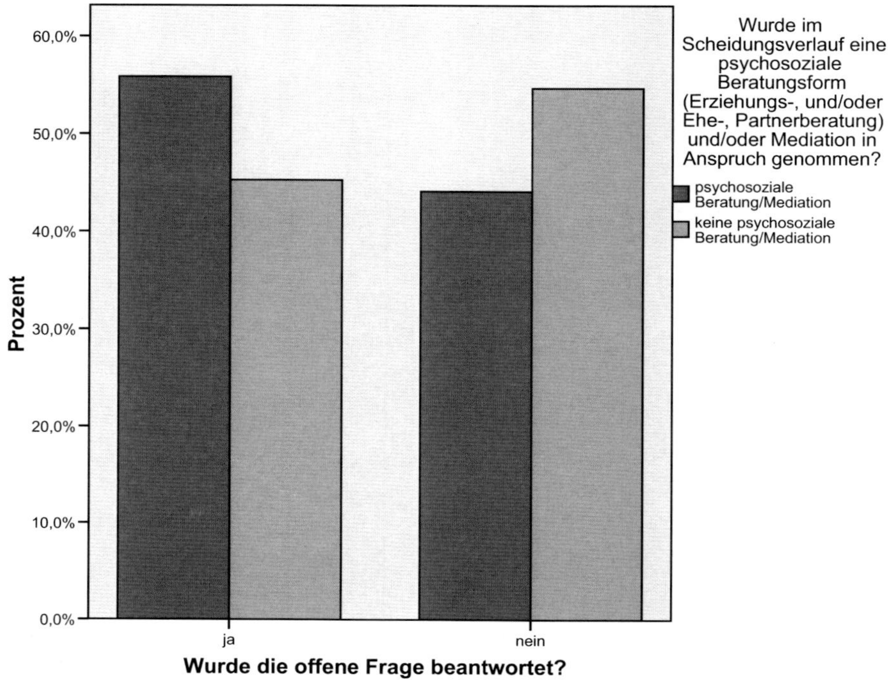

Graphik 9

Tabelle 6 bzw. Graphik 8 und 9 zeigen, dass von den 503 Elternteilen, die im Scheidungsverlauf eine psychosoziale Beratungsform und/oder Mediation in Anspruch genommen haben, 55,9% (281) die offene Frage beantwortet haben, 44,1% (222) taten dies nicht. Von den 680 Elterteilen, die keine psychosoziale Beratungsform und/oder Mediation in Anspruch genommen haben, haben hingegen nur 45,3% (308) die offene Frage beantwortet, während 54,7% (372) diese unbeantwortet ließen.

Es haben daher deutlich mehr Eltern, die eine psychosoziale Beratungsform und/oder Mediation in Anspruch genommen haben, die offene Frage beantwortet (55,9%) als Eltern, die dies nicht taten (45,3%).

Da hier erstmals eine Signifikanz der Häufigkeitsverteilung angenommen werden kann, soll diese nun mittels **Chi-Quadrat-Test** überprüft werden.[46] Die statistische Signifikanz (p) ist per internationaler Konvention festgelegt. Entsprechend dieser Konvention erfolgt die Einteilung der ermittelten Signifikanz wie folgt (vgl. Bortz & Döring 1995, 27):

signifikant (p = 0,05)

sehr signifikant (p = 0,01)

hoch signifikant (p = 0,001)

Chi-Quadrat-Test

	Wert	df	Asymptotische Signifikanz (2-seitig)
Chi-Quadrat nach Pearson	12,923(a)	1	,000
Anzahl der gültigen Fälle	1183		

a 0 Zellen (,0%) haben eine erwartete Häufigkeit kleiner 5. Die minimale erwartete Häufigkeit ist 250,44.[47]

Tabelle 7

Bei dieser Häufigkeitsverteilung zeigt sich also eine „hohe Signifikanz" ($p<0,001$). Eltern, die im Scheidungsverlauf psychosoziale Beratung und/oder Mediation in Anspruch genommen haben, unterscheiden sich daher hinsichtlich der Beantwortung der offenen Frage „hoch signifikant" von jenen Eltern, die dies nicht taten.

Nun noch zur zweiten beratungsspezifisch hypothesenrelevanten Gruppe: Gibt es Unterschiede hinsichtlich der Beantwortung der offenen Frage zwischen Elternteilen, die im Scheidungsverlauf ausschließlich Rechtsberatung in Anspruch genommen haben und solchen, die dies nicht bzw. nicht ausschließlich taten?

[46] Der Chi-Quadrat-Test überprüft die Unabhängigkeit der beiden Variablen der Kreuztabelle und damit den Zusammenhang der beiden Merkmale. Er ist ein von dem amerikanischen Statistiker Karl Pearson entwickelter statistischer Test. Beim Chi-Quadrat-Test wird geprüft, ob sich die beobachteten Häufigkeiten (f_o) maßgeblich von den erwarteten Häufigkeiten (f_e) unterscheiden (vgl. Bühl & Zöfel 2005, 245).

[47] Der Chi-Quadrat-Test hat zur Voraussetzung, dass nur in maximal 20% der Felder der Kreuztabelle erwartete Häufigkeiten < 5 auftreten dürfen (vgl. Bühl & Zöfel 2005, 247).

Kreuztabelle: Wurde ausschließlich Rechtsberatung in Anspruch genommen? * Wurde die offene Frage beantwortet?

			Wurde die offene Frage beantwortet?		Gesamt
			ja	nein	ja
Wurde ausschließlich Rechtsberatung in Anspruch genommen?	ausschließlich Rechtsberatung	Anzahl	98	100	198
		% von Wurde ausschließlich Rechtsberatung in Anspruch genommen?	49,5%	50,5%	100,0%
	nicht ausschließlich Rechtsberatung	Anzahl	491	494	985
		% von Wurde ausschließlich Rechtsberatung in Anspruch genommen?	49,8%	50,2%	100,0%
Gesamt		Anzahl	589	594	1183
		% von Wurde ausschließlich Rechtsberatung in Anspruch genommen?	49,8%	50,2%	100,0%

Tabelle 8

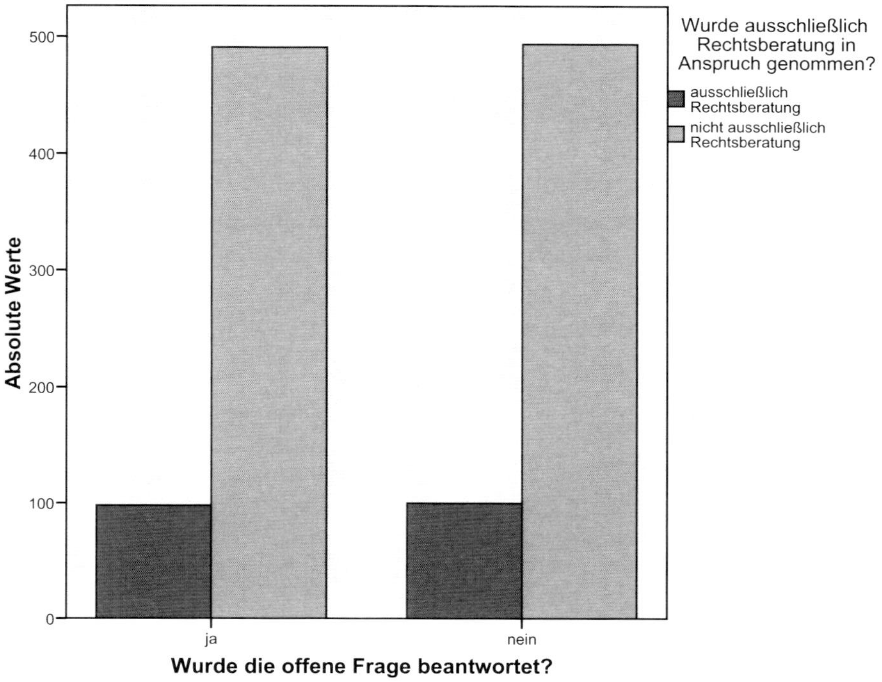
500
400
300
200
100
0
Absolute Werte
ja
nein
Wurde die offene Frage beantwortet?
Wurde ausschließlich Rechtsberatung in Anspruch genommen?
ausschließlich Rechtsberatung
nicht ausschließlich Rechtsberatung

Graphik 10

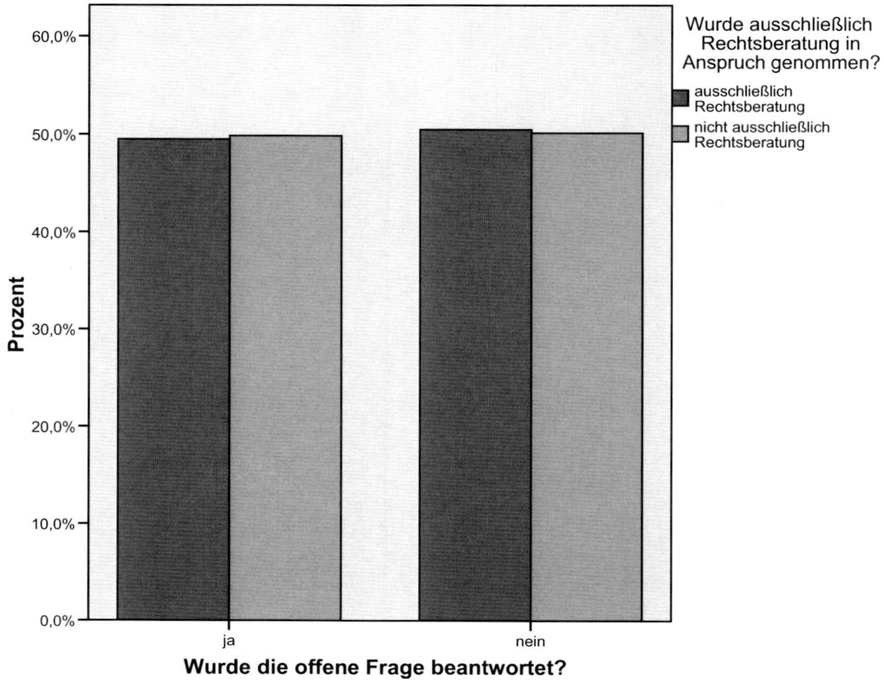

Graphik 11

Wie aus Tabelle 8 bzw. Graphik 10 und 11 ersichtlich ist haben 49,5% (98) der Eltern, die im Scheidungsverlauf ausschließlich Rechtsberatung in Anspruch genommen haben, die offene Frage beantwortet, 50,5% (100) taten die nicht. 49,8% (589) der Eltern, die im Scheidungsverlauf nicht bzw. nicht ausschließlich Rechtsberatung in Anspruch genommen haben, haben die offene Frage beantwortet, 50,2% (594) ließen diese unbeantwortet. Es zeigt sich folglich, dass die ausschließliche Inanspruchnahme von Rechtsberatung im Scheidungsverlauf keinen Zusammenhang mit der Beantwortung der offenen Frage aufweist.

Abschließend wird nun noch die Häufigkeitsverteilung für die Beantwortung der offenen Frage hinsichtlich des antwortenden Elternteils (Mutter / Vater) näher betrachtet:

Kreuztabelle: Um wen handelt es sich beim antwortenden Elternteil? * Wurde die offene Frage beantwortet?

			Wurde die offene Frage beantwortet?		
			ja	nein	Gesamt
Um wen handelt es sich beim antwortenden Elternteil?	um die Mutter	Anzahl	344	368	712
		% von Um wen handelt es sich beim antwortenden Elternteil?	48,3%	51,7%	100,0%
	um den Vater	Anzahl	245	226	471
		% von Um wen handelt es sich beim antwortenden Elternteil?	52,0%	48,0%	100,0%
Gesamt		Anzahl	589	594	1183
		% von Um wen handelt es sich beim antwortenden Elternteil?	49,8%	50,2%	100,0%

Tabelle 9

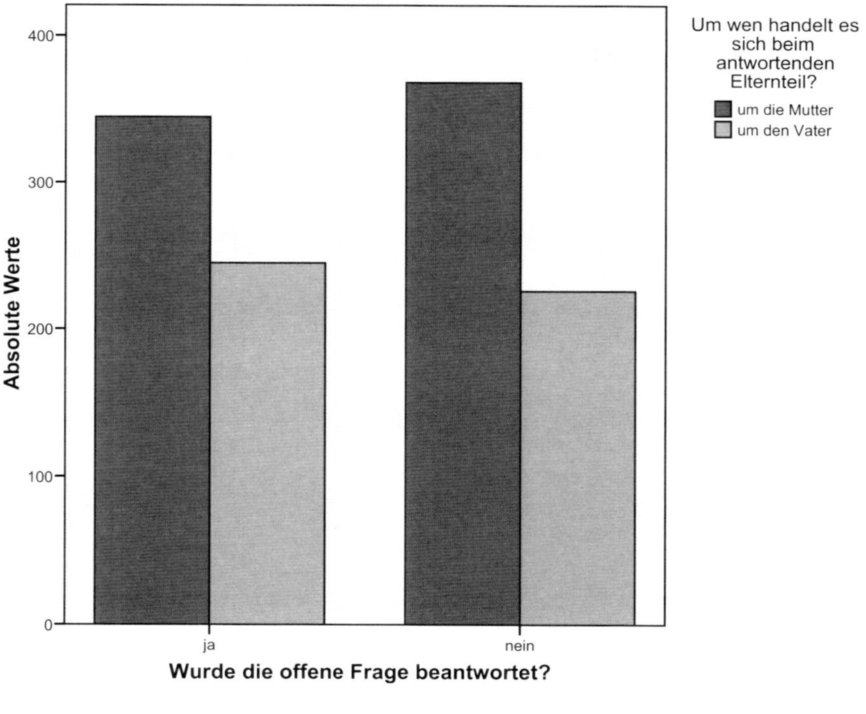

Graphik 12

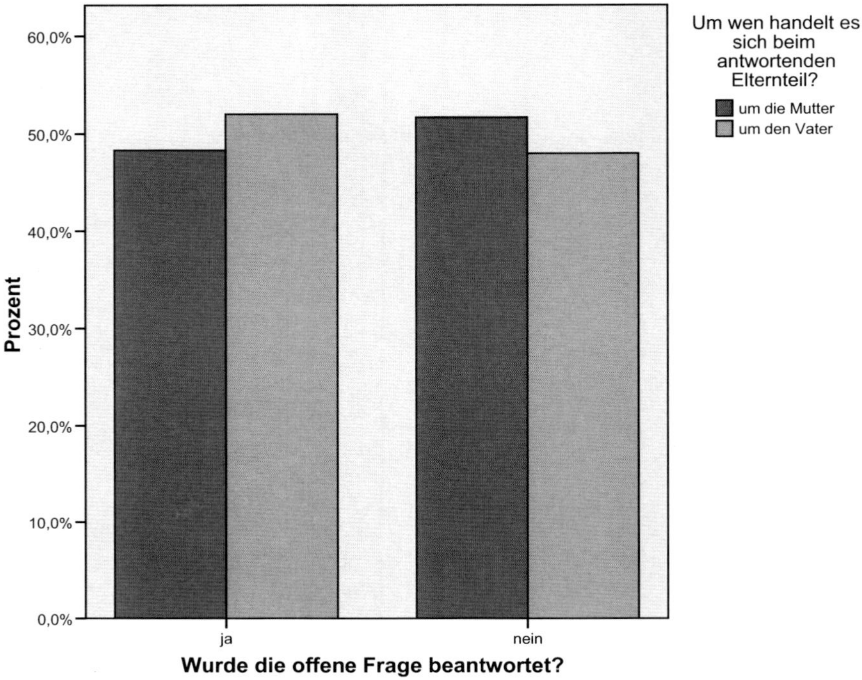

Graphik 13

Wie aus Tabelle 9 bzw. Graphik 12 und 13 hervorgeht haben etwas mehr Väter (52%) als Mütter (48,3%) die offene Frage beantwortet.

Kategorie B

Weist die Antwort auf die offen gestellte Frage einen direkten oder indirekten Bezug zum "Kindeswohl" auf?

		Häufigkeit	Prozent	Gültige Prozente	Kumulierte Prozente
Gültig	Bezug zum "Kindeswohl"	424	35,8	35,8	35,8
	kein Bezug zum "Kindes-wohl"	759	64,2	64,2	100,0
	Gesamt	1183	100,0	100,0	

Tabelle 10

Weist die Antwort auf die offen gestellte Frage einen direkten oder indirekten Bezug zum "Kindeswohl" auf?

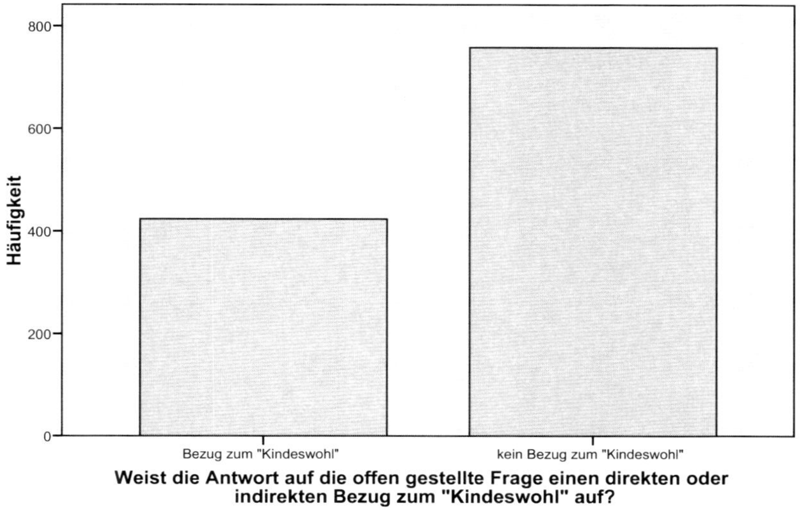

Graphik 14

Weist die Antwort auf die offen gestellte Frage einen direkten oder indirekten Bezug zum "Kindeswohl" auf?

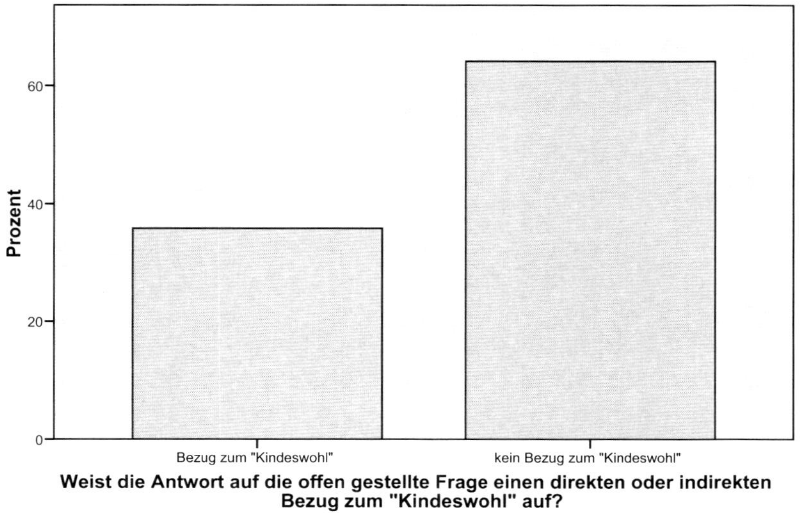

Graphik 15

Wie Tabelle 10 bzw. Graphik 14 und 15 zeigen, weisen lediglich 35,8% der Antworten auf die offene Frage einen Bezug zum Kindeswohl auf. Bei deutlich mehr Antworten (64,2%) ist hingegen *kein* Bezug zum Kindeswohl feststellbar. Wie bereits erwähnt, sind bei diesen 64,2% jedoch auch alle nicht gegebenen Antworten (50,2% der Fragebögen) enthalten. Wie sieht also die Häufigkeitsverteilung des Bezugs zum „Kindeswohl" für die tatsächlich gegebenen Antworten aus?

Weist die Antwort auf die offen gestellte Frage einen direkten oder indirekten Bezug zum "Kindeswohl" auf? (tatsächlich gegebene Antworten)

		Häufigkeit	Prozent	Gültige Prozente	Kumulierte Prozente
Gültig	Bezug zum "Kindeswohl"	424	72,0	72,0	72,0
	kein Bezug zum "Kindeswohl"	165	28,0	28,0	100,0
	Gesamt	589	100,0	100,0	

Tabelle 11

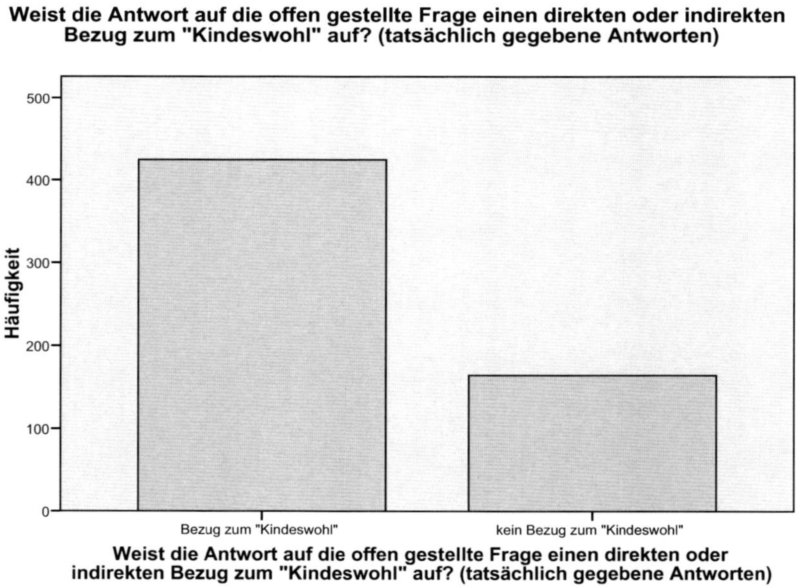

Graphik 16

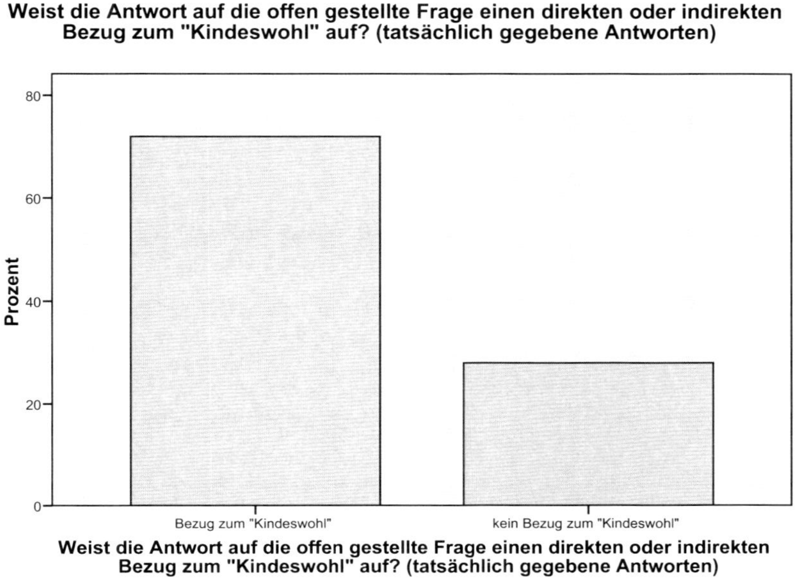

Graphik 17

Tabelle 11 bzw. Graphik 16 und 17 zeigen, dass 72% der tatsächlich gegebenen Antworten einen Bezug zum „Kindeswohl" aufweisen, nur 28% dieser Antworten weisen keinen solchen Bezug auf. Das Verhältnis der Antworten mit bzw. ohne Bezug zum „Kindeswohl" kehrt sich folglich mehr als um, wenn nur die tatsächlich gegebenen Antworten berücksichtigt werden.

Es wird nun mittels Chi-Quadrat-Test die Signifikanz für beide Fälle errechnet:

Chi-Quadrat-Test

Weist die Antwort auf die offen gestellte Frage einen direkten oder indirekten Bezug zum "Kindeswohl" auf? (alle Fragebögen)

	Beobachtetes N	Erwartete Anzahl	Residuum
Bezug zum "Kindeswohl"	424	591,5	-167,5
kein Bezug zum "Kindeswohl"	759	591,5	167,5
Gesamt	1183		

Tabelle 12

Statistik für Test

	Weist die Antwort auf die offen gestellte Frage einen direkten oder indirekten Bezug zum "Kindeswohl" auf? (alle Fragebögen)
Chi-Quadrat(a)	94,865
df	1
Asymptotische Signifikanz	,000

a Bei 0 Zellen (,0%) werden weniger als 5 Häufigkeiten erwartet. Die kleinste erwartete Zellenhäufigkeit ist 591,5.
Tabelle 13

Weist die Antwort auf die offen gestellte Frage einen direkten oder indirekten Bezug zum "Kindeswohl" auf? (tatsächlich gegebene Antworten)

	Beobachtetes N	Erwartete Anzahl	Residuum
Bezug zum "Kindeswohl"	424	294,5	129,5
kein Bezug zum "Kindeswohl"	165	294,5	-129,5
Gesamt	589		

Tabelle 14

Statistik für Test

	Weist die Antwort auf die offen gestellte Frage einen direkten oder indirekten Bezug zum "Kindeswohl" auf? (tatsächlich gegebene Antworten)
Chi-Quadrat(a)	113,890
df	1
Asymptotische Signifikanz	,000

a Bei 0 Zellen (,0%) werden weniger als 5 Häufigkeiten erwartet. Die kleinste erwartete Zellenhäufigkeit ist 294,5.
Tabelle 15

Folglich kann festgehalten werden, dass wenn alle Fragebögen - und damit auch alle fehlenden Antworten auf die offene Frage - berücksichtigt werden, 64,2% der Antworten *keinen* Bezug zum „Kindeswohl“ aufweisen. Dieses Ergebnis ist als „hoch signifikant“ ($p<0,001$) zu Ungunsten eines Bezugs zum „Kindeswohl“ einzustufen. Wenn die offene Frage allerdings tatsächlich beantwortet wurde, so ist in 72% dieser Antworten ein Bezug zum „Kindeswohl“ feststellbar. Somit ist das Ergebnis in diesem Fall dann ebenso „hoch signifikant“ ($p<0,001$) zu Gunsten eines Bezugs zum „Kindeswohl“ einzustufen.

Kategorie C

Ist das in der Antwort enthaltene Anliegen aus psychoanalytisch-pädagogischer Sicht als für das "Kindeswohl" förderlich einzustufen?

		Häufigkeit	Prozent	Gültige Prozente	Kumulierte Prozente
Gültig	förderlich	403	34,1	34,1	34,1
	nicht förderlich (neutral bzw. hinderlich)	780	65,9	65,9	100,0
	Gesamt	1183	100,0	100,0	

Tabelle 16

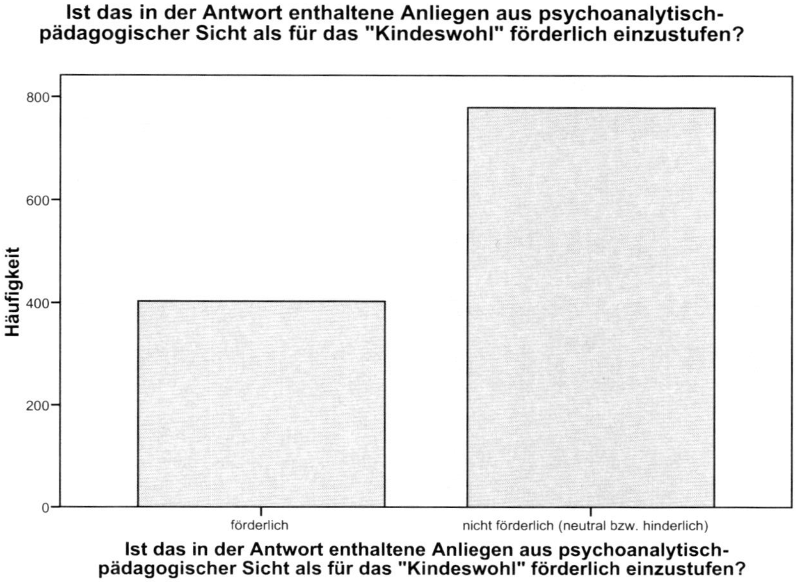

Graphik 18

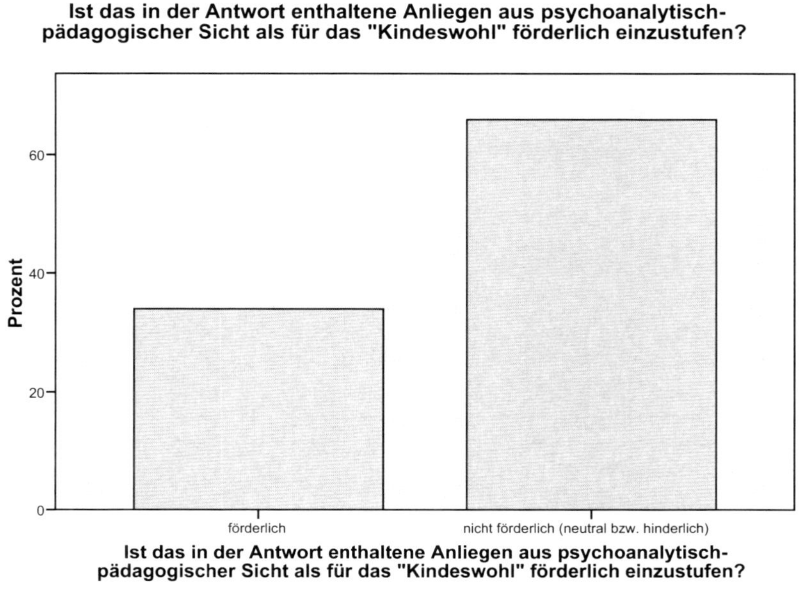

Graphik 19

Wie aus Tabelle 16 bzw. Graphik 18 und 19 ersichtlich, enthalten nur 34,1% der Antworten auf die offene Frage ein für das „Kindeswohl" förderlich einzustufendes Anliegen, während dies bei 65,9% der Antworten nicht der Fall ist. Es wird nun mittels Chi-Quadrat-Test die Signifikanz dieser Häufigkeitsverteilung errechnet:

Chi-Quadrat-Test

Ist das in der Antwort enthaltene Anliegen aus psychoanalytisch-pädagogischer Sicht als für das "Kindeswohl" förderlich einzustufen?

	Beobachtetes N	Erwartete Anzahl	Residuum
förderlich	403	591,5	-188,5
nicht förderlich (neutral od. hinderlich)	780	591,5	188,5
Gesamt	1183		

Tabelle 17

Statistik für Test

	Ist das in der Antwort enthaltene Anliegen aus psychoanalytisch-pädagogischer Sicht als für das "Kindeswohl" förderlich einzustufen?
Chi-Quadrat(a)	120,143
df	1
Asymptotische Signifikanz	,000

a Bei 0 Zellen (0%) werden weniger als 5 Häufigkeiten erwartet. Die kleinste erwartete Zellenhäufigkeit ist 591,5.
Tabelle 18

Es zeigt sich, dass 65,9% der in den Antworten enthaltenen Anliegen als „nicht förderlich", d.h. „neutral" oder „hinderlich" einzustufen waren. Dieses „hoch signifikante" ($p<0,001$) Ergebnis ist aufgrund der großen Anzahl an Fragebögen ohne Antwort auf die offene Frage, deren in den (nicht gegebenen) Antworten enthaltene Anliegen als „nicht förderlich" zu kodieren waren, auch nicht weiter verwunderlich. Es war zu erwarten. Analog zur Vorgehensweise bei Kategorie B wird die Häufigkeitsverteilung daher nun auch für Kategorie C zusätzlich mit den Daten der tatsächlich gegebenen Antworten berechnet und dargestellt.

Ist das in der Antwort enthaltene Anliegen aus psychoanalytisch-pädagogischer Sicht als für das "Kindeswohl" förderlich einzustufen? (tatsächlich gegebene Antworten)

		Häufigkeit	Prozent	Gültige Prozente	Kumulierte Prozente
Gültig	förderlich	403	68,4	68,4	68,4
	nicht förderlich (neutral bzw. hinderlich)	186	31,6	31,6	100,0
	Gesamt	589	100,0	100,0	

Tabelle 19

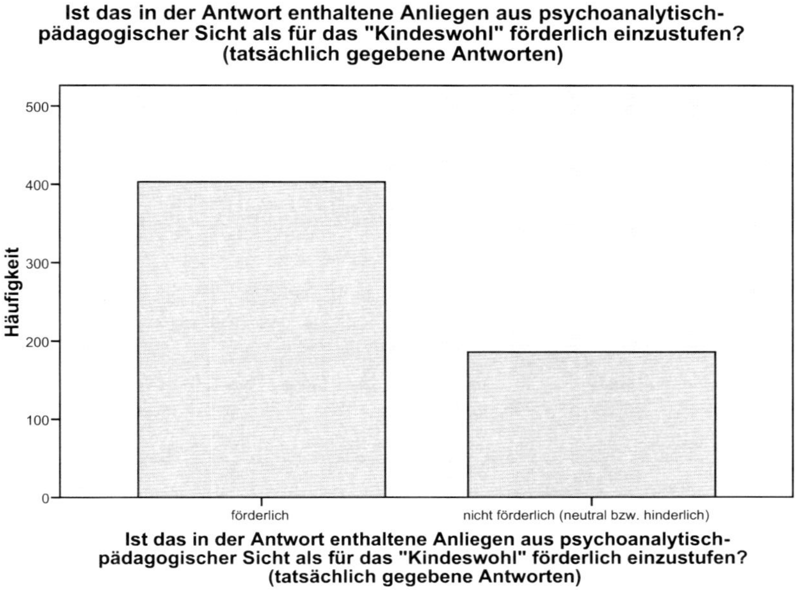

Graphik 20

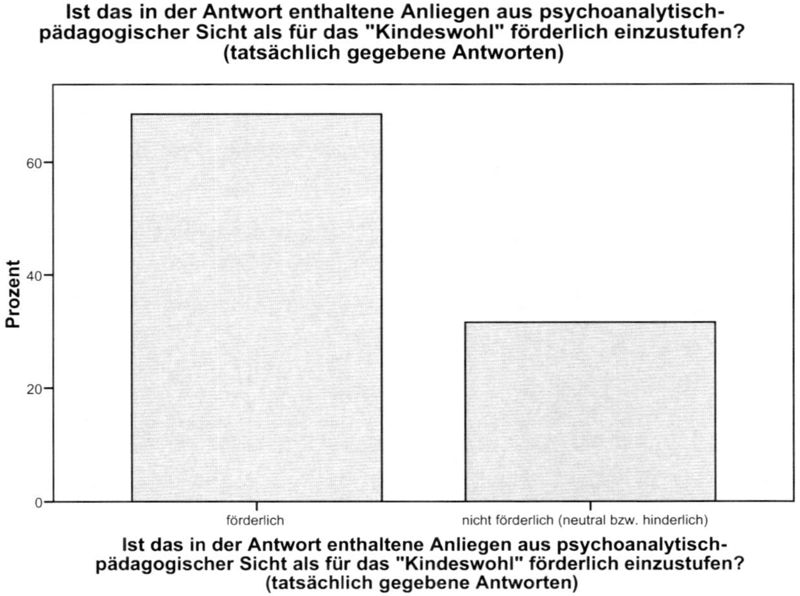

Graphik 21

Wie aus Tabelle 19 bzw. Graphik 20 und 21 ersichtlich, enthalten 68,4% der tatsächlich gegebenen Antworten auf die offene Frage ein für das „Kindeswohl“ förderlich einzustufendes Anliegen, während dies nur bei 31,6% der tatsächlichen Antworten nicht der Fall ist. Auch hier kehrt sich folglich das Verhältnis - wie schon bei Kategorie B - völlig um, wenn nur die tatsächlich gegebenen Antworten berücksichtigt werden. Es wird nun wieder die Signifikanz dieser Häufigkeitsverteilung errechnet:

Chi-Quadrat-Test

Ist das in der Antwort enthaltene Anliegen aus psychoanalytisch-pädagogischer Sicht als für das "Kindeswohl" förderlich einzustufen? (tatsächlich gegebene Antworten)

	Beobachtetes N	Erwartete Anzahl	Residuum
förderlich	403	294,5	108,5
nicht förderlich (neutral od. hinderlich)	186	294,5	-108,5
Gesamt	589		

Tabelle 20

Statistik für Test

	Ist das in der Antwort enthaltene Anliegen aus psychoanalytisch-pädagogischer Sicht als für das "Kindeswohl" förderlich einzustufen? (tatsächlich gegebene Antworten)
Chi-Quadrat(a)	79,947
df	1
Asymptotische Signifikanz	,000

a Bei 0 Zellen (,0%) werden weniger als 5 Häufigkeiten erwartet. Die kleinste erwartete Zellenhäufigkeit ist 294,5.

Tabelle 21

Es zeigt sich, dass, wenn alle Fragebögen - und damit auch alle fehlenden Antworten auf die offene Frage - berücksichtigt werden, 65,9% der Antworten als für das „Kindeswohl“ „nicht förderlich (neutral od. hinderlich)“ einzustufen waren (vgl. Tabelle 16 bis 18; Graphik 18; 19). Man erhält in diesem Fall also ein „hoch signifikantes“ Ergebnis zu Ungunsten des „Kindeswohls“. Wenn die offene Frage allerdings tatsächlich beantwortet wurde, fällt das Ergebnis jedoch - ähnlich wie bei Kategorie B - ebenso „hoch signifikant“ ($p<0,001$) zu Gunsten des „Kindeswohls“ aus. 68,4% der tatsächlich gegebenen Antworten waren nämlich als für das „Kindeswohl“ „förderlich“ einzustufen (vgl. Tabelle 20; 21; Graphik 20; 21).

Wenn man nun zusätzlich alle Fälle herausfiltert, die keinen Bezug zum „Kindeswohl“ aufweisen und *deshalb* als „neutral“ und damit „nicht förderlich“ einzustufen waren, ergibt sich eine Häufigkeitsverteilung bei der „nicht förderlich“ mit „hinderlich“ gleichgesetzt werden kann, da nun alle „neutralen“ Fälle herausgefiltert sind:

Ist das in der Antwort enthaltene Anliegen aus psychoanalytisch-pädagogischer Sicht als für das "Kindeswohl" förderlich einzustufen? (nur Antworten mit Bezug zum "Kindeswohl")

		Häufigkeit	Prozent	Gültige Prozente	Kumulierte Prozente
Gültig	förderlich	403	95,0	95,0	95,0
	hinderlich	21	5,0	5,0	100,0
	Gesamt	424	100,0	100,0	

Tabelle 22

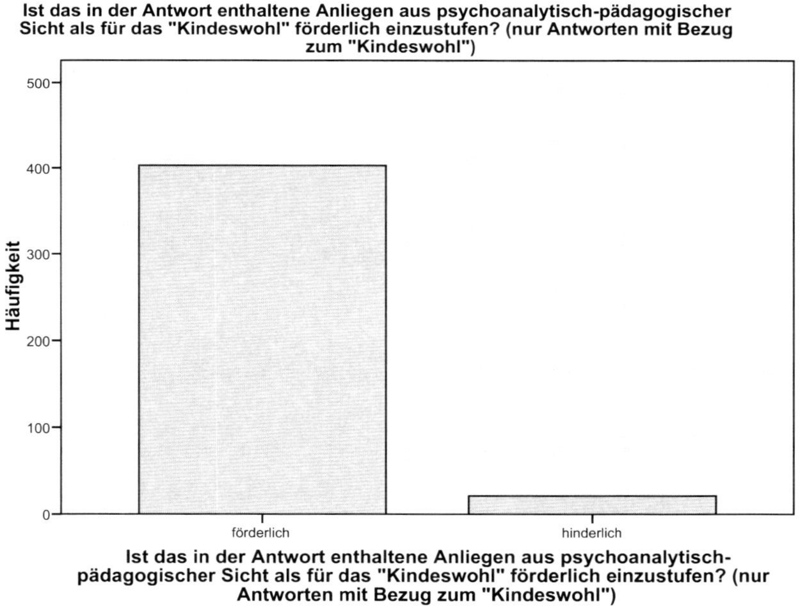

Graphik 22

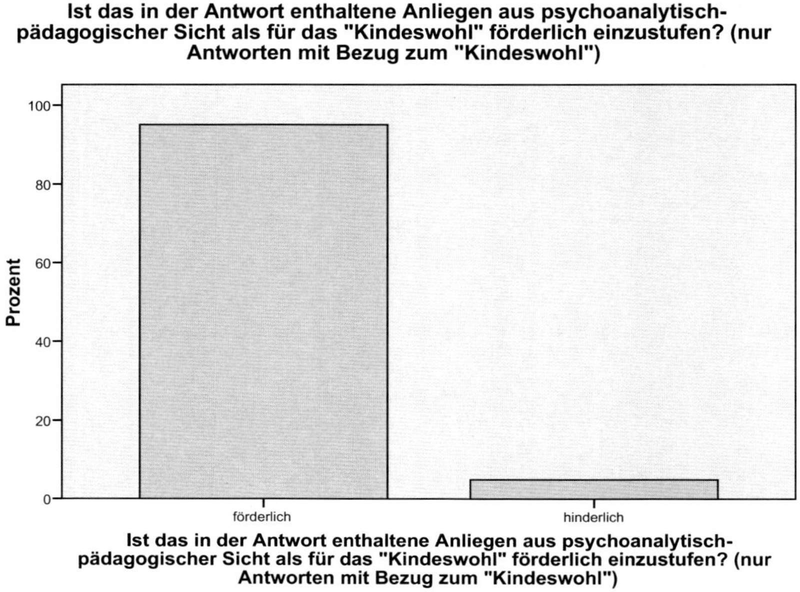

Graphik 23

Tabelle 22 bzw. Graphik 22 und 23 zeigen deutlich, dass es kaum tatsächliche Antworten mit Bezug zum „Kindeswohl" gab, die für ebendieses als „hinderlich" einzustufen waren (5%). Hingegen enthielten 95% der Antworten mit Bezug zum „Kindeswohl" ein aus psychoanalytisch-pädagogischer Sicht für das „Kindeswohl" förderlich einzustufendes Anliegen.

Auch hier wird abschließend noch die Signifikanz mittels Chi-Quadrat-Test errechnet:

Chi-Quadrat-Test

Ist das in der Antwort enthaltene Anliegen aus psychoanalytisch-pädagogischer Sicht als für das "Kindeswohl" förderlich einzustufen? (nur Antworten mit Bezug zum "Kindeswohl")

	Beobachtetes N	Erwartete Anzahl	Residuum
förderlich	403	212,0	191,0
hinderlich	21	212,0	-191,0
Gesamt	424		

Tabelle 23

Statistik für Test

	Ist das in der Antwort enthaltene Anliegen aus psychoanalytisch-pädagogischer Sicht als für das "Kindeswohl" förderlich einzustufen? (nur Antworten mit Bezug zum "Kindeswohl")
Chi-Quadrat(a)	344,160
df	1
Asymptotische Signifikanz	,000

a Bei 0 Zellen (,0%) werden weniger als 5 Häufigkeiten erwartet. Die kleinste erwartete Zellenhäufigkeit ist 212,0.
Tabelle 24

Wie erwartet erhält man ein „hoch signifikantes“ ($p<0,001$) Ergebnis. Der Chi-Quadrat-Test bestätigt, dass die tatsächlichen Antworten, die einen Bezug zum „Kindeswohl“ aufweisen, in überzufälliger Häufigkeit ein für ebendieses förderliches Anliegen enthielten.

Exkurs: **Beantwortung der ersten Forschungsfrage**

Wie angekündigt ist mit den bisher angeführten Auswertungsergebnissen, d.h. den Häufigkeitsverteilungen der Kategorien A bis C, die erste Forschungsfrage bereits zu beantworten:

(1) Inwieweit werden in den Antworten der geschiedenen Eltern auf die offene Frage Anliegen und Wünsche thematisiert, die einen direkten oder indirekten Bezug zum „Kindeswohl“ aufweisen und die außerdem aus psychoanalytisch-pädagogischer Sicht als für das „Kindeswohl“ förderlich eingestuft werden können; sodass angenommen werden kann, dass das „Kindeswohl“ als Anliegen (aus psychoanalytisch-pädagogischer Sicht) auch im Bewusstsein dieser Eltern direkt oder indirekt präsent ist?

Je nach Berücksichtigung der Fragebögen mit fehlender Antwort auf die offene Frage ergibt sich bezüglich dieser ersten Forschungsfrage ein unterschiedliches Ergebnis:

- Wenn alle Fragebögen berücksichtigt werden, d.h. die fehlenden Antworten dahingehend interpretiert werden, dass das „Kindeswohl“ in diesen Fällen kein ausreichend bewusstes Anliegen war um in der Antwort auf die offene Frage verschriftlicht zu werden, so findet sich nur in 35,8% der Fälle ein direkter oder indirekter Bezug zum „Kindeswohl“ und die thematisierten Anliegen sind aus psychoanalytisch-pädagogischer Sicht nur in 34,1% der Fälle als für das „Kindeswohl“ förderlich einzustufen.
- Wenn jedoch nur jene 49,8% der Fragebögen mit einer tatsächlich gegebenen Antwort auf die offene Frage berücksichtigt werden, so findet sich in 72% der Fälle ein direkter

oder indirekter Bezug zum „Kindeswohl“ und die thematisierten Anliegen sind aus psychoanalytisch-pädagogischer Sicht in 68,4% der Fälle als für das „Kindeswohl“ förderlich einzustufen.

In jedem Fall kann festgehalten werden, dass 95% der Antworten mit Bezug zum „Kindeswohl“ aus psychoanalytisch-pädagogischer Sicht als für ebendieses förderlich einzustufen waren. Es gab kaum real gegebene Antworten, die ein Anliegen enthielten, welches zu einer Reduktion des „Kindeswohls“ geführt bzw. diese in Kauf genommen hätte. Darüber hinaus gab es keine einzige Antwort, die dies gemäß der zweiter Auswertungs-/Kodierregel (vgl. Kap. 5.2.2) in *direkter* Weise tat.

Nach diesem Exkurs zur Beantwortung der ersten Forschungsfrage wird nun mit der Darstellung der Häufigkeitsverteilungen der Kategorien D bis H fortgesetzt.

Kategorie D

Um wen handelt es sich beim antwortenden Elternteil?

		Häufigkeit	Prozent	Gültige Prozente	Kumulierte Prozente
Gültig	um die Mutter	712	60,2	60,2	60,2
	um den Vater	471	39,8	39,8	100,0
	Gesamt	1183	100,0	100,0	

Tabelle 25

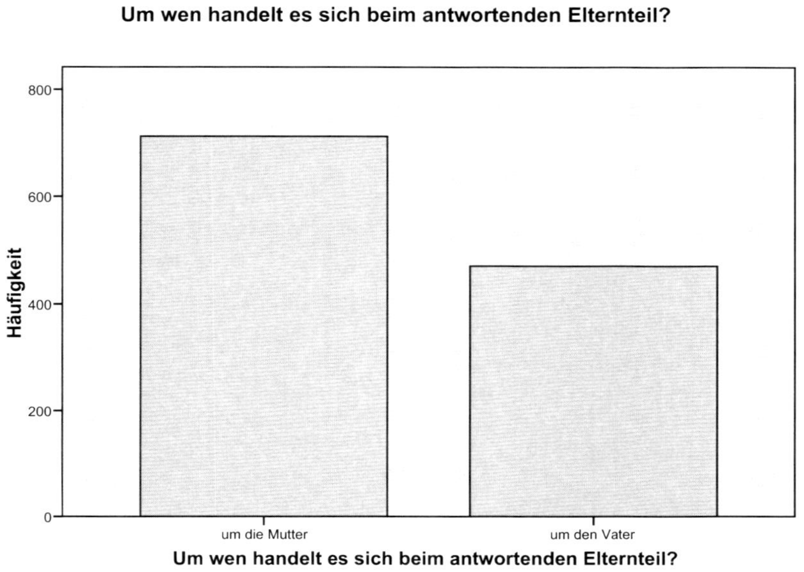

Graphik 24

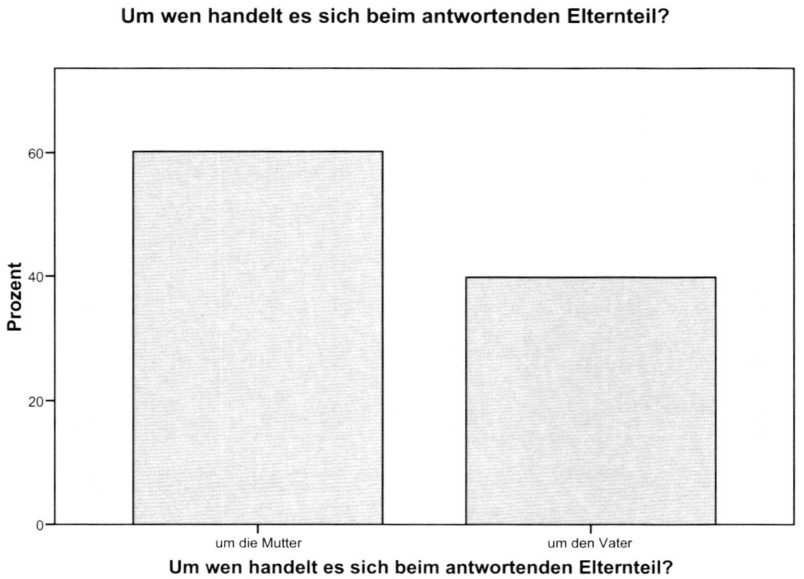

Graphik 25

Aus Tabelle 25 bzw. Graphik 24 und 25 ist ersichtlich, dass deutlich mehr Mütter (60,2%) als Väter (39,8%) die potentielle Möglichkeit zur Beantwortung der offenen Frage hatten. Diesbezüglich ist anzumerken, dass der Fragebogen vermutlich nicht alle Väter erreicht hat. Zumeist verlassen die Väter die bisherige Familienwohnung und die neue Adresse musste dem Gericht (über das die Verteilung der Fragebögen lief) nicht unbedingt bekannt gewesen sein (vgl. Kap. 4.3.1).

Kategorie E

Wie ist die Obsorge gegenwärtig geregelt?

		Häufigkeit	Prozent	Gültige Prozente	Kumulierte Prozente
Gültig	aO	519	43,9	43,9	43,9
	ObE	654	55,3	55,3	99,2
	noch nicht geregelt	10	,8	,8	100,0
	Gesamt	1183	100,0	100,0	

Tabelle 26

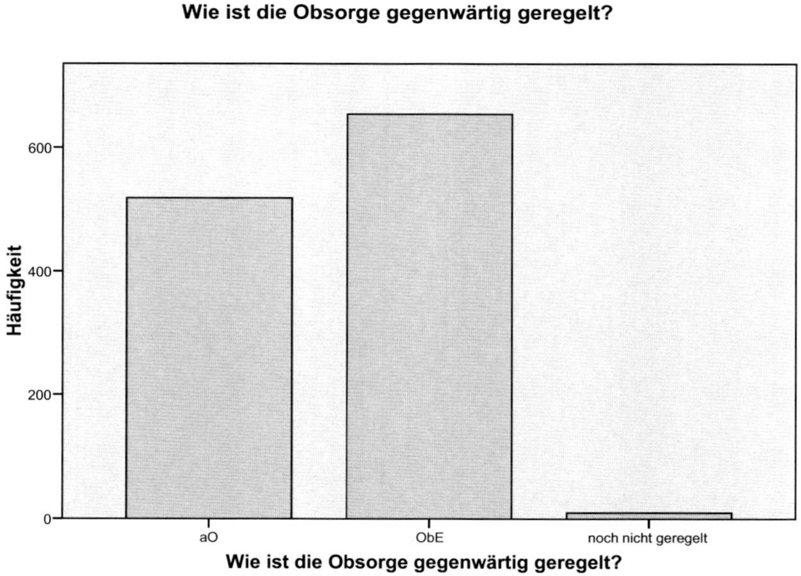

Graphik 26

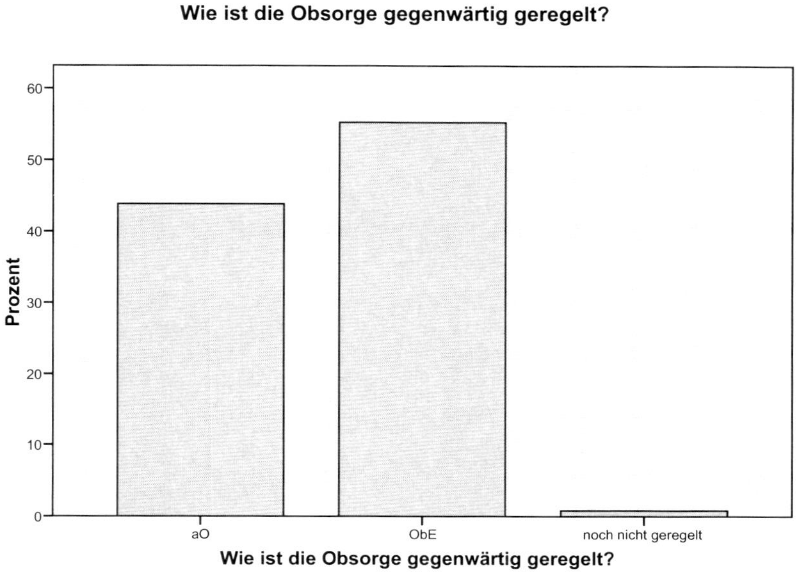

Graphik 27

Der Anteil jener Eltern, die für ihre Kinder die ObE nach der Scheidung beibehalten haben (55,3%) ist etwas größer als jener, für deren Kinder ein Elternteil die aO zugesprochen bekommen hat (43,9%).

Kategorie F

Obsorgeregelung mit Berücksichtigung der Obsorgeverteilung (aO) bzw. des hauptsächlichen Kindesaufenthaltes (ObE)

		Häufigkeit	Prozent	Gültige Prozente	Kumulierte Prozente
Gültig	aO mit Obsorge	354	29,9	29,9	29,9
	aO ohne Obsorge	165	13,9	13,9	43,9
	ObE mit hauptsächlichem Kindesaufenthalt	426	36,0	36,0	79,9
	ObE ohne hauptsächlichem Kindesaufenthalt	238	20,1	20,1	100,0
	Gesamt	1183	100,0	100,0	

Tabelle 27

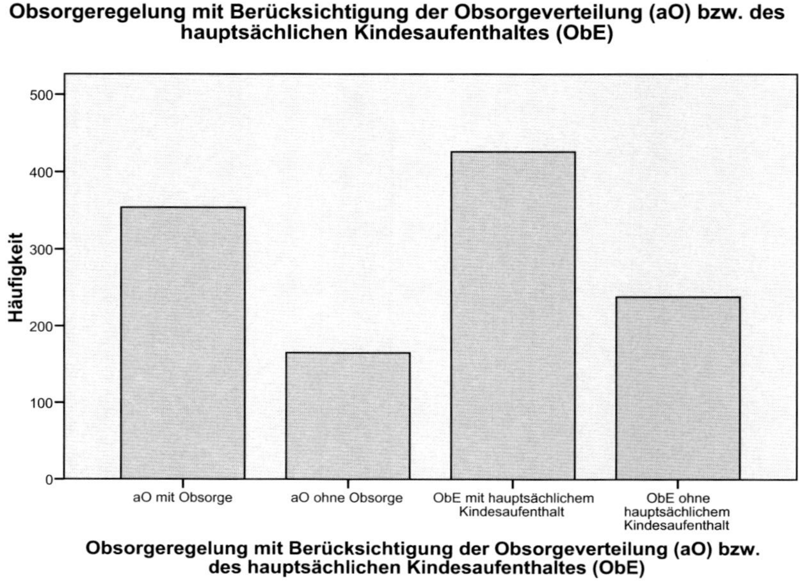

Graphik 28

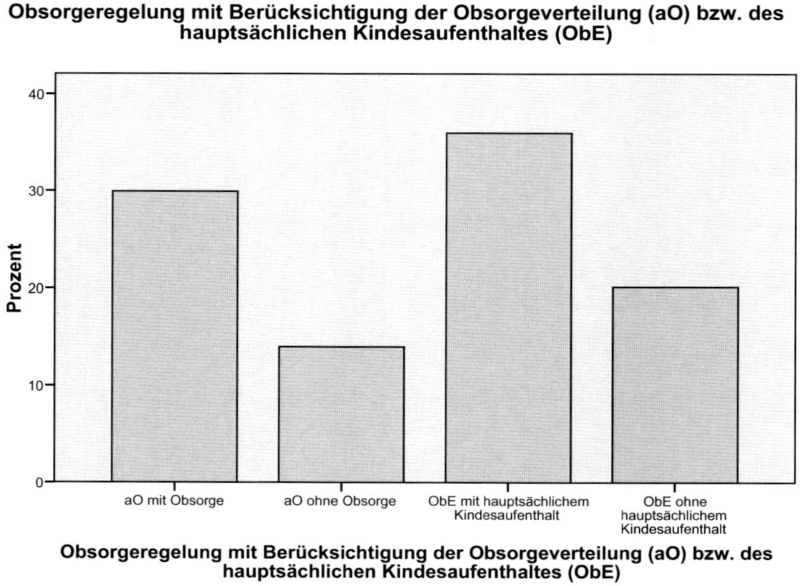

Graphik 29

Die häufigste erhobene Obsorgeform, welche für die Kinder der befragten Eltern geltend ist, ist die ObE mit hauptsächlichem Kindesaufenthalt (36%), gefolgt von der aO mit Obsorge (29,9%) und der ObE ohne hauptsächlichem Kindesaufenthalt (20,1%), schließlich die aO ohne Obsorge (13,9%).

Kategorie G

Wurde im Scheidungsverlauf eine psychosoziale Beratungsform (Erziehungs-, und/oder Ehe-, Partnerberatung) und/oder Mediation in Anspruch genommen?

		Häufigkeit	Prozent	Gültige Prozente	Kumulierte Prozente
Gültig	psychosoziale Beratung/Mediation	503	42,5	42,5	42,5
	keine psychosoziale Beratung/Mediation	680	57,5	57,5	100,0
	Gesamt	1183	100,0	100,0	

Tabelle 28

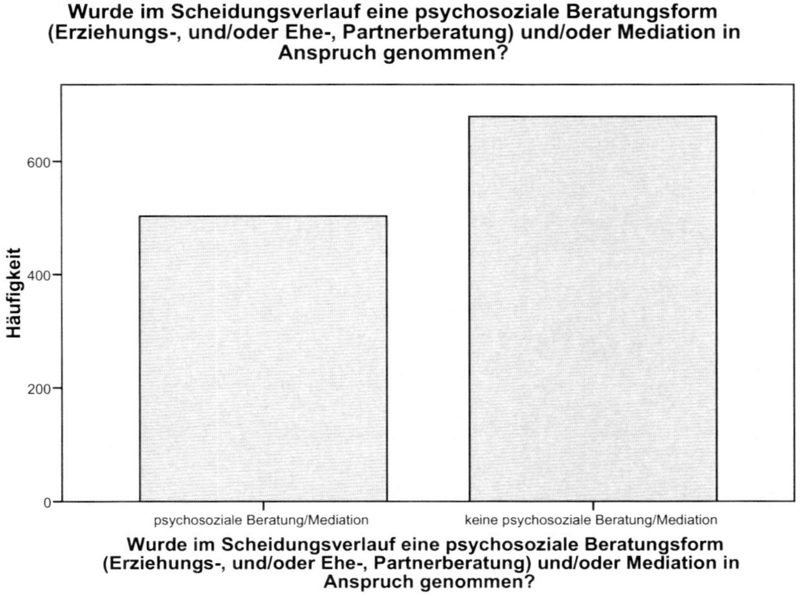

Graphik 30

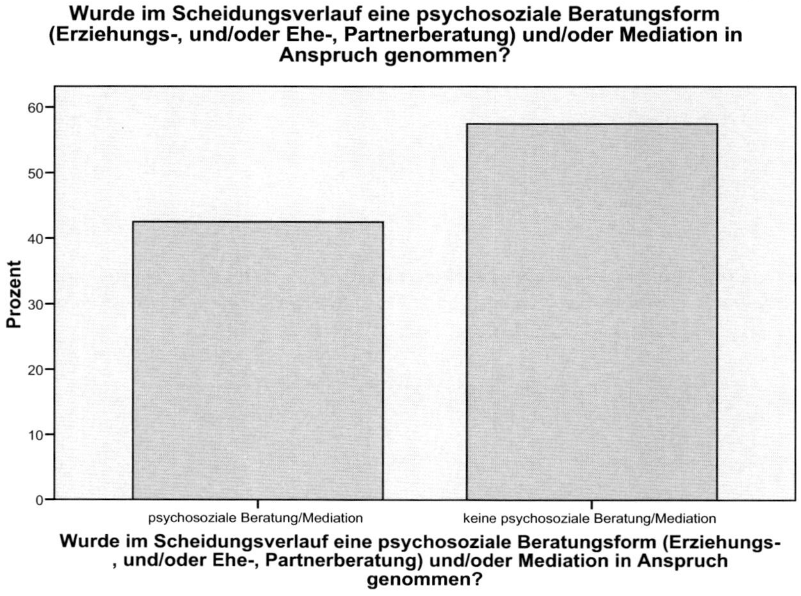

Graphik 31

Wie aus Tabelle 28 bzw. Graphik 30 und 31 hervorgeht, wurde in etwas weniger Fällen (42,5%) psychosoziale Beratung und/oder Mediation in Anspruch genommen als psychosoziale Beratung und/oder Mediation nicht beansprucht wurde (57,5%).

Kategorie H

Wurde ausschließlich Rechtsberatung in Anspruch genommen?

		Häufigkeit	Prozent	Gültige Prozente	Kumulierte Prozente
Gültig	ausschließlich Rechtsberatung	198	16,7	16,7	16,7
	nicht ausschließlich Rechtsberatung	985	83,3	83,3	100,0
	Gesamt	1183	100,0	100,0	

Tabelle 29

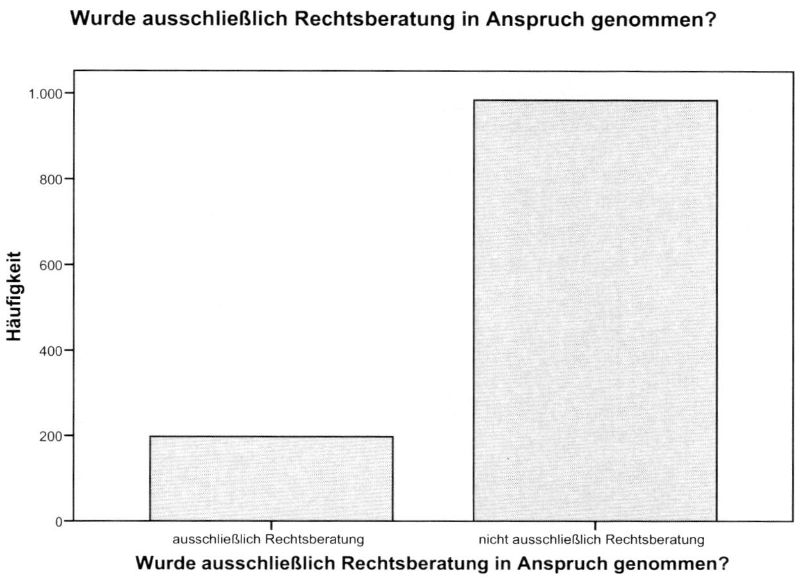

Graphik 32

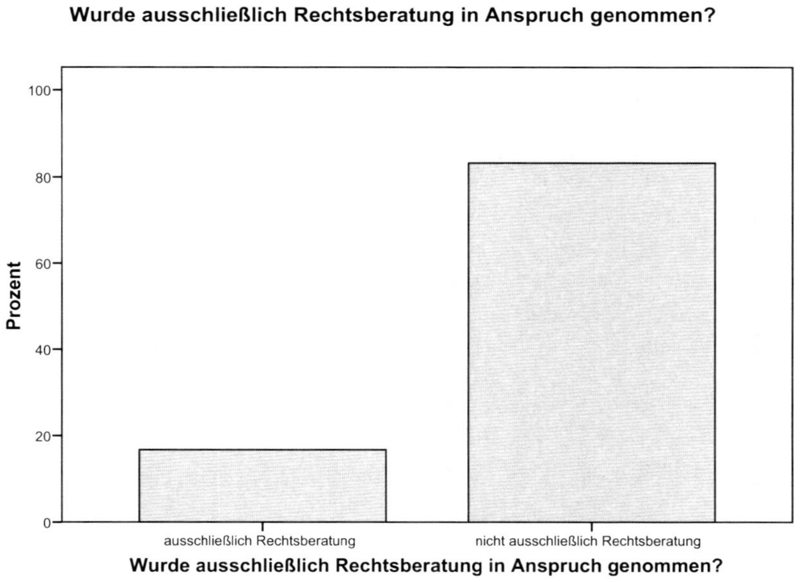

Graphik 33

Wie Tabelle 29 bzw. Graphik 32 und 33 zeigen, wurde nur in 16,7% der Fälle ausschließlich Rechtsberatung in Anspruch genommen, während in 83,3% der Fälle nicht bzw. nicht nur Rechtsberatung in Anspruch genommen wurde.

Damit endet der erste Auswertungsschritt (deskriptive Statistik), es folgt als zweiter Auswertungsschritt die Interferenzstatistik (hypothesenprüfende Statistik).

5.3.2 Die Prüfung der Forschungshypothesen

Für die Bestätigung bzw. Widerlegung der sechs Forschungshypothesen sowie die Beantwortung der übrigen drei Forschungsfragen und deren Subfragen war mittels geeigneter interferenzstatistischer Signifikanztests (U-Test, H-Test) zu überprüfen, ob die hypothesenrelevanten Häufigkeitsverteilungen überzufällig sind (vgl. Bortz & Döring 1995; Diekmann 1998; Kähler 1995).

Es wird nun jede der sechs Forschungshypothesen nochmals genannt, die Auswahl des jeweils zu rechnenden Signifikanztests erklärt und die zu vergleichende Gruppenvariable in Bezug zur Testvariablen in einem Diagramm graphisch dargestellt. Darauf folgen jeweils der Signifikanztest und eine kurze Erklärung des Ergebnisses. Schließlich wird festgehalten, ob die geprüfte Forschungshypothese bestätigt oder widerlegt werden konnte.

5.3.2.1 Die Prüfung der I. Hypothese

(I) Geschiedene Eltern, die Erziehungsberatung, Ehe- bzw. Partner-Beratung und/oder Mediation in Anspruch genommen haben, messen dem „Kindeswohl" in ihrem Bewusstsein einen signifikant höheren Stellenwert bei als jene Eltern, die dies nicht taten.

Für die Entscheidung, welcher interferenzstatistische Signifikanztest anzuwenden ist, muss die Datenstruktur – d.h. das Skalenniveau der Daten - näher betrachtet werden. Bei der Prüfung der I. Forschungshypothese stellt **Kategorie G** (Wurde im Scheidungsverlauf eine psychosoziale Beratungsform bzw. Mediation in Anspruch genommen?) die Gruppenvariable und **Kategorie C** (Ist das in der Antwort enthaltene Anliegen aus psychoanalytisch-pädagogischer Sicht als für das "Kindeswohl" förderlich einzustufen?) die Testvariable dar. Folglich ergibt sich folgende Datenstruktur:

nominal, dichotom (Kategorie G) x ordinal, dichotom (Kategorie C)

Bei dieser Datenstruktur ist nach Ponocny-Seliger & Ponocny (2006, 61) für die Prüfung auf einen signifikanten Unterschied der beiden Variablen ein **U-Test nach Mann-Whitney**[48] zu rechnen.

Diagramm

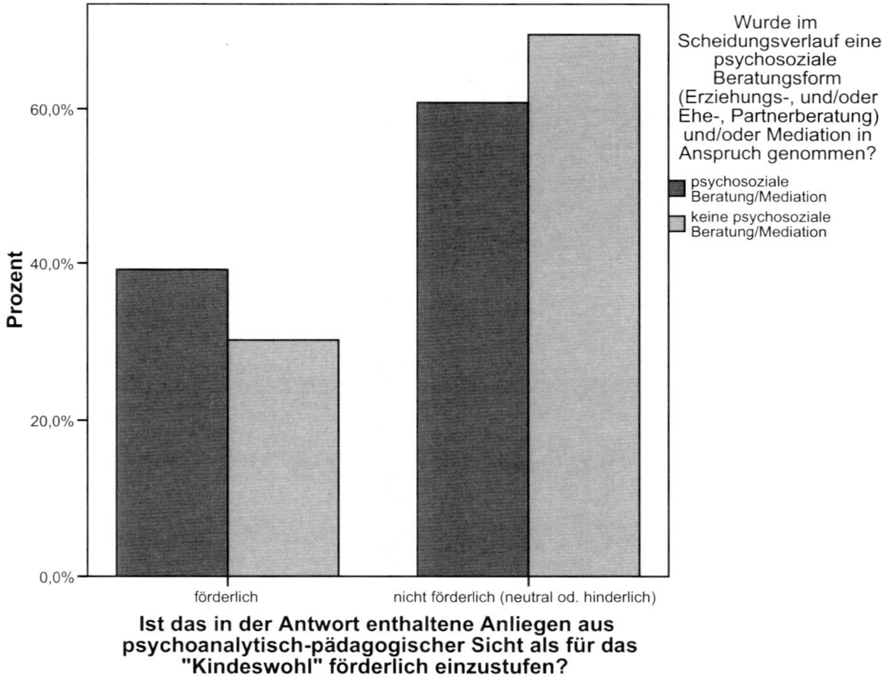

Graphik 34

[48] Der Mann-Whitney-U-Test ("Mann-Whitney-Test" oder kurz "U-Test") ist ein parameterfreier statistischer Homogenitätstest. Er dient zur Überprüfung der Signifikanz der Übereinstimmung zweier Verteilungen, d.h. ob zwei unabhängige Verteilungen A und B (z. B. eine unbeeinflusste und eine beeinflusste) zu derselben Grundgesamtheit gehören. Die Nullhypothese H_0 besagt, dass es keinen Unterschied zwischen den Verteilungen gibt, d. h. A = B (vgl. Bortz 1999, 146-148; Sachs 2004, 381-392; Kähler 1995, 285-289).

Mann-Whitney-Test

Ränge

	Wurde im Scheidungsverlauf eine psychosoziale Beratungsform (Erziehungs-, und/oder Ehe-, Partnerberatung) und/oder Mediation in Anspruch genommen?	N	Mittlerer Rang	Rangsumme
Ist das in der Antwort enthaltene Anliegen aus psychoanalytisch-pädagogischer Sicht als für das "Kindeswohl" förderlich einzustufen?	psychosoziale Beratung/Mediation	503	561,84	282605,00
	keine psychosoziale Beratung/Mediation	680	614,31	417731,00
	Gesamt	1183		

Tabelle 30

Statistik für Test (a)

	Ist das in der Antwort enthaltene Anliegen aus psychoanalytisch-pädagogischer Sicht als für das "Kindeswohl" förderlich einzustufen?
Mann-Whitney-U	155849,000
Wilcoxon-W	282605,000
Z	-3,181
Asymptotische Signifikanz (2-seitig)	,001

a Gruppenvariable: Wurde im Scheidungsverlauf eine psychosoziale Beratungsform (Erziehungs-, und/oder Ehe-, Partnerberatung) und/oder Mediation in Anspruch genommen?
Tabelle 31

Wie aus Tabelle 31 ersichtlich ist beträgt die Signifikanz p = 0,001. Es besteht daher ein „hoch signifikanter" Zusammenhang zwischen den Variablen. Tabelle 30 und Graphik 34 zeigen deutlich, dass Eltern die Erziehungsberatung, Ehe- bzw. Partner-Beratung und/oder Mediation in Anspruch genommen haben, dem „Kindeswohl" in ihren Antworten auf die offene Frage - und damit der in Kapitel 1.2 erläuterten Annahme[49] gemäß auch in ihrem Bewusstsein - tatsächlich einen „hoch signifikant" höheren Stellenwert beimessen, als jene Eltern, die dies nicht taten.

Die I. Forschungshypothese wurde durch die erhobenen Daten bestätigt: Es konnte ein Zusammenhang zwischen der Inanspruchnahme von Erziehungsberatung, Ehe- bzw. Partner-Beratung und/oder Mediation und dem Stellenwert des „Kindeswohls" im Bewusstsein geschiedener Eltern nachgewiesen werden.

[49] In Kapitel 1.2. wurde die für die vorliegende Untersuchung getroffene Annahme erläutert, dass das „Kindeswohl" (in Form eines Anliegens, das für das „Kindeswohl" als förderlich einzustufen ist) dann in den – hinsichtlich Art, Ausmaß und Thema völlig offen und frei formulierbaren - Antworten zu finden ist, wenn es zum Zeitpunkt der Beantwortung des Fragebogens im Bewusstsein des jeweiligen Elternteils verstärkt präsent war.

5.3.2.2 Die Prüfung der II. Hypothese

(II) Geschiedene Eltern, die nur Rechtsberatung in Anspruch genommen haben, messen dem „Kindeswohl" in ihrem Bewusstsein *keinen* signifikant höheren Stellenwert bei, als jene Eltern die dies nicht taten.

Bei der Prüfung der II. Forschungshypothese stellt **Kategorie H** (Wurde *ausschließlich* Rechtsberatung in Anspruch genommen?) die Gruppenvariable und **Kategorie C** (Ist das in der Antwort enthaltene Anliegen aus psychoanalytisch-pädagogischer Sicht als für das "Kindeswohl" förderlich einzustufen?) wieder die Testvariable dar. Folglich ergibt sich erneut folgende Datenstruktur:

nominal, dichotom (Kategorie H) x ordinal, dichotom (Kategorie C)

Bei dieser Datenstruktur ist nach Ponocny-Seliger & Ponocny (2006, 61) wie bereits erwähnt ein **U-Test nach Mann-Whitney** zu rechnen.

Diagramm

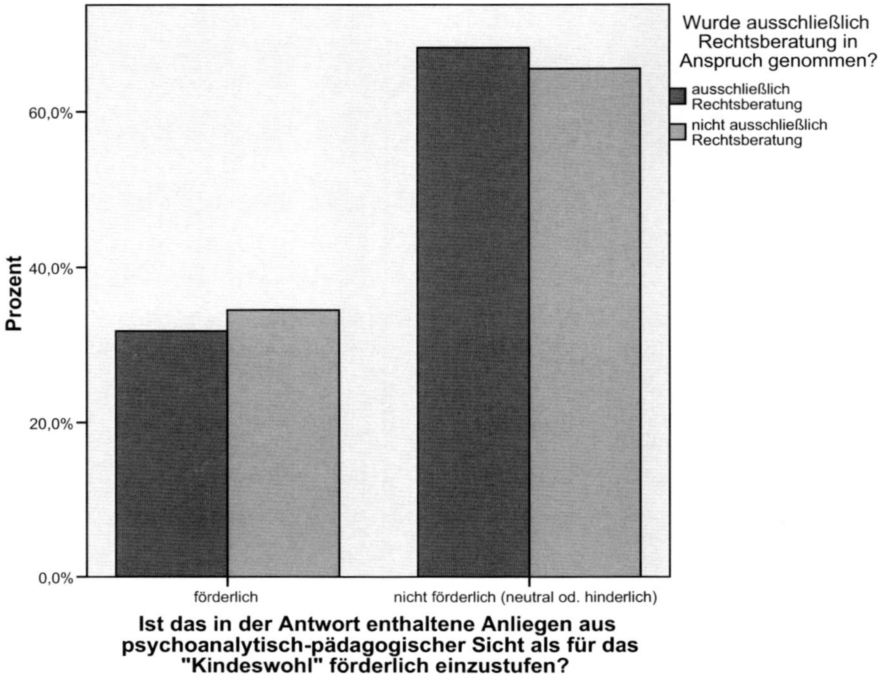

Graphik 35

Mann-Whitney-Test

Ränge

	Wurde ausschließlich Rechtsberatung in Anspruch genommen?	N	Mittlerer Rang	Rangsumme
Ist das in der Antwort enthaltene Anliegen aus psychoanalytisch-pädagogischer Sicht als für das "Kindeswohl" förderlich einzustufen?	ausschließlich Rechtsberatung	198	605,30	119848,50
	nicht ausschließlich Rechtsberatung	985	589,33	580487,50
	Gesamt	1183		

Tabelle 32

Statistik für Test(a)

	Ist das in der Antwort enthaltene Anliegen aus psychoanalytisch-pädagogischer Sicht als für das "Kindeswohl" förderlich einzustufen?
Mann-Whitney-U	94882,500
Wilcoxon-W	580487,500
Z	-,731
Asymptotische Signifikanz (2-seitig)	,465

a Gruppenvariable: Wurde ausschließlich Rechtsberatung in Anspruch genommen?
Tabelle 33

Wie aus Tabelle 33 ersichtlich ist, beträgt die Signifikanz p = 0,465. Es besteht daher „kein signifikanter" Zusammenhang (p>0,05) zwischen den Variablen. Tabelle 32 und Graphik 35 zeigen deutlich, dass zwischen Eltern, die ausschließlich Rechtsberatung in Anspruch genommen haben und Eltern, die nicht bzw. nicht nur Rechtsberatung in Anspruch genommen haben kaum ein Unterschied hinsichtlich dem „Kindeswohl" in ihren Antworten auf die offene Frage - und damit der in Kapitel 1.2 erläuterten Annahme (siehe oben) gemäß auch in ihrem Bewusstsein - feststellbar ist.

Die II. Forschungshypothese wurde durch die erhobenen Daten bestätigt: Es konnte kein Zusammenhang zwischen der ausschließlichen Inanspruchnahme von Rechtsberatung und dem Stellenwert des „Kindeswohls" im Bewusstsein geschiedener Eltern festgestellt werden.

5.3.2.3 Die Prüfung der III. Hypothese

(III) Geschiedene Eltern, die für ihr(e) Kind(er) die ObE beibehalten haben, messen dem „Kindeswohl" in ihrem Bewusstsein einen signifikant höheren Stellenwert bei, als jene Eltern, für deren Kind(er) ein Elternteil die aO zugesprochen bekommen hat.

Bei der Prüfung der III. Forschungshypothese stellt **Kategorie E** (Wie ist die Obsorge gegenwärtig geregelt?) mit herausgefilterten „noch nicht geregelten" Fällen, die Gruppenvariable und **Kategorie C** (Ist das in der Antwort enthaltene Anliegen aus psychoanalytisch-pädagogischer Sicht als für das "Kindeswohl" förderlich einzustufen?) wieder die Testvariable dar. Folglich ergibt sich wiederum folgende Datenstruktur:

nominal, dichotom (gefiltert) (Kategorie E) x ordinal, dichotom (Kategorie C)

Es ist folglich nach Ponocny-Seliger & Ponocny (2006, 61) wieder ein **U-Test nach Mann-Whitney** zu rechnen.

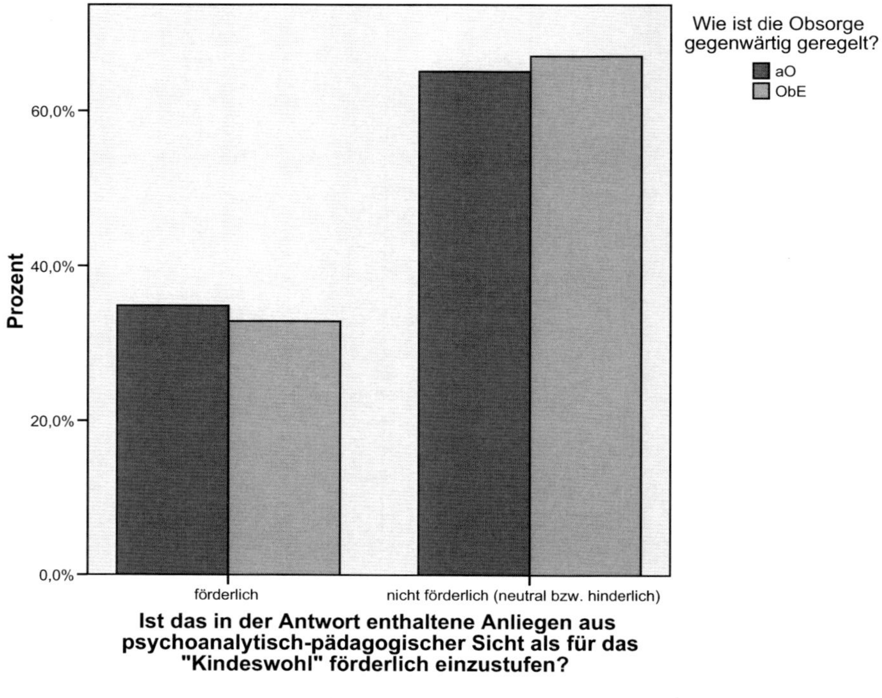

Graphik 36

Mann-Whitney-Test

Ränge

	Wie ist die Obsorge gegenwärtig geregelt?	N	Mittlerer Rang	Rangsumme
Ist das in der Antwort enthaltene Anliegen aus psychoanalytisch-pädagogischer Sicht als für das "Kindeswohl" förderlich einzustufen?	aO	519	580,46	301258,50
	ObE	654	592,19	387292,50
	Gesamt	1173		

Tabelle 34

Statistik für Test (a)

	Ist das in der Antwort enthaltene Anliegen aus psychoanalytisch-pädagogischer Sicht als für das "Kindeswohl" förderlich einzustufen?
Mann-Whitney-U	166318,500
Wilcoxon-W	301258,500
Z	-,719
Asymptotische Signifikanz (2-seitig)	,472

a Gruppenvariable: Wie ist die Obsorge gegenwärtig geregelt?
Tabelle 35

Wie aus Tabelle 35 ersichtlich ist beträgt die Signifikanz p = 0,472. Es besteht daher „kein signifikanter“ Zusammenhang (p>0,05) zwischen den Variablen. Auch Tabelle 34 und Graphik 36 zeigen deutlich, dass Eltern mit ObE dem „Kindeswohl“ in ihren Antworten auf die offene Frage - und damit der in Kapitel 1.2 erläuterten Annahme (siehe oben) gemäß auch in ihrem Bewusstsein - sogar einen etwas (allerdings nicht signifikant) geringeren Stellenwert beimessen als Eltern mit aO eines Elternteils.

Nun stellt sich die Frage, wie dieses doch sehr verwunderliche Ergebnis zu erklären ist. Schließlich sprechen die Ergebnisse der gesamten Evaluationsstudie eindeutig für die Favorisierung der Obsorge beider Eltern, da diese nachweisbare Vorteile für Eltern und Kinder mit sich bringt (vgl. Kap. 4.4; 4.5). Ohne der im Resümee der vorliegenden Studie erfolgenden Diskussion dieses und aller weiteren Ergebnisse vorgreifen zu wollen, soll an dieser Stelle zumindest festgehalten werden, dass die Tatsache, dass mittels der gewählten Erhebungs- und Auswertungsmethoden und unter Berücksichtigung der in Kapitel 1.2 genannten Annahmen kein Zusammenhang zwischen geltender Obsorgeregelung und dem Stellenwert des „Kindeswohls“ im Bewusstsein der Eltern feststellbar war, noch nicht bedeutet, dass ein solcher Zusammenhang nicht existiert. Hier eröffnet sich daher ein potentielles Forschungsfeld für eventuelle Folgeuntersuchungen (vgl. Kap. 6).

Die III. Forschungshypothese konnte durch die erhobenen Daten nicht bestätigt werden: Es konnte (mittels der gewählten Erhebungs- und Auswertungsmethoden) kein Zusammenhang zwischen der geltenden Obsorgeregelung (aO / ObE) und dem Stellenwert des „Kindeswohls“ im Bewusstsein geschiedener Eltern festgestellt werden.

5.3.2.4 Die Prüfung der IV. Hypothese

(IV) In jenen Fällen, in denen geschiedene Eltern die ObE für ihr(e) Kind(er) beibehalten haben, hat der hauptsächliche Kindesaufenthalt *keinen* signifikanten Einfluss auf den Stellenwert, der dem „Kindeswohl" im Bewusstsein dieser Eltern zukommt.

Bei der Prüfung der IV. Forschungshypothese stellt die hinsichtlich aller Fälle mit ObE gefilterte **Kategorie F** (Obsorgeregelung mit Berücksichtigung des hauptsächlichen Kindesaufenthaltes) die Gruppenvariable und **Kategorie C** (Ist das in der Antwort enthaltene Anliegen aus psychoanalytisch-pädagogischer Sicht als für das "Kindeswohl" förderlich einzustufen?) wieder die Testvariable dar. Folglich ergibt sich abermals folgende Datenstruktur:

nominal, dichotom (gefiltert) (Kategorie F) x ordinal, dichotom (Kategorie C)

Es ist folglich nach Ponocny-Seliger & Ponocny (2006, 61) wieder ein **U-Test nach Mann-Whitney** zu rechnen.

Diagramm

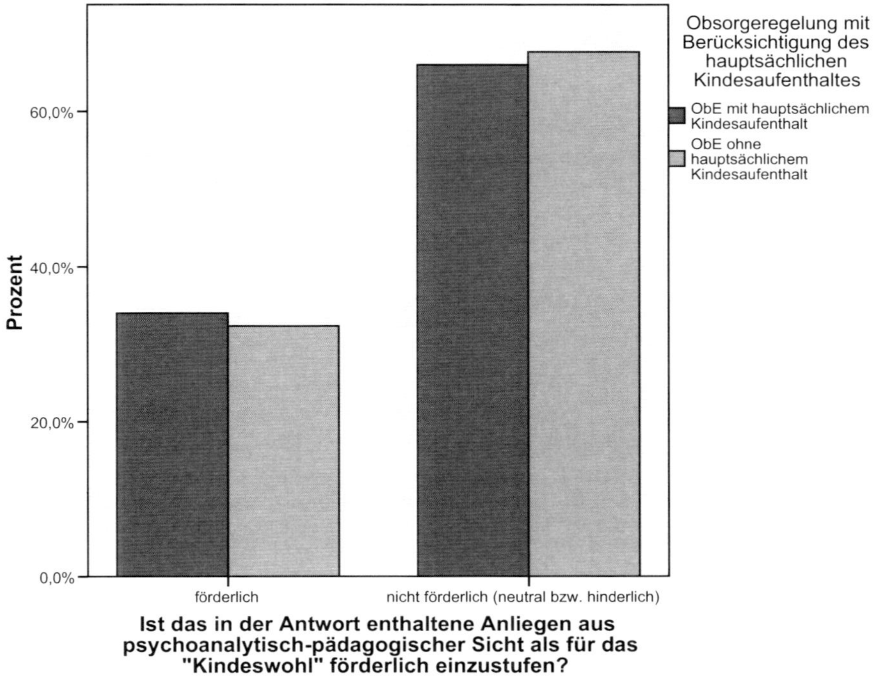

Graphik 37

Mann-Whitney-Test

Ränge

	Obsorgeregelung mit Berücksichtigung des hauptsächlichen Kindesaufenthaltes	N	Mittlerer Rang	Rangsumme
Ist das in der Antwort enthaltene Anliegen aus psychoanalytisch-pädagogischer Sicht als für das "Kindeswohl" förderlich einzustufen?	ObE mit hauptsächlichem Kindesaufenthalt	426	330,50	140791,00
	ObE ohne hauptsächlichem Kindesaufenthalt	238	336,09	79989,00
	Gesamt	664		

Tabelle 36

Statistik für Test (a)

	Ist das in der Antwort enthaltene Anliegen aus psychoanalytisch-pädagogischer Sicht als für das "Kindeswohl" förderlich einzustufen?
Mann-Whitney-U	49840,000
Wilcoxon-W	140791,000
Z	-,441
Asymptotische Signifikanz (2-seitig)	,659

a Gruppenvariable: Obsorgeregelung mit Berücksichtigung des hauptsächlichen Kindesaufenthaltes

Tabelle 37

Wie aus Tabelle 37 ersichtlich ist, beträgt die Signifikanz p = 0,659. Es besteht daher „kein signifikanter“ Zusammenhang (p>0,05) zwischen den Variablen. Tabelle 36 und Graphik 37 zeigen deutlich, dass der hauptsächliche Kindesaufenthalt innerhalb der Gruppe von Eltern mit ObE kaum einen Einfluss auf das „Kindeswohl“ in den Antworten auf die offene Frage hat und damit der in Kapitel 1.2 erläuterten Annahme (siehe oben) gemäß auf das „Kindeswohl“ in deren Bewusstsein.

Die IV. Forschungshypothese wurde durch die erhobenen Daten bestätigt: Bei Eltern, die die ObE für ihr(e) Kind(er) beibehalten haben, konnte kein Zusammenhang zwischen dem hauptsächlichen Kindesaufenthalt und dem Stellenwert des „Kindeswohls“ im Bewusstsein dieser Eltern festgestellt werden.

5.3.2.5 Die Prüfung der V. Hypothese

(V) In jenen Fällen, in denen ein (geschiedener) Elternteil die aO für dessen Kind(er) zugesprochen bekommen hat, kommt dem „Kindeswohl“ im Bewusstsein des obsorgeberechtigten Elternteils ein signifikant höherer Stellenwert zu als im Bewusstsein des nichtobsorgeberechtigten Elternteils.

Bei der Prüfung der V. Forschungshypothese stellt die hinsichtlich aller Fälle mit aO gefilterte **Kategorie F** (Obsorgeregelung mit Berücksichtigung der Obsorgeverteilung) die Gruppenvariable und **Kategorie C** (Ist das in der Antwort enthaltene Anliegen aus psychoanalytisch-pädagogischer Sicht als für das "Kindeswohl" förderlich einzustufen?) wieder die Testvariable dar. Folglich ergibt sich wieder folgende Datenstruktur:

nominal, dichotom (gefiltert) (Kategorie F) x ordinal, dichotom (Kategorie C)

Es ist folglich nach Ponocny-Seliger & Ponocny (2006, 61) erneut ein **U-Test nach Mann-Whitney** zu rechnen.

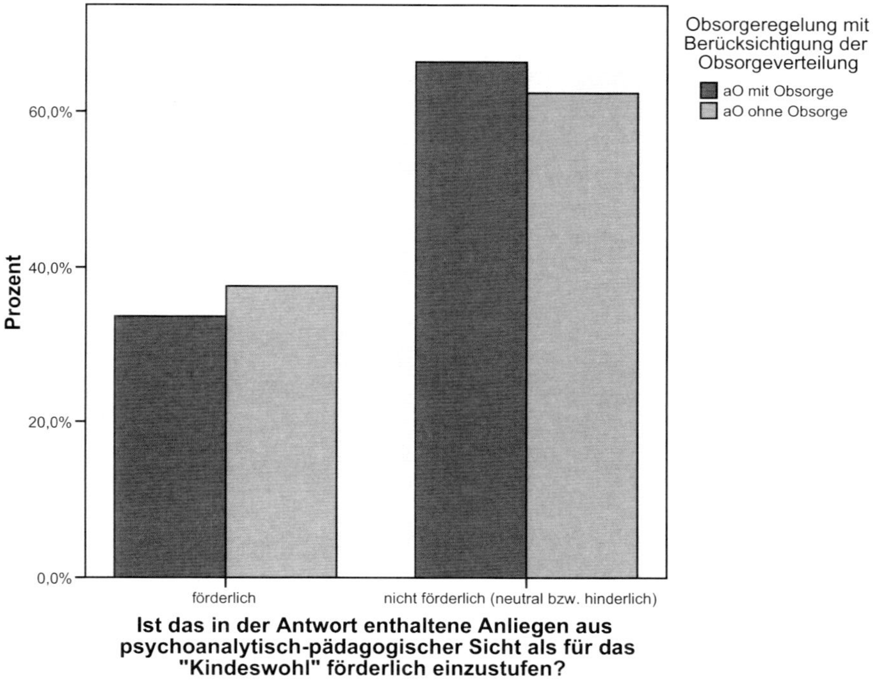

Graphik 38

Mann-Whitney-Test

Ränge

	Obsorgeregelung mit Berücksichtigung der Obsorgeverteilung	N	Mittlerer Rang	Rangsumme
Ist das in der Antwort enthaltene Anliegen aus psychoanalytisch-pädagogischer Sicht als für das "Kindeswohl" förderlich einzustufen?	aO mit Obsorge	354	263,27	93196,50
	aO ohne Obsorge	165	252,99	41743,50
	Gesamt	519		

Tabelle 38

Statistik für Test(a)

	Ist das in der Antwort enthaltene Anliegen aus psychoanalytisch-pädagogischer Sicht als für das "Kindeswohl" förderlich einzustufen?
Mann-Whitney-U	28048,500
Wilcoxon-W	41743,500
Z	-,881
Asymptotische Signifikanz (2-seitig)	,379

a Gruppenvariable: Obsorgeregelung mit Berücksichtigung der Obsorgeverteilung
Tabelle 39

Wie aus Tabelle 39 ersichtlich ist, beträgt die Signifikanz p = 0,379. Es besteht daher „kein signifikanter" Zusammenhang (p>0,05) zwischen den Variablen. Tabelle 38 und Graphik 38 zeigen deutlich, dass die Obsorgeverteilung innerhalb der Gruppe von Eltern mit aO kaum einen Einfluss auf das „Kindeswohl" in den Antworten auf die offene Frage hat und damit der in Kapitel 1.2 erläuterten Annahme (siehe oben) gemäß auf das „Kindeswohl" in deren Bewusstsein. Bei Eltern mit aO ohne Obsorge ist das „Kindeswohl" als Anliegen sogar etwas (allerdings nicht signifikant) stärker vertreten als bei Eltern mit aO mit Obsorge.

Die V. Forschungshypothese wurde durch die erhobenen Daten nicht bestätigt: Bei Eltern, für deren Kind(er) ein Elternteil die aO hat, konnte kein Zusammenhang zwischen der Obsorgeverteilung und dem Stellenwert des „Kindeswohls" im Bewusstsein dieser Eltern festgestellt werden.

5.3.2.6 Die Prüfung der VI. Hypothese

(VI) Es lässt sich bei bestimmten Gruppen von geschiedenen Eltern[50] ein signifikantes Defizit hinsichtlich der Präsenz des „Kindeswohls" in deren Bewusstsein feststellen, sodass bewusstseinsbildende Maßnahmen ergriffen werden sollten, um das „Kindeswohl" verstärkt im Bewusstsein dieser Eltern zu verankern.

Aus der Prüfung der ersten Forschungshypothese resultiert bereits die erste Gruppe von geschiedenen Eltern, bei der sich ein signifikantes Defizit hinsichtlich der Präsenz des „Kin-

[50] Folgende Gruppen von Eltern wurden bei der Auswertung berücksichtigt: Eltern, die im Scheidungsverlauf eine psychosoziale Beratungsform bzw. Mediation in Anspruch nahmen; Eltern, die im Scheidungsverlauf *keine* psychosoziale Beratungsform bzw. Mediation in Anspruch nahmen; Eltern, die im Scheidungsverlauf *ausschließlich* Rechtsberatung in Anspruch nahmen; Eltern, die im Scheidungsverlauf *nicht ausschließlich* Rechtsberatung in Anspruch nahmen; Eltern mit aO mit Obsorgerecht; Eltern mit aO ohne Obsorgerecht; Eltern mit ObE und hauptsächlichem Kindesaufenthalt im gemeinsamen Haushalt; Eltern mit ObE und hauptsächlichem Kindesaufenthalt beim anderen Elternteil; Väter; Mütter;

deswohls“ in deren Antworten auf die offene Frage und damit annahmegemäß in deren Bewusstsein feststellen ließ: Jene Eltern, die keine psychosoziale Beratungsform und/oder Mediation in Anspruch genommen haben, unterscheiden sich diesbezüglich „hoch signifikant“ von jenen Eltern, die selbiges taten.

Nachdem sowohl die Prüfung der dritten, vierten und fünften Forschungshypothese jeweils kein signifikantes Ergebnis ergab, ist von einem direkten Vergleich der obsorgespezifischen Gruppen mit Berücksichtigung der Obsorgeverteilung (aO) bzw. des Kindesaufenthaltes (ObE) ebenfalls kein signifikantes Ergebnis zu erwarten. Will man diese vier Gruppen dennoch miteinander vergleichen, so stellt (die diesmal ungefilterte) **Kategorie F** (Obsorgeregelung mit Berücksichtigung der Obsorgeverteilung (aO) bzw. des hauptsächlichen Kindesaufenthaltes (ObE)) die Gruppenvariable und **Kategorie C** (Ist das in der Antwort enthaltene Anliegen aus psychoanalytisch-pädagogischer Sicht als für das "Kindeswohl" förderlich einzustufen?) wiederum die Testvariable dar. Folglich ergibt sich diesmal folgende Datenstruktur:

nominal, mehrstufig (Kategorie F) x ordinal, dichotom (Kategorie C)

Bei diese Datenstruktur ist nach Ponocny-Seliger & Ponocny (2006, 61) ein **H-Test nach Kruskal-Wallis**[51] zu rechnen.

[51] Der Kruskal-Wallis-Test (oder kurz "H-Test") ist ein parameterfreier statistischer Test. Er ist eine Ausweitung des U-Testes von Mann und Whitney beim Vorliegen von mehr als zwei unabhängigen Stichproben. Er dient zur Überprüfung der Signifikanz der Übereinstimmung mehrerer Verteilungen. Die Nullhypothese H_0 besagt, dass es keinen Unterschied zwischen den Verteilungen gibt (vgl. Bühl & Zöfel 2005, 304).

Diagramm

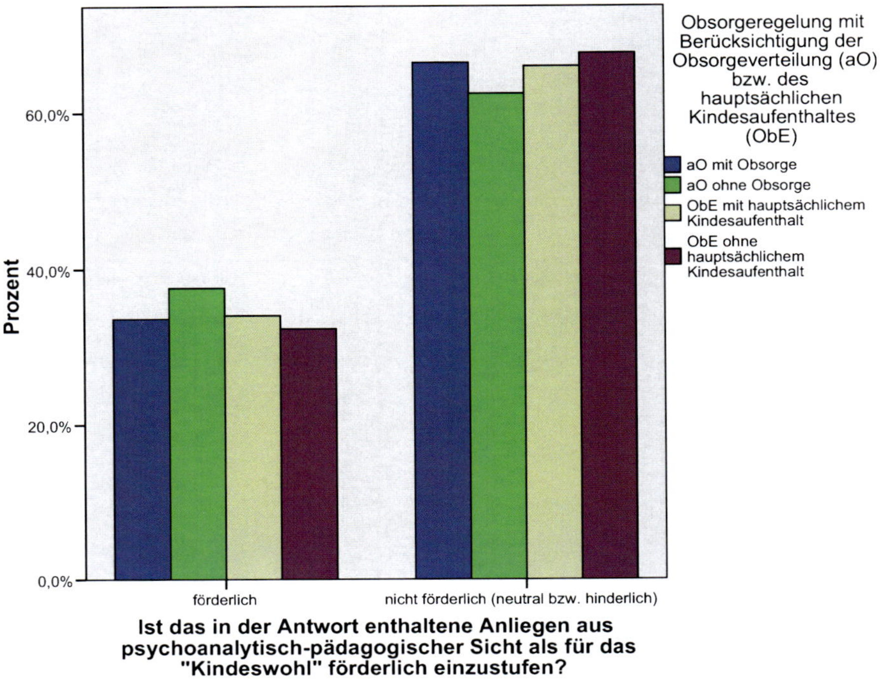

Graphik 39

Kruskal-Wallis-Test

Ränge

	Obsorgeregelung mit Berücksichtigung der Obsorgeverteilung (aO) bzw. des hauptsächlichen Kindesaufenthaltes (ObE)	N	Mittlerer Rang
Ist das in der Antwort enthaltene Anliegen aus psychoanalytisch-pädagogischer Sicht als für das "Kindeswohl" förderlich einzustufen?	aO mit Obsorge	354	594,66
	aO ohne Obsorge	165	571,24
	ObE mit hauptsächlichem Kindesaufenthalt	426	592,17
	ObE ohne hauptsächlichem Kindesaufenthalt	238	602,13
	Gesamt	1183	

Tabelle 40

Statistik für Test (a, b)

	Ist das in der Antwort enthaltene Anliegen aus psychoanalytisch-pädagogischer Sicht als für das "Kindeswohl" förderlich einzustufen?
Chi-Quadrat	1,247
df	3
Asymptotische Signifikanz	,742

a Kruskal-Wallis-Test
b Gruppenvariable: Obsorgeregelung mit Berücksichtigung der Obsorgeverteilung (aO) bzw. des hauptsächlichen Kindesaufenthaltes (ObE)
Tabelle 41

Wie aus Tabelle 41 ersichtlich ist, beträgt die Signifikanz p = 0,742. Es besteht daher wie erwartet „kein signifikanter" Zusammenhang (p>0,05) zwischen den Variablen. Obgleich es sehr interessant ist, dass jene Elternteile, die weder über die Obsorge noch über den hauptsächlichen Kindesaufenthalt verfügen (aO ohne Obsorge) am häufigsten Anliegen nannten, die als für das „Kindeswohl" förderlich einzustufen waren, ist dieses Ergebnis dennoch nicht signifikant.

Es kann daher festgehalten werden, dass alle obsorgespezifischen Gruppen ein gewisses Defizit hinsichtlich der Präsenz des „Kindeswohls" in deren Bewusstsein aufweisen (vgl. Graphik 39; Tabelle 40), welches sich jedoch nicht signifikant von dem der anderen obsorgespezifischen Gruppen unterscheidet.

Abschließend werden noch die Häufigkeitsverteilungen der Elternteile (Vater/ Mutter) bezüglich eines für das „Kindeswohl" förderlichen Anliegens einander gegenübergestellt. Dabei stellt **Kategorie D** (Um wen handelt es sich beim antwortenden Elternteil?) die Gruppenvariable und **Kategorie C** (Ist das in der Antwort enthaltene Anliegen aus psychoanalytisch-pädagogischer Sicht als für das "Kindeswohl" förderlich einzustufen?) wie gewohnt die Testvariable dar. Folglich ergibt sich wieder folgende Datenstruktur:

nominal, dichotom (Kategorie D) x ordinal, dichotom (Kategorie C)

Es ist folglich nach Ponocny-Seliger & Ponocny (2006, 61) wieder ein **U-Test nach Mann-Whitney** zu rechnen.

Diagramm

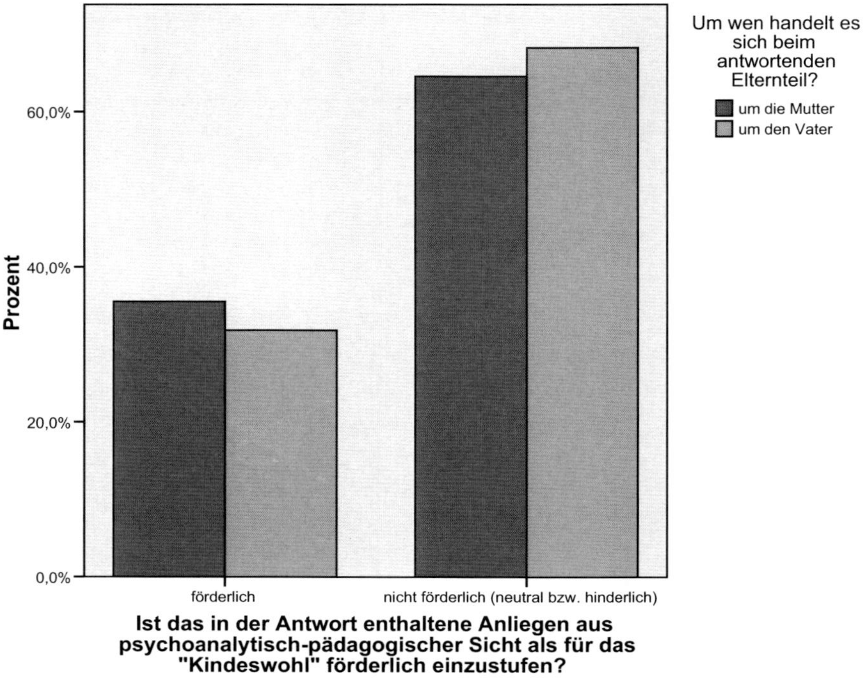

Graphik 40

Mann-Whitney-Test

Ränge

	Um wen handelt es sich beim antwortenden Elternteil?	N	Mittlerer Rang	Rangsumme
Ist das in der Antwort enthaltene Anliegen aus psychoanalytisch-pädagogischer Sicht als für das "Kindeswohl" förderlich einzustufen?	um die Mutter	712	583,32	415322,50
	um den Vater	471	605,12	285013,50
	Gesamt	1183		

Tabelle 42

Statistik für Test (a)

	Ist das in der Antwort enthaltene Anliegen aus psychoanalytisch-pädagogischer Sicht als für das "Kindeswohl" förderlich einzustufen?
Mann-Whitney-U	161494,500
Wilcoxon-W	415322,500
Z	-1,309
Asymptotische Signifikanz (2-seitig)	,190

a Gruppenvariable: Um wen handelt es sich beim antwortenden Elternteil?

Tabelle 43

Wie aus Tabelle 43 ersichtlich ist, beträgt die Signifikanz p = 0,190. Es besteht daher „kein signifikanter" Zusammenhang (p>0,05) zwischen den Variablen. Tabelle 42 und Graphik 40 zeigen jedoch, dass Mütter dem „Kindeswohl" in ihren Antworten auf die offene Frage - und damit der in Kapitel 1.2 erläuterten Annahme (siehe oben) gemäß auch in ihrem Bewusstsein - einen etwas (allerdings nicht signifikant) höheren Stellenwert beimessen als Väter.

Die VI. Forschungshypothese wurde durch die erhobenen Daten teilweise bestätigt: Bei Eltern, die im Scheidungsverlauf keine psychosoziale Beratung und/oder Mediation in Anspruch nahmen, war ein signifikantes Defizit hinsichtlich der Präsenz des „Kindeswohls" in deren Bewusstsein feststellbar. Bei allen obsorgespezifischen Gruppen war zwar ein diesbezügliches Defizit feststellbar, welches jedoch nicht als signifikant einzustufen war.

5.4 Beantwortung der Forschungsfragen und Zusammenfassung der Forschungsergebnisse

Im nun folgenden letzten Unterkapitel werden die Auswertungsergebnisse der vorliegenden Studie anhand der bearbeiteten Forschungsfragen und deren Beantwortung zusammenfassend dargestellt:

(1) Inwieweit werden in den Antworten der geschiedenen Eltern auf die offene Frage Anliegen und Wünsche thematisiert, die einen direkten oder indirekten Bezug zum „Kindeswohl" aufweisen und die außerdem aus psychoanalytisch-pädagogischer Sicht als für das „Kindeswohl" förderlich eingestuft werden können; sodass angenommen werden kann, dass das „Kindeswohl" als Anliegen (aus psychoanalytisch-pädagogischer Sicht) auch im Bewusstsein dieser Eltern direkt oder indirekt präsent ist?

Generell ergab die Auswertung der offenen Frage je nach Berücksichtigung der Fragebögen mit fehlender Antwort auf die offene Frage, bezüglich des Stellenwerts des „Kindeswohls“ im Bewusstsein der befragten Elternteile, ein unterschiedliches Gesamtergebnis:

- Wenn - wie geplant - alle Fragebögen berücksichtigt werden, d.h. die fehlenden Antworten dahingehend interpretiert werden, dass das „Kindeswohl“ in diesen Fällen kein ausreichend bewusstes Anliegen war um in der Antwort auf die offene Frage verschriftlicht zu werden, so sind die thematisierten Anliegen aus psychoanalytisch-pädagogischer Sicht insgesamt nur in 34,1% der Fälle als für das „Kindeswohl“ förderlich einzustufen. Ein hoch signifikanter Anteil der in den Antworten enthaltenen Anliegen (65,9%) ist dann als „neutral“ oder „hinderlich“ einzustufen, d.h. als „nicht förderlich“.
- Wenn jedoch nur jene 49,8% der Fragebögen mit einer real gegebenen Antwort auf die offene Frage berücksichtigt werden würden, so wären die in den Antworten thematisierten Anliegen insgesamt aus psychoanalytisch-pädagogischer Sicht in hoch signifikantem Ausmaß (68,4%) als für das „Kindeswohl“ förderlich einzustufen.

Das heißt folglich, wenn die Frage tatsächlich beantwortet wurde, waren die Antworten zumeist als für das „Kindeswohl“ förderlich einzustufen. Das Gesamtergebnis von überwiegend nicht förderlichen Anliegen ergibt sich daher primär aus der Berücksichtigung aller Fragebögen. In jedem Fall waren 95% der Antworten *mit Bezug zum „Kindeswohl“* aus psychoanalytisch-pädagogischer Sicht als für ebendieses förderlich einzustufen. Es gab folglich kaum real gegebene Antworten die ein Anliegen enthielten, welches zu einer Reduktion des „Kindeswohls“ geführt bzw. diese in Kauf genommen hätte.

Die Nicht-Berücksichtigung der Fragebögen mit fehlender Antwort auf die offene Frage ändert allerdings kaum etwas an den Ergebnissen der Überprüfung der Forschungshypothesen. Wohl erhält man dann geringfügig andere p-Werte, diese sind jedoch - bis auf einen Fall - jeweils demselben Signifikanzniveau (wie bei Berücksichtigung aller Fragebögen) zuzuordnen. Eine Ausnahme bildet diesbezüglich die erste Forschungshypothese[52]: Würde man die Fragebögen mit fehlender Antwort nicht berücksichtigen, erhielte man hier ein p= 0,401, welches dann nicht mehr signifikant wäre.

---

[52] Erste Forschungshypothese: „Geschiedene Eltern, die Erziehungsberatung, Ehe- bzw. Partner-Beratung und/oder Mediation in Anspruch genommen haben, messen dem „Kindeswohl“ in ihrem Bewusstsein einen signifikant höheren Stellenwert bei, als jene Eltern die dies nicht taten.“

Dies lässt sich dadurch erklären, dass Eltern mit aO und Eltern mit ObE die offenen Frage annähernd gleich häufig beantwortet haben (aO 51,6% / ObE 47,7%), ebenso Väter (52%) und Mütter (48,3%), während die offene Frage in „hoch signifikantem" Ausmaß häufiger von Eltern beantwortet wurde die psychosoziale Beratung und/oder Mediation in Anspruch genommen haben (55,9%), als von Eltern, die keine psychosoziale Beratung und/oder Mediation in Anspruch nahmen (45,3%). Da die real gegebenen Antworten jedoch - wie erwähnt - in hoch signifikantem Ausmaß (68,4%) als für das „Kindeswohl" förderlich einzustufen waren, wirkt sich die Berücksichtigung bzw. Nicht-Berücksichtigung der Fragebögen mit fehlender Antwort auf die offene Frage in der Folge primär auf jene Gruppen aus, bei denen große Unterschiede hinsichtlich der realen Beantwortung der offenen Frage bestehen, dementsprechend auf die beratungsspezifischen Gruppen, nicht aber auf die obsorgespezifischen Gruppen.

(2) Lässt sich ein Zusammenhang zwischen der Inanspruchnahme von Beratung und dem Stellenwert, der dem „Kindeswohl" als Anliegen im Bewusstsein geschiedener Eltern zukommt, feststellen?

- Lassen sich diesbezüglich Unterschiede zwischen Eltern feststellen, die Beratung in Anspruch genommen haben, und solchen Eltern, die keine Beratung in Anspruch genommen haben?
- Lassen sich diesbezüglich zwischen psychosozialen Beratungsformen (Erziehungsberatung; Ehe-, Partner-Beratung) bzw. Mediation und Rechtsberatung Unterschiede hinsichtlich des zu erhebenden Einflusses feststellen?

Durch die vorliegende Untersuchung wurde die Annahme gestützt, dass ein Zusammenhang zwischen der Inanspruchnahme von psychosozialer Beratung bzw. Mediation im Verlauf des Scheidungsprozesses und dem „Kindeswohl" als Anliegen im Bewusstsein geschiedener Eltern minderjähriger Kinder besteht. Es konnte dahingehend ein hoch signifikanter Zusammenhang festgestellt werden.

Durch die vorliegende Untersuchung wurde weiters die Annahme gestützt, dass *kein* signifikanter Zusammenhang zwischen der ausschließlichen Inanspruchnahme von Rechtsberatung und dem „Kindeswohl" als Anliegen im Bewusstsein geschiedener Eltern minderjähriger Kinder besteht.

(3) Lässt sich ein Zusammenhang zwischen der Obsorgeregelung und dem Stellenwert, der dem „Kindeswohl" als Anliegen im Bewusstsein geschiedener Eltern zukommt, feststellen?

- Lassen sich Unterschiede zwischen Eltern feststellen, für deren Kind(er) ein Elternteil die alleinige Obsorge zugesprochen bekommen hat, und solchen Eltern, die das gemeinsame Sorgerecht für ihr(e) Kind(er) beibehalten haben?
- Lassen sich bei jenen Eltern, die das gemeinsame Sorgerecht für ihr(e) Kind(er) beibehalten haben, Unterschiede zwischen jenem Elternteil, bei dem sich das Kind hauptsächlich aufhält, und jenem Elternteil, bei dem sich das Kind nicht hauptsächlich aufhält, feststellen?
- Lassen sich bei jenen Eltern, für deren Kind(er) ein Elternteil die alleinige Obsorge zugesprochen bekommen hat, Unterschiede zwischen dem obsorgeberechtigten Elternteil und dem nichtobsorgeberechtigten Elternteil feststellen?
- Ist bei einer der genannten obsorgespezifischen Gruppen von geschiedenen Eltern[53] ein signifikantes Defizit hinsichtlich der Präsenz des Wohls des Kindes in deren Bewusstsein feststellbar?

Die Annahme, dass ein signifikanter Zusammenhang zwischen dem Fortbestand der Obsorge beider Eltern (ObE) nach einer Scheidung und dem „Kindeswohl" als Anliegen im Bewusstsein geschiedener Eltern minderjähriger Kinder besteht, wurde durch die vorliegende Untersuchung nicht gestützt.

Ebenso konnte kein signifikanter Unterschied zwischen den verschiedenen untersuchten obsorgespezifischen Gruppen (aO mit Obsorge; aO ohne Obsorge; ObE mit hauptsächlichem Kindesaufenthalt; ObE ohne hauptsächlichem Kindesaufenthalt) bzw. den Elternteilen (Vater; Mutter) hinsichtlich dem Stellenwert des „Kindeswohls" in deren Bewusstsein festgestellt werden.

Es war zwar für alle obsorgespezifischen Gruppen ein gewisses Defizit hinsichtlich der Präsenz des „Kindeswohls" in deren Bewusstsein festzustellen, welches sich jedoch nicht signifikant von dem der anderen obsorgespezifischen Gruppen unterscheidet.

[53] Eltern mit aO mit Obsorgerecht; Eltern mit aO ohne Obsorgerecht; Eltern mit ObE und hauptsächlichem Kindesaufenthalt im gemeinsamen Haushalt; Eltern mit ObE und hauptsächlichem Kindesaufenthalt beim anderen Elternteil;

(4) Für welche Gruppe von geschiedenen Eltern[54] sollten daher bewusstseinsbildende Maßnahmen ergriffen werden, um das „Kindeswohl" verstärkt im Bewusstsein dieser Eltern zu verankern?

- Sind die Ergebnisse der Untersuchung (zumindest auch) dahingehend interpretierbar, dass die Inanspruchnahme einer/mehrerer der durch die Studie berücksichtigten Formen von Beratung (Erziehungsberatung; Ehe-, Partner-Beratung; Mediation; Rechtsberatung) eine geeignete bewusstseinsbildende Maßnahme für die verstärkte Verankerung des „Kindeswohls" im elterlichen Bewusstsein sein kann, und wenn ja, welche Formen von Beratung?

Zusammenfassend kann festgehalten werden, dass die einzig untersuchte Gruppe von geschiedenen Eltern für die ein signifikantes Defizit hinsichtlich der Präsenz des „Kindeswohls" in deren Bewusstsein angenommen werden kann die Gruppe jener Eltern ist, die keine psychosoziale Beratung und/oder Mediation in Anspruch genommen haben.

Die Frage, ob diesbezüglich Kausalzusammenhänge angenommen werden können, wird im nun folgenden Resümee der vorliegenden Studie noch diskutiert werden, allerdings ohne Anspruch auf eine Entscheidung dieser Frage.

[54] Folgende Gruppen von Eltern wurden bei der Auswertung berücksichtigt: Eltern, die im Scheidungsverlauf eine psychosoziale Beratungsform bzw. Mediation in Anspruch nahmen; Eltern, die im Scheidungsverlauf *keine* psychosoziale Beratungsform bzw. Mediation in Anspruch nahmen; Eltern, die im Scheidungsverlauf *ausschließlich* Rechtsberatung in Anspruch nahmen; Eltern, die im Scheidungsverlauf *nicht ausschließlich* Rechtsberatung in Anspruch nahmen; Eltern mit aO mit Obsorgerecht; Eltern mit aO ohne Obsorgerecht; Eltern mit ObE und hauptsächlichem Kindesaufenthalt im gemeinsamen Haushalt; Eltern mit ObE und hauptsächlichem Kindesaufenthalt beim anderen Elternteil; Väter; Mütter;

6. Resümee und empfohlene pädagogische Maßnahmen

Am Ende der vorliegenden Studie werden im nun folgenden abschließenden Resümee zunächst die Ergebnisse der gesamten „Evaluationsstudie über die Auswirkungen der Neuregelungen des KindRÄG 2001, insbesondere der Obsorge beider Eltern" mit den Ergebnissen der vorliegenden Untersuchung in Beziehung gesetzt. Dies, da die vorliegende Untersuchung die Auswertung des einzig bisher unausgewerteten Teils der Evaluationsstudie zum Ziel hatte und somit als deren Teilstudie angesehen werden kann.

Anschließend werden die Ergebnisse der vorliegenden Studie hinsichtlich der Möglichkeit daraus ableitbarer und zu empfehlender pädagogischer Maßnahmen diskutiert.

Schließlich werden im Rahmen der vorliegenden Studie offen gebliebene bzw. weiterführende Fragen aufgeworfen und mögliche sich aus der Untersuchung (neu) ergebende relevante Forschungsfelder genannt.

Ergebnisse der Evaluationsstudie in Beziehung zu jenen der vorliegenden Studie
Da die gesamte Evaluationsstudie andere Forschungsfragen zu klären versuchte als die vorliegende Teiluntersuchung, ist ein direkter Vergleich der Ergebnisse weder möglich noch sinnvoll. Direkte diesbezügliche Übereinstimmungen oder Widersprüche können sich folglich nicht ergeben. Es können jedoch einige Ergebnisse miteinander in Beziehung gesetzt werden, die einander (zum Teil auch nur bedingt) ergänzen bzw. eben auch nicht ergänzen.

Hinsichtlich psychosozialer Beratung und/oder Mediation im Scheidungsprozess hat die Evaluationsstudie einen großen Bedarf seitens der Eltern festgestellt. Geschiedene Eltern würden gerne psychosoziale Beratung in Anspruch nehmen, wenn ihnen diese unbürokratisch und niederschwellig angeboten wird (vgl. BMJ 2006, 307). Die vorliegende Untersuchung hat nun ergänzend die Annahme bestätigt, dass dieser Wunsch nach psychosozialer Beratung auch den Kindern zugute kommen könnte, da bei Inanspruchnahme von psychosozialer Beratung und/oder Mediation ein signifikant höherer Stellenwert des „Kindeswohls" im Bewusstsein der Eltern feststellbar war. Die in Hypothese 1.8 der Evaluationsstudie[55] (BMJ 2005, 298) formulierte und in deren Rahmen nicht eindeutig falsifizierbare bzw. verifizierbare Annahme, dass die Inanspruchnahme von (psychosozialer) Beratung und Mediation die Wahrscheinlichkeit, dass es zu einer ObE kommt erhöht, kann daher infolge der vorliegenden Untersuchung durch die Erkenntnis ergänzt werden, dass mit psychosozialer Beratung und Mediation zumindest ein positiver Effekt für die betroffenen Kinder verbunden ist; ebenso, dass mit Rechtsberatung ein solch positiver Effekt nicht einhergeht.

Im Gegensatz zur Bedeutung von psychosozialer Beratung und/oder Mediation im Scheidungsprozess, ergänzen die Ergebnisse der vorliegenden Untersuchung das sich infolge der Evaluationsstudie ergebende, positive Bild der Obsorge beider Eltern zunächst scheinbar nicht. Jedenfalls war mittels der gewählten Erhebungs- und Auswertungsmethoden und unter Berücksichtigung der in Kapitel 1.2 genannten Annahme[56] kein Zusammenhang zwischen der geltenden Obsorgeregelung und dem studienrelevanten Stellenwert des „Kindeswohls" im Bewusstsein der Eltern feststellbar. Nun stellt sich jedoch die Frage, wie dieses doch sehr verwunderliche und allen Erwartungen widersprechende Ergebnis zu verstehen, respektive zu erklären ist. Schließlich sprechen die Ergebnisse der gesamten Evaluationsstudie eindeutig für die Favorisierung der Obsorge beider Eltern, da diese nachweisbare Vorteile für Eltern und Kinder mit sich bringt (vgl. Kap. 4.4; 4.5).

Was sagt dieses etwas unerwartete Ergebnis also tatsächlich aus? - Die Tatsache, dass im Rahmen der vorliegenden Untersuchung kein signifikanter Zusammenhang zwischen der geltenden Obsorgeregelung und dem Stellenwert des „Kindeswohls" im Bewusstsein der Eltern feststellbar war, sagt zunächst lediglich, dass Eltern mit Obsorge beider Eltern die offene Frage nicht signifikant häufiger mit einem als für das „Kindeswohl" förderlich einzustufenden Anliegen beantwortet haben als Eltern mit alleiniger Obsorge. Dies muss jedoch noch nicht zwingend bedeuten, dass das „Kindeswohl" im Bewusstsein dieser Eltern tatsächlich einen geringen Stellenwert bzw. keinen höheren Stellenwert als bei Eltern mit

---

[55] *Hypothese 1.8 der Evaluationsstudie:* „Die Beteiligung Dritter hat einen wesentlichen Einfluss auf die Obsorgeentscheidung. Dabei ist zu erwarten, dass die Inanspruchnahme von Beratung und Mediation die Wahrscheinlichkeit, dass es zu einer ObE kommt, erhöht, während die Einschaltung von RechtsanwältInnen diese Wahrscheinlichkeit verringert."

[56] In Kapitel 1.2. wurde die für die vorliegende Untersuchung getroffene Annahme erläutert, dass das „Kindeswohl" (in Form eines Anliegens, das für das „Kindeswohl" als förderlich einzustufen ist) dann in den – hinsichtlich Art, Ausmaß und Thema völlig offen und frei formulierbaren - Antworten zu finden ist, wenn es zum Zeitpunkt der Beantwortung des Fragebogens im Bewusstsein des jeweiligen Elternteils verstärkt präsent war.

alleiniger Obsorge hat. Eventuell haben Eltern mit Obsorge beider Eltern aufgrund der besseren Rahmenbedingungen weniger Sorge um das Wohl ihres Kindes und in der Folge auch weniger „Bedarf“ an Wünschen und Anliegen bezüglich des „Kindeswohls“. Für diese Erklärung sprechen jedenfalls die im Rahmen der Evaluationsstudie nachgewiesenen positiven Auswirkungen der Obsorge beider Eltern auf die Zukunft geschiedener Eltern und ihrer Kinder (vgl. BMJ 2006, 308), wodurch die Ergebnisse der vorliegenden Untersuchung die diesbezüglichen Ergebnisse der Evaluationsstudie durchaus ergänzen würden. Wenn durch die ObE die Situation für alle Beteiligen (auch die Kinder) weitgehend entschärft und zufrieden stellend gestaltet wurde und für die Kinder eine kontinuierliche, tragfähige Beziehung zu beiden Elternteilen gewährleistet ist, könnte das „Kindeswohl“ im Bewusstsein der Eltern durchaus stark vertreten sein und dennoch bei der Beantwortung der offenen Frage nicht als Wünsch oder Anliegen thematisiert werden. Diese Interpretation des Ergebnisses der vorliegenden Untersuchung stellt freilich die in Kapitel 1.2 genannten Annahme (siehe oben) ernsthaft in Frage.

Die Tatsache, dass mittels der gewählten Erhebungs- und Auswertungsmethoden und speziell unter Berücksichtigung der in Kapitel 1.2 genannten Annahme (siehe oben) kein Zusammenhang zwischen geltender Obsorgeregelung und dem Stellenwert des „Kindeswohls“ im Bewusstsein der Eltern feststellbar war, bedeutet daher noch nicht, dass ein solcher Zusammenhang nicht existiert. Im Rahmen der vorliegenden Untersuchung muss die Existenz eines solchen Zusammenhangs jedoch noch ungeklärt bleiben. Hier eröffnet sich folglich ein potentielles Forschungsfeld für eventuelle Folgeuntersuchungen.

Selbst wenn an der in Kapitel 1.2 genannten Annahme festgehalten werden würde, würde der im Rahmen der vorliegenden Untersuchung nicht festgestellte Zusammenhang zwischen geltender Obsorgeregelung und Stellenwert des „Kindeswohls“ im Bewusstsein der Eltern keinen prinzipiellen Gegensatz zum zentralen Ergebnis der Evaluationsstudie darstellen, dass die Obsorge beider Eltern das für die Zukunft geschiedener Eltern und ihrer Kinder günstigere Standardmodell ist (vgl. BMJ 2006, 308), sondern lediglich zeigen, dass der Stellenwert des „Kindeswohls“ im Bewusstsein der Eltern von anderen Faktoren als der Obsorgeverteilung abhängig ist.

Diese Erkenntnis könnte indes die Hypothese 2.11 der Evaluationsstudie[57] (BMJ 2005, 304) bezüglich der „pädagogischen Kompetenzen" der Eltern weiter stützen. Die Fähigkeit der Eltern sich in ihr Kind einfühlen zu können, ihrem Kind besondere Unterstützungen anbieten zu können, sodass eine möglichst optimale Verarbeitung der erlebten Scheidung seitens des Kindes gefördert wird („pädagogische Kompetenz der Eltern") kann – so nehme ich an - als unmittelbare Folge eines entsprechend hohen Stellenwertes des „Kindeswohls" im Bewusstsein der Eltern angesehen werden. Es besteht also ein direkter Zusammenhang zwischen dem, was die Evaluationsstudie unter „pädagogischer Kompetenz" zusammenfasst und dem Stellenwert des „Kindeswohls" im Bewusstsein der Eltern. Somit kann festgehalten werden, dass sich die Ergebnisse der Evaluationsstudie und jene der vorliegenden Untersuchung insofern ergänzen, als in beiden Fällen die Annahme gestützt wird, dass die Obsorgeform für die „pädagogischen Kompetenzen" der Eltern (die als manifester Ausdruck des Stellenwertes des „Kindeswohls" im Bewusstsein verstanden werden können) keine entscheidende unabhängige Variable darstellt.

Es kann - der Evaluationsstudie (BMJ 2005, 304) folgend – weiterhin angenommen werden, dass diese „pädagogischen Kompetenzen" vielmehr mit den allgemeinen pädagogischen Einstellungen bzw. den Persönlichkeitseigenschaften der Eltern zusammenhängen. Wobei diese pädagogischen Einstellungen und Persönlichkeitseigenschaften der Eltern - den Ergebnissen der vorliegenden Studie entsprechend - eventuell durch psychosoziale Beratung und Mediation günstig beeinflusst werden können.

Die vorliegende Studie hat ein signifikantes Defizit hinsichtlich der Präsenz des „Kindeswohls" im Bewusstsein zumindest einer Gruppe von geschiedenen Eltern (keine Inanspruchnahme von psychosozialer Beratung) bzw. ein generelles (jedoch nicht signifikantes) Defizit bei allen obsorgespezifischen Gruppen belegen können. Diese Tatsache unterstreicht die zentralen Forderungen der (im Rahmen der Evaluationsstudie) befragten Berufsgruppen nach bewusstseinsbildenden Maßnahmen für Eltern bzw. deren Aufklärung

[57] *Hypothese 2.11 der Evaluationsstudie:* „Neben förderlichen Rahmenbedingungen (Beruhigung des Konfliktklimas und die Fortsetzung einer intensiven Beziehung zu beiden Elternteilen) wissen wir aus der Scheidungsforschung, dass Kinder eine Reihe von besonderen Unterstützungen seitens ihrer Eltern bedürfen, um das Scheidungserlebnis gut zu verarbeiten. Was diese im engeren Sinn „pädagogischen Kompetenzen" der Eltern betrifft, ist anzunehmen, dass die Obsorgeform keine entscheidende, unabhängige Variable darstellt. Vielmehr ist davon auszugehen, dass diese Kompetenzen mehr mit allgemeinen pädagogischen Einstellungen und den besonderen Persönlichkeitseigenschaften der Eltern als mit der Obsorgeform zusammenhängen."

darüber, was Kinder in welchem Alter im Fall der Scheidung benötigen, um diese gut bewältigen zu können (vgl. BMJ 2006, 308).

Schlussfolgerungen und empfohlene pädagogische Maßnahmen

Durch die vorliegende Untersuchung wurde – wie bereits erwähnt - die Annahme gestützt, dass ein Zusammenhang zwischen der Inanspruchnahme von psychosozialer Beratung und/oder Mediation im Verlauf des Scheidungsprozesses und dem Stellenwert des „Kindeswohls" im Bewusstsein geschiedener Eltern minderjähriger Kinder besteht. Es konnte dahingehend ein hoch signifikanter Zusammenhang festgestellt werden.

Folglich kann auch weiterhin angenommen werden, dass psychosoziale Beratung und/oder Mediation dazu beiträgt, dass sich trennende Eltern – etwa aus den in Kapitel 3.7.2 beschrieben Gründen - verstärkt und in bewusster Weise an das „Kindeswohl" denken.

Schlussfolgerungen und in der Folge die Empfehlung konkreter pädagogischer Maßnahmen setzen allerdings valide Ergebnisse voraus: Hinsichtlich der vorliegenden Untersuchung geht es dabei um die Beurteilung, ob bzw. in welcher Hinsicht und in welchem Ausmaß „Auswirkungen" tatsächlich Auswirkungen der Inanspruchnahme von psychosozialer Beratung und/oder Mediation oder aber die Folge anderer Faktoren sind. Ist psychosoziale Beratung bzw. Mediation in der Lage, zu einem erhöhten Stellenwert des „Kindeswohls" im Bewusstsein geschiedener Eltern beizutragen oder wird sie lediglich von Eltern in Anspruch genommen, die sich durch einen relativ hohen Stellenwert des „Kindeswohls" in ihrem Bewusstsein auszeichnen? Zweiteres würde nämlich bedeuten, dass die Inanspruchnahme von psychosozialer Beratung bzw. Mediation selbst lediglich eine abhängige Variable ist.

Die vorliegenden Untersuchungsergebnisse sind folglich auch dahingehend interpretierbar, dass Eltern, die dem „Kindeswohl" von vorneherein einen höheren Stellenwert in ihrem Bewusstsein beimessen, signifikant häufiger psychosoziale Beratung und/oder Mediation in Anspruch nehmen. Es wäre beispielsweise möglich, dass diesen Eltern die Gefährdung des „Kindeswohls" durch die Scheidung bewusster ist und sie daher eher professionelle Hilfe suchen um dieser Gefährdung vorneweg entgegenzuwirken.

Die Annahme von diesbezüglichen Kausalzusammenhängen wäre folglich auf Grundlage der zur Verfügung stehenden Daten noch verfrüht. Die Richtung des festgestellten Zusammenhangs müsste seriöserweise zuvor noch näher untersucht werden.

Dies auch aufgrund der zugegebenen Problematik der enorm großen Anzahl von Fragebögen ohne Beantwortung der offenen Frage (50,2%). Zwar musste vor Auswertungsbeginn eine Entscheidung über deren Berücksichtigung getroffen werden und die erfolgte Interpretation der fehlenden Antworten[58] (vgl. 5.2.2) erscheint ausreichend begründbar, um zulässig und sinnvoll zu sein. Allerdings wären auch andere Interpretationen denkbar gewesen, die dann das Ergebnis eventuell (stark) verändert hätten. Beispielsweise weist Konrad (1999, 80) darauf hin, dass bei Antworten auf offene Fragen mitunter sogar das Wichtigste nicht genannt wird, weil es dem Befragten selbstverständlich erscheint. Eventuell sind fehlende Antworten auf die offene Frage in einigen Fällen auch ein Hinweis, dass alle Scheidungsbeteiligten zufrieden sind und aus diesem Grund keine Wünsche geäußert wurden. Jedenfalls ist es forschungsmethodisch nicht unproblematisch, mehr als 50% der Fälle zu generalisieren und für alle dasselbe anzunehmen, auch wenn dies im Fall der vorliegenden Untersuchung aufgrund der vorgegebenen Rahmenbedingungen und der Datenstruktur nicht anders möglich war.

Infolge der Ergebnisse der vorliegenden Untersuchung kann daher zwar festgehalten werden, dass jene Eltern, die keine psychosoziale Beratung in Anspruch genommen haben ein „hoch signifikantes" Defizit hinsichtlich der Präsenz des „Kindeswohls" in deren Bewusstsein aufweisen und folglich bewusstseinsbildende Maßnahmen ergriffen werden sollten, um das „Kindeswohl" verstärkt im Bewusstsein dieser Eltern zu verankern. Allerdings kann noch nicht festgehalten werden, dass psychosoziale Beratung und Mediation erwiesenermaßen eine solche bewusstseinsbildende Maßnahme darstellt.

Kinder benötigen jedenfalls besondere Unterstützung seitens ihrer Eltern, um das Scheidungserlebnis gut zu verarbeiten (vgl. Kap. 3.3). Die dafür nötigen pädagogischen Kompetenzen der Eltern werden durch bewusstseinsbildende Maßnahmen für Eltern hinsichtlich des „Kindeswohls", der gemeinsamen Verantwortung für ihr Kind und durch Aufklärung der Eltern darüber, was Kinder im Fall der Scheidung für ihr Wohl benötigen, mit Sicher-

[58] Annahme: Das „Kindeswohl" war in diesen Fällen kein ausreichend bewusstes Anliegen, um in der Antwort auf die offene Frage verschriftlicht zu werden.

heit gefördert. Die Annahme, dass psychosoziale Beratung und Mediation im Scheidungsprozess ebengenau dies realisiert und dadurch Vorteile für das Kind und sein Wohl mit sich bringt, ist - wie die vorliegende Untersuchung gezeigt hat - zumindest nicht widerlegbar. Nun ergab die Untersuchung jedoch auch, dass nur in 42,5% der Fälle eine psychosoziale Beratung und/oder Mediation in Anspruch genommen wurde. Ein bedeutender Teil von Kindern (57,5%) profitiert damit nicht von den anzunehmenden Vorteilen von psychosozialer Beratung und Mediation.

Dementsprechend kann infolge der Ergebnisse der vorliegenden Untersuchung – da die Richtung des erhobenen Zusammenhanges noch ungeklärt ist, allerdings nur eingeschränkt – empfohlen werden, das psychosoziale Beratungsangebot sowie andere bewusstseinsbildende Maßnahmen (z.B. Elternschule, sozialpädagogische oder psychotherapeutische Angebote für Kinder) für betroffene Familien auszuweiten bzw. Maßnahmen zu setzten, die die Inanspruchnahme von psychosozialer Beratung und/oder Mediation erleichtern. Dies deckt sich im Prinzip auch mit den diesbezüglichen Forderungen der Evaluationsstudienautoren (vgl. BMJ 2006, 308).

Weiterführende Fragen und Forschungsfelder

In jedem Fall wäre es äußerst sinnvoll, durch eine eigens dafür konzipierte Folgestudie den Verdacht, dass zwischen der Inanspruchnahme von psychosozialer Beratung und/oder Mediation und dem „Kindeswohl" im Bewusstsein geschiedener Eltern ein signifikanter Zusammenhang besteht, weiter zu erhärten und vor allem *die Richtung* dieses Zusammenhangs eindeutig feststellen. Dann könnte die Hypothese, dass psychosoziale Beratung bzw. Mediation in der Lage ist zu einem erhöhten Stellenwert des „Kindeswohls" im Bewusstsein geschiedener Eltern beizutragen, eindeutig falsifiziert bzw. verifiziert werden. In der Folge wäre es dann auch möglich deutlich konkretere Maßnahmen zu empfehlen, die dann auch durch exaktere Forschungsergebnisse gestützt werden könnten.

Wie bereits erläutert, müsste auch die Existenz eines signifikanten Zusammenhangs zwischen der geltenden Obsorgeregelung (speziell der Obsorge beider Eltern) und dem Stellenwert des „Kindeswohls" im Bewusstsein geschiedener Eltern geklärt werden, sowie – im Falle der Nachweisbarkeit eines solchen Zusammenhanges – ebenso dessen Richtung bestimmt.

Weiters könnte man die Antworten auf die offene Frage auch nach anderen Kriterien auswerten. Beispielsweise danach ob die befragten Elternteile Anliegen genannt haben, die *sie offensichtlich selbst* als für das „Kindeswohl" förderlich einstufen. Das Kriterium für die Beurteilung der gegebenen Antwort wäre dann nicht mehr psychoanalytisch-pädagogisch, sondern die *dahinter stehende Absicht des antwortenden Elternteils*. Allerdings würde eine solche Auswertung wieder auf das Problem der Fragebögen ohne Antwort auf die offene Frage stoßen und die in Kapitel 1.2 genannte Annahme müsste überdacht werden.

Eventuell wäre es auch interessant, *alle* gegebenen Antworten auf die offene Frage *inhaltlich* auszuwerten, also nicht nur hinsichtlich eines Kriteriums („Kindeswohl", etc.). Beim Durchlesen der Antworten zwecks Bewertung fielen zahlreiche Anliegen auf, die für die vorliegende Untersuchung zwar nicht relevant waren, deren genauere Auswertung aber durchaus interessant und empfehlenswert erscheint.

Einige Anliegen wurden in den Antworten auf die offene Frage derart häufig genannt, dass sie dem auswertenden Verfasser der vorliegenden Studie unweigerlich in Erinnerung blieben. Freilich wurden darüber keine statistischen Aufzeichnungen gemacht, da das Forschungsinteresse der vorliegenden Studie ein anderes war. Beispielsweise findet sich bei Müttern sehr häufig die Forderung nach mehr Kinderbetreuungsplätzen bzw. Ganztagesschulen sowie nach längeren und besseren Kinderbetreuungszeiten. Väter wünschen sich sehr häufig eine bessere Verwirklichung der theoretischen Gleichstellung von Vätern und Müttern in Obsorgeverfahren vor Gericht. Sie bringen häufig das Gefühl zum Ausdruck, dass dabei Mütter bevorzugt werden und sie als Vater von Beginn an keine Chance auf die Obsorge hatten. Bei Vätern und Müttern findet sich zudem sehr oft die Erwähnung von großer Unzufriedenheit mit den finanziellen Regelungen nach der Scheidung (Ehegatten- und Kindesunterhalt). Dies gleichermaßen auf Seiten des Zahlenden wie auch auf Seiten des Zahlungsempfängers.

Würden die hier angeschnittenen Problembereiche im Rahmen einer möglichen Folgeuntersuchung einer eingehenden Auseinandersetzung unterzogen werden, so könnten die Erkenntnisse der vorliegenden Studie vermutlich durch wertvolle Ergebnisse ergänzt werden.

7. Abkürzungsverzeichnis

ABGB .... Allgemeines Bürgerliches Gesetzbuch
Abs. .... Absatz
aO .... alleinige Obsorge
APP .... Arbeitsgemeinschaft Psychoanalytische Pädagogik
AußStrG .... Außer Streit Gesetz
BGBl .... Bundesgesetzblatt
BMJ .... Bundesministerium für Justiz
BMJF .... Bundesministerium für Jugend und Familie
BMSG .. Bundesministerium für soziale Sicherheit, Generationen und Konsumentenschutz
BMUJF .... Bundesministerium für Umwelt, Jugend und Familie
EheG .... Ehegesetz
EZ .... Europäisches Zentrum für Wohlfahrtspolitik und Sozialforschung
H-Test .... Kruskal-Wallis-H-Test
i.e.S. .... im engeren Sinne
IRKS .... Institut für Rechts- und Kriminalsoziologie
iVm .... in Verbindung mit
i.w.S. .... im weiteren Sinne
Kap. .... Kapitel
KindRÄG .... Kindschaftsrechts-Änderungsgesetz
ObE .... Obsorge beider Eltern
o. J. .... ohne Jahr
p .... erreichte statistische Signifikanz eines Ergebnisses
SPSS .... Statistical Package for the Social Sciences
UN-KRK .... United Nations-Kinderrechtskonvention
U-Test .... Mann-Whitney-U-Test
vgl. .... vergleiche

8. Literaturverzeichnis

8.1 Verwendete Literatur

Ahrons, C. R. (1980): Joint Custody Arrangements in the Postdivorce Family. Journal of Divorce 3, 189-205; zit. n.: Fthenakis, W. E., Niesel, R. & Kunze, H.-R. (1982): Ehescheidung. Konsequenzen für Eltern und Kinder, München / Wien / Baltimore: Urban & Schwarzenberg.

Ballauf, R. (1992): Kinder vor Gericht. Opfer, Täter, Zeugen. München: Beck.

Bauers, B. (1993a): Psychische Folgen von Trennung und Scheidung für Kinder. In: Menne, K. (1993): Kinder im Scheidungskonflikt. Weinheim: Juventa Verlag.

Bauers, B. (1994): Kinder aus Scheidungsfamilien – seelische Folgen von Trennung und Verlust unter Berücksichtigung geschlechtsspezifischer Unterschiede. In: Eggert-Schmid Noerr, A. (1994): Das Ende der Beziehung? Frauen, Männer, Kinder in der Trennungskrise. Mainz: Matthias Grünewald Verlag.

Bauers, B., Reich, G. & Adam, D. (1986): Scheidungsfamilien: Die Situation der Kinder und die familientherapeutische Behandlung. In: Praxis der Kinderpsychologie und Kinderpsychiatrie, 35; 90-96.

Bortz, J., Döring, N. (1995): Forschungsmethoden und Evaluation, Springer-Verlag, [2]Berlin Heidelberg New York.

Bortz, J. (1999): Statistik für Sozialwissenschaftler, Springer-Verlag, [5]Berlin Heidelberg New York.

Bos, W. & Tarnai, C. (Hg.) (1989): Angewandte Inhaltsanalyse in Empirischer Pädagogik und Psychologie, Waxmann Wissenschaft: Münster, New York.

Bundesministerium für Justiz (BMJ) (Hg) (1996): Gemeinsame Obsorge. Chance oder Scheinlösung? Enquete veranstaltet vom Bundesministerium für Jugend und Familie und vom Bundesministerium für Justiz am 20. Oktober 1995, Wien: BMJ.

Bundesministerium für Justiz (BMJ) (Hg) (2006): Evaluationsstudie über die Auswirkungen der Neuregelungen des KindRÄG 2001, insbesondere der Obsorge beider Eltern, Wien: BMJ.

Bundesministerium für Umwelt, Jugend und Familie (BMUJF) (Hg) (1997): Familienberatung bei Gericht. Mediation. Kinderbegleitung bei Trennung oder Scheidung der Eltern, Wien: Verlag Österreich.

Bundesministerium für Umwelt, Jugend und Familie (BMUJF) (Hg) (1990): Symposium. Die gemeinsame elterliche Sorge nach Scheidung oder Trennung, Wien: BMUJF.

Bühl., A. & Zöfel, P. (2005): SPSS 12. Einführung in die moderne Datenanalyse unter Windows, [9]München: Pearson Studium.

Deixler-Hübner, A. (2001): Scheidung, Ehe und Lebensgemeinschaft. Rechtliche Folgen der Ehe, Scheidung und Lebensgemeinschaft, [6]Wien: Verlag Orac.

Derfler, S. (1994): Ehescheidung und ihre Auswirkungen auf die Entwicklung des Kindes, Unveröffentlichte Diplomarbeit, Wien: Universität Wien.

Dettenborn, H. (2001): Kindeswohl und Kindeswille - psychologische und rechtlichen Aspekte, München: E. Reinhardt.

Dolto, F. (1993): Scheidung. Wie ein Kind sie erlebt, Stuttgart: Klett-Cotta.

Diekman, A. (1998): Empirische Sozialforschung. Grundlagen, Methoden, Anwendungen, Rowohlts Enzyklopädie, [4]Reinbek bei Hamburg.

Eckhardt, T., Foltyn, E. (2003): Scheidungsmediation. In: Werneck, H. & Werneck-Rohrer, S. (Hg) (2003): Psychologie der Scheidung und Trennung. Theoretische Mo-

delle, empirische Befunde und Implikationen für die Praxis. Wien: Facultas, 145-159.
Edinger, J. B. (2003): Die Scheidung der Familie unter besonderer Berücksichtigung des emotionalen Erlebens des Kindes. Unveröffentlichte Diplomarbeit, Wien: Universität Wien.
Ell, E. (1990): Psychologische Kriterien bei der Sorgerechtsregelung und die Diagnostik der emotionalen Beziehung. Weinheim: Deutscher Studienverlag.
Faris, K. (1995): Das interdisziplinäre Gespräch in der Trennungs- und Scheidungsberatung, Münster / New York: Waxmann.
Fthenakis, W. E., Niesel, R. & Kunze, H.-R. (1982): Ehescheidung. Konsequenzen für Eltern und Kinder, München / Wien / Baltimore: Urban & Schwarzenberg.
Fthenakis, W. E. (1995): Kindliche Reaktionen auf Trennung und Scheidung. In: Familiendynamik, Jg. 20, 127-154.
Figdor, H. (1990): Gemeinsame elterliche Sorge nach Trennung und Scheidung. In: Bundesministerium für Umwelt, Jugend und Familie (BMJF), Symposium: Die gemeinsame elterliche Sorge nach Scheidung oder Trennung, Wien: BMJF. 121-124.
Figdor, H. (1998): Scheidungskinder – Wege der Hilfe. [2]Gießen: Psychosozial Verlag.
Figdor, H. (2004): Kinder aus geschiedenen Ehen: Zwischen Trauma und Hoffnung. Wie Kinder und Eltern die Trennung erleben. [8]Gießen: Psychosozial-Verlag.
Figdor, H. (2006): Trennung und Scheidung: Katastrophe oder Chance für die Kinder? In: Figdor (2006): Praxis der psychoanalytischen Pädagogik. Gießen: Psychosozial-Verlag.
Figdor, H. (o. J.): Hilfe bei Trennung bzw. Scheidung der Eltern oder Tod eines Familienmitglieds. 18 Empfehlungen für Eltern die sich trennen und warum es so schwer ist, diesen Empfehlungen zu folgen. [Online im Internet]. URL: http://www.app-wien.at/Trennung.html, 10.05.2007.
Friedman, G. J. (1996): Die Scheidungs-Mediation, Reinbek bei Hamburg: Rowohlt TBV.
Friedrich M. (1997): Das Kind im Spannungsfeld zwischen Eltern und Institution(en). In: Mit Kindern auf dem Weg II. Referate zu NÖ Kindergartensymposien, NÖ Schriften 103/Dokumentation, Neulengbach. [Online im Internet]. URL: http://bidok.uibk.ac.at/library/friedrich-spannungsfeld.html, 15.03.2007.
Friedrich, M. H. (2004): Die Opfer der Rosenkriege. Kinder und die Trennung ihrer Eltern, Wien: Ueberreuter.
Goldstein, J., Freud, A. & Solnit, A. J. (1991): Jenseits des Kindeswohls. Mit einem Nachwort (zur Ausgabe 1991). Weitere Bemerkungen zur Anwendung des Standards der am wenigsten schädlichen Alternative, Frankfurt am Main: Suhrkamp.
Gössweiner, V. & Nowak, V. (1999): Scheidungsfolgen – die langfristigen Auswirkungen von erlebter Scheidung auf die Lebensführung unter besonderer Berücksichtigung der ersten Lebensgemeinschaft. In: Walper, S. & Schwarz, B. (Hrsg.) (1999): Was wird aus den Kindern? Chancen und Risiken für die Entwicklung von Kindern aus Trennungs- und Stieffamilien, Weinheim: Juventa, 221-250.
Graf, G. & Ofner, H. (2001): Bürgerliches Recht, [3]Wien: Verlag Österreich.
Haller, M. (1996a): Gemeinsame Obsorge. Chance oder Scheinlösung? In: Bundesministerium für Justiz (BMJ) (Hg) (1996): Gemeinsame Obsorge. Chance oder Scheinlösung? Enquete veranstaltet vom Bundesministerium für Jugend und Familie und vom Bundesministerium für Justiz am 20. Oktober 1995, Wien: BMJ.
Haller, M. (1996b): Kinder und getrennte Eltern. Voraussetzungen und Strategien zur Bewältigung der Ehescheidung im Lichte neuer sozialwissenschaftlicher Studien. Schriftenreihe des ÖIF Nr. 3, Wien: Österreichisches Institut für Familienforschung (ÖIF).

Held, G., Berdnik, G. (2001): Ehe & Recht, Graz: Verlag Leykam.

Hetherington et al. (1978): The Aftermath of Divorce.In: Stevens & Mathews: Mother-Child, Father- Child Relationships. National Association for the Education of Young Children, 149-176; zit. n.: Bundesministerium für Justiz (BMJ) (Hg) (2006): Evaluationsstudie über die Auswirkungen der Neuregelungen des KindRÄG 2001, insbesondere der Obsorge beider Eltern, Wien: BMJ.

Hinteregger, M. (2001): Familienrecht. [2]Wien: Verlag Österreich.

Hofmeister, A. (2004): Mediation und ihr Einfluss auf die Familie. Unveröffentlichte Diplomarbeit, Wien: Universität Wien.

IMAS (1988): Situation von und Hilfsangebote für Trennungswaisen. Ergebnisse einer Repräsentativerhebung. Archiv-Nummer 7804, Linz: IMAS.

Kähler, W.-M. (1995): Einführung in die Statistische Datenanalyse. Grundlegende Verfahren und deren EDV-gestützter Einsatz, Vieweg-Verlag, Braunschweig.

Karazman-Morawetz, I. & Pelikan, C. (2002): Erwartungen zur Implementierung der gemeinsamen Obsorge in Österreich. Wien: Institut für Rechts- und Kriminalsoziologie. Im Auftrag der Magistratsabteilung 57 – Frauenförderung und Koordinierung von Frauenfragen.

Karner, D. (2001): Mediation – Verwirklichung von Elternrecht und Kindeswohl durch Vermittlung nach Trennung und Scheidung. Unveröffentlichte Diplomarbeit, Wien: Universität Wien.

Katkin, D., Bullington, B. & Levine, M (1974): Above and Beyond the Best Interestz of the Child: An Inquiry Into the Relationship Between Social Scienes and Social Action. Law and Society Review 8, 669-687; zit. n.: Fthenakis, W. E., Niesel, R. & Kunze, H.-R. (1982): Ehescheidung. Konsequenzen für Eltern und Kinder, München / Wien / Baltimore: Urban & Schwarzenberg.

Kaufmann, C. & Ziegler, F. (Hrsg.) (2003): Kindeswohl. Eine interdisziplinäre Sicht. Le bien de l´enfant. Une approche interdisciplinaire, Zürich / Chur: Verlag Rüegger.

Keiser, C. (1998): Das Kindeswohl im Strafverfahren. Frankfurt/Main: Lang.

Kleewein, R. (2003): Scheidungsberatung. In: Werneck, H. & Werneck-Rohrer, S. (Hg) (2003): Psychologie der Scheidung und Trennung. Theoretische Modelle, empirische Befunde und Implikationen für die Praxis. Wien: Facultas, 160-164.

Klußmann, R. W. & Stötzel, B. (1995): Das Kind im Rechtsstreit der erwachsenen. München / Basel: Ernst Reinhardt Verlag.

Kodjoe, U. (1997): Scheidung aus der Sicht des Kindes. [Online im Internet]. URL: http://www.vev.ch/de/hofstat3.htm, 10.05.2007.

Koechel, R. (1995): Kindeswohl in gerichtlichen Verfahren. Neuwied: Luchterhand.

Konrad, Klaus (1999): Mündliche und schriftliche Befragung. Landau: Verl. Empirische Pädagogik .

Köster, T. (1997): Sorgerecht und Kindeswohl. Ein Vorschlag zur Neuregelung des Sorgerechts. Frankfurt am Main: Lang.

Krabbe, H. (Hrsg.) (1991): Scheidung ohne Richter - Neue Lösungen für Trennungskonflikte. Hamburg: Rowohlt TBV.

Krainz, E. (1994): Eins-zwei-drei. Zur Bedeutung dyadischer und triangulärerBeziehungskonstellationen für die Individuation. In: Simsa, R. (Hrsg.) (1994): Kein Herr im Haus. Alleinerziehen – eine Auseinandersetzung. Frankfurt am Main: Fischer Taschebuch Verlag.

Kriegel, K. (200&): Mediationspflicht? Über die Notwendigkeit einer Begleitung von Eltern bei Trennung und Scheidung, Jena: Verlag IKS.

Krieger, W. (Hg.) (1997): Elterliche Trennung und Scheidung im Erleben von Kindern. Sichtweisen - Bewältigungsformen – Beratungskonzepte. Reihe Forschung & Lernen 7, Berlin: Verlag für Wissenschaft und Bildung.
Kuckartz, U. (1999): Computergestützte Analyse qualitativer Daten. Eine Einführung in Methoden und Arbeitstechniken, Opladen: Westdeutscher Verlag.
Lamb (1997): The role of the father in child development. John Wiley & Sons: New York; zit. n.: Bundesministerium für Justiz (BMJ) (Hg) (2006): Evaluationsstudie über die Auswirkungen der Neuregelungen des KindRÄG 2001, insbesondere der Obsorge beider Eltern, Wien: BMJ.
Lederle, O. (1993): Schwerpunkte der Trennungs- und Scheidungsberatung. Was brauchen Kinder? Was brauchen Eltern?, In: Menne, K. (1993): Kinder im Scheidungskonflikt. Weinheim: Juventa Verlag.
Levnaic, N. (2005): Ist die Folge der elterlichen Scheidung die Scheidung der Kinder? Eine Untersuchung der zugrunde liegenden Mechanismen der intergenerationalen Scheidungstransmission. Unveröffentlichte Diplomarbeit, Wien: Universität Wien.
Lissmann, U. (2001): Inhaltsanalyse von Texten. Ein Lehrbuch zur computerunterstützten und konventionellen Inhaltsanalyse. Forschung, Statistik und Methoden. Bd. 2, [2]Landau: Verlag Empirische Pädagogik.
Luepnitz, D. A. (1986): A comparison of maternal,nt custody: Understanding the varieties of post-divorce family lfe. Journal of Divorce 9, 1-12.
Maung, P. G. (1996): Mediation – Wie wir uns einigen, wenn wir uns trennen, Freiburg im Breisgau: Herder.
Maung, P. G. (1998): Scheiden tut auch Kindern weh, Freiburg im Breisgau: Herder.
Mayring, P. (2003): Qualitative Inhaltsanalyse. Weinheim: Beltz.
Mayring, P. (Hg.) (2005): Die Praxis der Inhaltsanalyse. Weinheim: Beltz.
Menne, K. (Hg.) (1993): Kinder im Scheidungskonflikt. Weinheim: Juventa Verlag.
Napp-Peters, A. (1985): Ein-Elternteil-Familien. Soziale Randgruppe oder neues familiales Selbstverständnis? Weinheim: Juventa.
Napp-Peters, A. (1988): Scheidungsfamilien. Interaktionsmuster und kindliche Entwicklung. In: Deutscher Verein für öffentliche und private Fürsorge (Hrsg.) (1988): Arbeitshilfen, Heft 37, Stuttgart: Kohlhammer.
Pelikan, Ch. (2002): Erwartungen zur Implementierung der Gemeinsamen Obsorge in Österreich. Projekt im Auftrag der Gemeinde Wien (MA 57, Frauenförderung und Koordinierung von Frauenangelegenheiten). Projektabschlussbericht. [Online im Internet] URL: http://www.irks.at/downloads/2 Gemeinsamen%20Obsorge.pdf, 15.03.2007.
Ponocny-Seliger, E. & Ponocny, I. (2006): Statistik for you. Eine anwendungsbezogene Einführung in die quantitativen Auswertungsmethoden unter besonderer Berücksichtigung 10.0, Wien: Facultas.
Proksch, R. (1993): Vermittlung: Verwirklichung von Elternrecht und Kindeswohl durch Mediation. In: Menne, K. et al. (Hrsg.) (1993): Kinder im Scheidungskonflikt: Beratung von Kindern und Eltern bei Trennung und Scheidung. Weinheim/München: Juventa Verlag.
Proksch, R. (2002): Rechtstatsächliche Untersuchung zur Reform des Kindschaftsrechts. In: BMJ (Hrsg.) (2002): Rechtstatsachenforschung. Köln: Bundesanzeiger.
Reisel, B. (1986): Scheidung aus der Perspektive des Kindes. Kognitives Verständnis und emotionales Erleben der Scheidung von 9 – 12jährigen Kindern. Dissertation an der Universität Wien, Wien: Universität Wien.
Sachs, L. (2004): Angewandte Statistik. Anwendung statistischer Methoden, Springer-Verlag, [11]Berlin Heidelberg New York.

Statistik Austria (2006): 2005 brachte neuen Scheidungsrekord. 46 von 100 Ehen enden vor dem Scheidungsrichter. (Scheidungsstatistik 2005). [Online im Internet]. URL: http://www.statistik.at/fachbereich_03/Bevoelkerung_txt.shtml, 12.10.2006.

Steindorf, C. (Hrsg.) (1994): Vom Kindeswohl zu den Kindesrechten. Neuwied: Luchterhand.

Steinman, S., Zemmelman, S. & Knoblauch, T. (1985): A study of parents who sougt joint custody following divorce: Who reaches agreement and sustains joint custody and who returns to court. Jcademy of Child Psychiatry 24, 554-562.

Strätling, B. (1987): Familie und Kindeswohl – Kindeswohl durch Familie? In: Fröhlich-Sander, G. (et al) (1987): Kindeswohl – Wohl des Kindes. Salzburger Studientagung 1986. Wien: Ehe und Familie Zeitschriftenverlag, 26-44.

Suess, G. & Fegert, J. M. (1999): Das Wohl des Kindes in der Beratung aus entwicklungspsychologischer Sicht. Familie Partnerschaft Recht, 5(3), 157-164.

Wallerstein, J. S. & Blakeslee, S. (1989): Gewinner und Verlierer. Frauen, Männer, Kinder nach der Scheidung. Eine Langzeitstudie, München: Droemer Knaur.

Wallerstein & Kelly (1980): Surviving the breakup. How parents and children cope with divorce. New York: Basic Books; zit. n.: Bundesministerium für Justiz (BMJ) (Hg) (2006): Evaluationsstudie über die Auswirkungen der Neuregelungen des KindRÄG 2001, insbesondere der Obsorge beider Eltern, Wien: BMJ.

Willutzki, S. (2000): Kindeswohl zwischen elternrecht und staatlichem Wächter-amt. Der Amtsvormund, 73(5), 378-388.

Wosnitza, M. (Hg.) (1999): Daten erfassen, auswerten und präsentieren - aber wie? Forschung, Statistik und Methoden. Bd. 1, ^{2}Landau: Empirische Forschung e.V.

Zeiner, G. (2003): Das Konzept von „Rainbows“. In: Werneck, H. & Werneck-Rohrer, S. (Hg) (2003): Psychologie der Scheidung und Trennung. Theoretische Modelle, empirische Befunde und Implikationen für die Praxis. Wien: Facultas, 174 – 182.

8.2 Weiterführende Literatur

Adam, H. (1990): Kindeswohl – Familienwohl, Neuwied: Luchterhand.

Balloff, R. & Walter, E. (1989): Alleinerziehung und gemeinsame elterliche Sorge durch Trennung und Scheidung – Eine theoretische und empirische Vergleichsstudie. Dissertation der Freien Universität Berlin.

Bauers, B. (1993b): Die „dritte“ Beziehung. Triangulierende Funktion in der analytischen Kinder- und Jugendpsychotherapie. In: Praxis der Kinderpsychologie und Kinderpsychiatrie 42 (1993), Göttingen: Vandenhoeck und Ruprecht.

Bundesministerium für Umwelt, Jugend und Familie (BMUJF) (Hg) (1997): Familienberatung bei Gericht – Mediation – Kinderbegleitung bei Trennung oder Scheidung der Eltern. Bericht über ein gemeinsames Modellprojekt. Wien: Verlag Österreich.

Bundesministerium für soziale Sicherheit, Generationen und Konsumentenschutz (BMSG) (Hg) (2003): Scheidungsfolgen für Männer. Juristische, psychische und wirtschaftliche Implikationen. Wien: BMSG.

Büttner, Ch. & Ende, A. (Hg.) (1990): Trennungen : kindliche Rettungsversuche bei Vernachlässigungen, Scheidungen und Tod. Jahrbuch der Kindheit 7, Weinheim: Beltz.

Demmler, M. (1999): Pädagogische Hilfe für Scheidungskinder, München: KoPäd-Verlag.

Dümmler, F. D. (1997): Kindliche Bewältigungsformen von Scheidung, Regensburg: Roderer.

Eggert-Schmid, A. (1994): Das Ende der Beziehung? Frauen, Männer, Kinder in der Scheidungskrise, Mainz: Matthias Grünewald Verlag.

Figdor, H. (2007): Patient Scheidungsfamilie, Gießen: Psychosozial-Verlag. (in Vorbereitung)
Friedrich, M. H. (1996): Gemeinsame Obsorge. Chance oder Scheinlösung?, In: Bundesministerium für Justiz (BMJ) (Hg) (1996): Gemeinsame Obsorge. Chance oder Scheinlösung? Enquete veranstaltet vom Bundesministerium für Jugend und Familie und vom Bundesministerium für Justiz am 20. Oktober 1995, Wien: BMJ. 63-77; 120-124.
Fthenakis, W. E. (1990): Gemeinsame elterliche Sorge nach Trennung und Scheidung. In: Bundesministerium für Umwelt, Jugend und Familie (BMJF), Symposium: Die gemeinsame elterliche Sorge nach Scheidung oder Trennung, Wien: BMJF. 1-48.
Fthenakis, W. E. (1996): Ausgestaltung der Beziehungen zwischen Kindern und deren Eltern während und nach einer Scheidung. In: Fthenakis, W. E. (Hg): Trennung, Scheidung, Wiederheirat. Wer hilft dem Kind? Weinheim: Beltz. 83-108.
Gründel, M. (1995) : Gemeinsames Sorgerecht: Erfahrungen geschiedener Eltern, Freiburg im Breisgau: Lambertus.
Hahn, J. (Hg.) (1992): Scheidung und Kindeswohl. Beratung und Betreuung durch scheidungsbegleitende Berufe, Heidelberg: Asanger.
Kränzl-Nagl, R., Wilk, L. & Zartler, U. (2004): Wenn Eltern sich trennen. Handlungsbedarf in Gesellschaft und Politik. In: Kränzl-Nagl, R., Wilk, L. & Zartler, U. (2004): Wenn Eltern sich trennen. Wie Kinder, Frauen und Männer Scheidung erleben, Frankfurt / New York: Campus Verlag.
Largo, R. H. (2003): Glückliche Scheidungskinder. Trennungen und wie Kinder damit fertig werden, München: Piper , 2003.
Madensky-Zinnecker, K. (2006): Trauer als existenziale im Scheidungsprozess. Eine Analyse über günstige Rahmenbedingungen für junge Scheidungskinder in ihrem Trauerverhalten, Unveröffentlichte Diplomarbeit, Wien: Universität Wien.
Maurer, E. (2005): Kinder & Scheidung. Obsorge auf österreichisch, Wien: Manz.
Napp-Peters, A. (1995): Familien nach der Scheidung. München: Kunstmann.
Nave-Herz, R. (1994): Familie heute. Wandel der Familienstrukturen und Folgen für die Erziehung, Darmstadt: Wissenschaftliche Buchgesellschaft.
Nave-Herz, R. & Schmitz, A. (1996): Die Beziehung des Kindes zum nichtsorgeberechtigten Vater. In: Busch, F. & Nave-Herz, R. (Hg): Ehe und Familie in Krisensituationen. Oldenburg.
Schaffer, H. (1992): ...und was geschieht mit den Kindern? Göttingen: Hans Huber Verlag.
Simmerer, T. (2005): Einflussfaktoren auf die Bewertung der gemeinsamen Obsorge nach einer Scheidung. Unveröffentlichte Diplomarbeit, Wien: Universität Wien.
Staub, L. (2004): Scheidung und Kindeswohl. Ein Leidfaden zur Bewältigung schwieriger Übergänge, Bern: Huber.
Wallerstein, J. S., Lewis J. M. & Blakeslee, S. (2002): Scheidungsfolgen – die Kinder tragen die Last. Eine Langzeitstudie über 25 Jahre, Münster: Votum.
Werneck, H. & Werneck-Rohrer, S. (Hg) (2003): Psychologie der Scheidung und Trennung. Theoretische Modelle, empirische Befunde und Implikationen für die Praxis. Wien: Facultas.
Zartler U., Wilk L., Kränzl-Nagl R. (2002): Ursachen und Folgen von Scheidung/ Trennung für Kinder, Frauen und Männer. Wien: Europäisches Zentrum für Wohlfahrtspolitik und Sozialforschung. Im Auftrag des Bundesministeriums für Soziale Sicherheit und Generationen.
Zartler U., Wilk L., Kränzl-Nagl R. (2004): Wenn Eltern sich trennen. Wie Kinder, Frauen und Männer Scheidung erleben. Frankfurt/ New York: Campus Verlag

Autor

Dipl.-Päd. Mag. phil. Robin Alexander Kiener wurde 1976 geboren. Er hat an der Religionspädagogischen Akademie in Wien das Lehramtsstudium für katholische Religion und an der Universität Wien das Diplomstudium Pädagogik, mit dem Schwerpunkt Psychoanalytische Pädagogik, abgeschlossen. Außerdem ist er, speziell für Kinder-, Jugendlichen- und Elternberatung, Lebens- und Sozialberater in Ausbildung. Der Autor unterrichtet seit 1999 im Grundschulbereich und war bei der Arbeitsgemeinschaft Psychoanalytische Pädagogik als Forschungspraktikant, sowie bei der Österreichischen Gesellschaft für Kinder- und Jugendlichenpsychotherapie, als Kinder-, Jugendlichen- und Elternberater in Ausbildung tätig.